U0362126

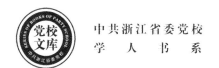

中共浙江省委党校
学 人 书 系

程学童文集

中国社会科学出版社
南开大学出版社

图书在版编目（CIP）数据

程学童文集／程学童著. 一天津：南开大学出版社；
北京：中国社会科学出版社，2020.12
（中共浙江省委党校学人书系）
ISBN 978-7-310-06052-8

Ⅰ.①程…　Ⅱ.①程…　Ⅲ.①社会科学—文集
Ⅳ.①C53

中国版本图书馆 CIP 数据核字（2020）第 270018 号

程学童文集
CHENGXUETONG WENJI

南开大学出版社
中国社会科学出版社　出版发行
出版人：陈　敬　赵剑英
地址：天津市南开区卫津路 94 号　邮政编码：300071
营销部电话：(022)23508339　营销部传真：(022)23508542
http://www.nkup.com.cn

北京君升印刷有限公司印刷　全国各地新华书店经销
2020 年 12 月第 1 版　2020 年 12 月第 1 次印刷
240×170 毫米　16 开本　20 印张　324 千字
定价：98.00 元

如遇图书印装质量问题，请与本社营销部联系调换，电话：(022)23508339

序　言

陆发桃

　　东南形胜、潮涌钱塘，诗画浙江、自古繁华。伴随着新中国一起诞生，在改革开放中跨步前进的红色学府——中共浙江省委党校已有近七十年的历史。七十年来，作为省委的重要部门、培训轮训党员领导干部的主渠道、党的哲学社会科学研究机构，浙江省委党校始终高扬党的旗帜，紧紧围绕党的路线方针和中心大局开展干部培训和理论研究宣传，为党的干部队伍建设、理论创新和浙江经济社会发展作出了重要贡献。特别是1983 年到 1989 年党校教育正规化时期，浙江省委党校各项事业快速发展。这一时期，省委党校科研工作空前活跃，领导科学、干部语言逻辑等学科建设成果显著。鲍世平撰写的《领导科学纲要》于 1985 年 10 月由中央党校求实出版社出版，1989 年修订本出版时，中央党校常务副校长薛驹对此表示祝贺，并亲自为该书题写书名。陈宗明编写的《现代汉语逻辑》获 1985 年度省社会科学优秀成果一等奖……这一时期，党校教师形成了以老教师带头、以 80 年代初引进的一批中年教师为主体的"党校学人"群体，为党校教育正规化事业作出了不可磨灭的重大贡献。1986年 9 月 10 日，李基固被评为省教育系统优秀教师和全国教育系统优秀教师；1987 年 8 月 24 日，陆立军被省委宣传部、省教委、中国教育工会浙江省委员会批准为省级优秀教师；1989 年 9 月 10 日，陈宗明被国家教委、人事部、全国教育总工会评为 1989 年度全国优秀教师……时光荏苒，岁月如梭。老一辈"党校学人"陆续离开了他们热爱的党校教师岗位。但他们的精神始终激励着我们。为全面回顾"党校学人"的光辉历程，传承和发扬"党校学人"的光荣传统，激励党校学人继续开拓进取、勇往直前，在历史新时期谱写党校事业新篇章，学校决定对党校学人积累下来的珍贵的学术财富进行系统梳理，设立《党校学人书系》。《书系》的编写出版，对于深入研究"党校学人"成长规律，进一步探索新时期"党校学人"培养新思路新方法，努力开创新时代党校发展新局面，具有重要借鉴意义。"干在实处永无止境，走在前列要谋新篇。"新时代党校工作责任重大，使命光荣。希望新时代"党校学人"站在前人的肩膀上，不忘初心、牢记使命，永远奋斗，努力为建设红色学府示范党校，推进"两个高水平"建设、实现中华民族伟大复兴的中国梦而努力奋斗！

目　录

网络式创新和创新型集群[*]

随着需求的多样化发展以及产品的生命周期不断缩短，企业的竞争优势越来越取决于自身获取资源的能力，创新问题日益成为理论以及实践界关注的焦点。特别是以集群方式生存的民营企业，其自身创新能力的薄弱与集群这一整体创新优势之间形成了强大的反差。这二者之间究竟是什么关系呢？民营企业集群内部的创新机制是如何运行的，其创新能力受哪些因素的影响，这些问题都值得深入研究。这里主要从知识角度对企业集群创新网络中的上述问题进行剖析并提出相应的政策建议。

一 民营企业集群创新网络的主要特征与运作机制

网络通常是指 Internet（国际互联网或因特网），通俗地说，就是由很多个不同结构的局域网，通过一个统一的协议构成的一个跨越国界的世界范围的网状结构。从这个概念延伸，可以将网络看成一种相互联系的方式，是平等个体之间的网状联系。

（一）民营企业创新网络的形成

民营企业创新网络是指多个民营企业为了获得和分享创新资源而在相互信任的基础上建立的一种合作创新体系，是 20 世纪 90 年代以来流行于欧美发达国家的新的技术创新组织形式。民营企业集群之所以有强大的生命力，正是由于在集群内部形成了这种创新网络。民营企业集群内形成这种创新网络有其必然性。

---

[*] 本文发表于《中国软科学》2006 年增刊。田中伟参加了写作，收入本书时内容有所补充。

1. 集群的专业化分工模式决定了创新的网络化发展。有关企业技术创新的理论先后经历了技术推动、需求拉动、技术需求互动以及创新网络化发展几个阶段。在早期的技术推动理论中，人们认为是基础研究决定了企业技术创新的发展水平，而随后发展的需求拉动理论则强调需求决定了技术创新的水平，显然这两者都过于片面。随后，创新是基础研究以及需求共同作用的结果，即技术需求互动的观点得到公认。再到20世纪90年代以后，特别是随着企业间专业化分工模式的发展，人们逐渐认识到技术创新应该是一个包括供应商、制造商、销售商以及竞争对手、大学科研机构等共同参与的一个过程，至此，有关企业创新网络的概念得到了发展。

对民营企业集群而言，它内部存在两种类型的分工模式：一类是以横向分工为主，即对集群的主导产品按档次、品种、款式横向组织生产，这种横向的产品分工表现出来的主要形态为扁平的分工层系结构；另一类是采用纵向分工即按生产链的上下游来分别组织生产。根据前面提到的技术创新模式可知，在集群内的专业化分工必然导致集群内形成一种网络化的创新模式。可以这么说，集群内采用专业化分工的组织模式不仅是为了适应技术创新的需要而发生的，这种专业化分工应该是对一体化生产的组织成本、分工带来的规模与范围经济、市场交易成本以及创新等问题进行综合权衡的结果。但是集群的这种组织模式必然对集群式创新的网络化发展产生深刻影响。

2. 集群的企业规模结构使得网络化创新成为必然选择。企业规模与技术创新之间的关系一直是一个仁者见仁、智者见智的问题，至今仍然没有统一的结论。比如在第一次世界大战前的青年熊彼特就强调小企业的创新作用，而老年的熊彼特则强调大企业的垄断优势以及技术进步的官僚主义过程。不过，有一点可以达成共识，即大企业具有技术创新的资源优势，但是市场的垄断地位和企业组织的刚性会阻碍其创新行为。而小企业由于体制的灵活性以及竞争的压力，往往有较强的创新意识，但过度竞争、缺乏抵抗创新风险的能力以及创新资源的不足往往又限制了小企业的创新的产生。

对集群式民营企业而言，企业规模过小使得企业无法单独进行自主创新，一体化带来的组织成本同样使它们不可能通过并购来实现大企业创新模式，因此，建立一种共担风险、共享资源、优势互补的创新网络成为一种最理想的选择。

3. 集群内长期交易建立的信誉使得网络创新成为可能。集群式创新网络与技术联盟等虽然采用网络化的创新模式，但是其运行机制却存在明显的差别。技术联盟可以签订比较正式的契约对合作创新所带来的不确定性及利益进行协调，并能够通过双方的谈判来重新调整双方的债权利益关系。但是集群式创新中知识的转移更多的是通过非正式的交流所带来的溢出效应而实现，这种创新机制的债权利益关系具有很大的模糊性。因此，要在集群内形成有效的创新机制必须使企业之间能形成一种默契。而集群内企业由于地理位置的临近以及长期的交往而形成的相互信任能降低彼此的交易成本，从而使这种建立在非正式契约上的创新机制能够实现。

（二）企业集群网络化创新的经济技术优势

具体来说，民营企业集群内形成这种创新网络有以下几个方面的益处。

1. 实现资源共享与范围经济。民营企业通过创新网络形成的专业化分工，等于把其他企业的技术专长嫁接到自己的核心能力上，这样能显著提高创新绩效。另外，在集群的不同企业中开发和生产技术上相互关联的多元化产品，不仅可以共享基础实施等有形资源，还可以实现知识的共享，从而获得范围经济效益。

2. 通过集群内知识积累实现学习效应与动态规模经济。动态规模经济是指由于知识和经验的积累，企业的创新和生产的效率会随着在某一领域从事创新和生产的积累时间的延长而递增。[①] 在集群内通过"干中学""用中学"积累的知识、技能、经验等，可以成为企业进一步创新的技术基础，进一步的创新又可以形成新的技术积累，前期知识的积累可以提高后期创新和生产活动的效率从而实现动态的规模经济。例如，在计算机芯片的生产过程中，对温度、时间、振动水平、灰尘等方面的指标要求严格，企业在刚开始从事这项生产时，废品率比较高。只有不断学习，生产人员积累了相应的经验，提高了操作技能，才能逐步提高产品合格率，扩

---

① 温新民等：《创新中技术群、企业群聚集机制》，《科学学与科学技术管理》2001 年第 6 期。

大生产规模。

3. 集群内专有资源的聚集可以有效降低集群成员获取资源的交易成本。大量相关企业在同一地区的聚集，一方面可以由于地理位置的临近而减小企业之间的信息不对称性；另一方面，在同一价值链上不同环节的企业的聚集可以降低同一环节中各企业资源的垄断性，从而降低了上下游企业之间的交易成本。

（三） 集群式创新网络的主要特征

集群式创新网络形成因素决定了其自身的特征，主要表现在以下几个方面。

1. 互惠共生性。单个企业越来越难以依靠所有的有关知识和各种相关资源去完成知识的经济化过程。为了减小风险、缩短进入市场的时间，各个参与创新的主体必须专业化。与熊彼特的全能型企业家角色不同，创新集群中的每个企业都只能从事创新增值链条上的某一环节性工作，每个企业专长于某一技能、技术和能力的特定组合。因此，R&D 的业务外包、知识创新的联盟等形式在创新集群中很普遍。这样，集群中企业之间，企业与高校之间能够互惠互利、优势互补、互相促进、共同发展。

2. 竞争协同性。既专业化分工又相互协作是创新集群的一个主要创新方式。集群类似于一个生物生态系统，是一个有机的、相互作用相互依存的社会。正如生物种群一样，竞争在企业群落中普遍存在，竞争使得企业个体始终保持足够的动力以及高度的警觉和灵敏性，并在竞争中发展壮大；然而在群落中的竞争，不是通常的你死我活的关系，更多的是协作关系，竞争对手不是敌人，而是伙伴。因此，协同竞争是集群式创新的一个显著特点，最终目的是达到共同发展。

3. 根植性。创新集群的根植性可以从三个方面来理解：一是很强的产业关联性，即产业根植性；二是共同的创新文化，即文化根植性；三是地理位置的接近性，即地理根植性。这被认为是创新集群竞争优势的关键来源，对集群内中小企业技术创新有极为重要的意义。正如美国学者 A. 萨克森宁所指出的：人们，包括硅谷人，往往都没有意识到硅谷那种合作与竞争的不寻常组合连同其他因素共同构成的制度环境给他们带来的成就。其实，正是硅谷这种创新区域的根植性成为硅谷企业能得到迅猛发展的重要因素。

4. 资源共享性。创新资源不足是制约企业技术创新特别是中小企业技术创新的一个关键因素。众多的相互关联的企业聚集在一起，可以实现资源共享、优势互补，克服单个企业资源创新资源不足的缺陷。它们可以利用共享的信息资源，可以拥有共同的专业人才市场，可以相互利用对方的创新特长，可以互为创新成果的传播者和使用者。

5. 创新组织的开放性。集群式创新网络是一个开放的网络。主要表现在两个方面：首先这种创新网络与集群外的其他组织特别是大学及科研机构有着密切的联系而不是一个封闭式的系统，只有这种开放性才能保证集群式创新的活力；其次，集群内的创新网络是一个错综复杂的组织关系，当其中的一种联系变得无效时，这种联系将会被一种新的联系取而代之。

（四） 集群式创新网络的运作机制

集群式创新网络机制叮分为学习机制、组织机制和利益机制三方面。

1. 学习机制（Learning Mechanism）。在集群内的上下游企业以及竞争对手之间通过正式或非正式的交流而实现的学习机制，是集群式创新能否有效运作的关键。

集群内的学习过程可以从两个层面来进行：学习的第一个层面是企业对集群外面的知识进行吸收和创新的过程，学习的第二个层面是集群内企业的互动学习和在此基础上进行的二次创新。要保持企业集群的竞争优势，集群内部必须形成一种自我增强的二次创新机制。因为一味地从外部引入技术只能使集群永远处于追赶的被动地位。同样，在集群内不存在二次创新的互动学习最终只会使企业间的知识同质化，企业之间将更多地通过价格竞争而不是产品差异化来实现利润最大化，最终结果是集群内企业的共同衰退。

可以将集群内部的学习过程用图 1 进行描述。其中外部知识的学习和二次创新的过程可以看作是个别企业的知识静态积累过程，这一过程的实现只能增加单个企业的创新能力。而知识共享以及模仿学习则是企业间进行动态学习，提高整个集群创新能力的过程。静态积累与动态学习是相辅相成的，对于集群创新能力的提高缺一不可。

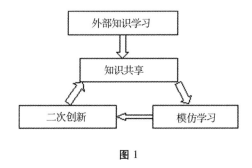

图 1

2. 组织机制（Organization Mechanism）。正如企业的组织模式对企业内部创新水平产生深刻影响一样，集群内企业之间的组织模式同样会影响集群的创新水平，根据集群的组织模式，我们可以将集群内的创新组织分为两种比较典型的类型。

一种创新网络是所有企业都处于平等地位的中小企业创新网络，硅谷是这种创新模式比较典型的案例。在这种模式中，企业之间的技术转移一般采用标准化的市场交易进行。这种建立在市场交易基础上的创新组织模式的有效实施必须满足两个条件。首先，必须存在规范的专利保护制度或者彼此建立相互的信任，对溢出效应产生的搭便车行为进行限制，否则这种市场交易将会失灵。其次，这种中小企业自身应该具备足够的能力来吸收和消化集群外部的新知识，使得企业之间的知识保持一定的异质性，这样才能使集群保持足够的创新活力。硅谷的成功一方面得益于美国比较有效的专利保护制度；而另一方面有赖于对世界各地优秀人才的吸收。这种集群的创新模式比较适合于高新技术产业群的发展。

另一种创新网络是以龙头企业为核心形成的创新网络。在这种创新网络有如下优势：第一，龙头企业的规模和实力使其有能力吸收消化从集群外部获取的知识，从而提高集群的整体创新能力。如浙江嵊州领带集群中就是由一部分大企业率先引入纳米技术，从而提高了整个集群的竞争优势。第二，一般来说，在一个龙头企业网络内，企业之间的透明度比较高，而与网络以外成员的透明度不高，这样网络内知识创造者就可以很好地获取知识创造出来的效益。第三，即使龙头企业之间存在很大的溢出效应，相对于众多规模大小相近的企业共存情况而言，在集群内形成少数的龙头企业更容易解决技术创新上的"搭便车"现象。这是因为，首先，根据团队经济学的理论，如果集群内只存在少数龙头企业，那么即使存在完全的溢出效应，这些企业努力创新所获得的收益份额也比知识向众多企业溢出情况下的多，这样更容易形成一种自我增强的创新机制。其次，如果说在群龙无首的集群中，企业之间难以形成一种有效的监督及惩罚机制来防止少数企业的道德败坏行为的话，那么集群内龙头企业之间则比较容易形成这种机制。比如说，可以在龙头企业之间形成一种专利使用的默许制度，对于一些基础技术的专利所有权归开发企业，而其他企业有使用权。如果有企业只想渔翁得利的话，专利所有权的企业可以收回其他企业的使用权。在这一点上，美国的一些做法给我们很好的启示："在美国的一些产业之间存在默许专利合作的做法，其中的企业在表面上达成一种约定，都不为侵权而相互控告……当然，这种专利合作趋向于限于积极从事研究开发，并对合作作出贡献的企业，而当对此合作没有贡献而只想从中渔利的企业，则很可能会遭到专利侵权的诉讼。"①

在民营企业集群中，由于民营中小企业的创新能力不足，其模仿动机强烈，而且对于外部知识的吸收需要大的龙头企业的存在，因此采用这种以龙头企业为核心的创新网络可能更为有效。

3. 利益机制（Advantage Mechanism）。在集群内部，不管是通过溢出效应进行的知识在竞争企业之间流动而形成的创新网络，还是上下游企业鉴于创新的集成效应而形成的合作创新，利益的分配机制都是导致这些创新行为成败的最重要的因素之一。由于技术创新本身具有的不确定性，以及集群内的创新网络主要是通过非正式的渠道形成的。因此，在集群创新网络中，其利益机制的核心应该是双赢与共享。

要树立双赢的思想，必须让集群内的企业意识到是不能脱离集群环境而独立存在的，任何道德败坏行为虽然能获得短期利益，但是这种行为将招致其他企业报复，而这种报复对整个集群的成长是毁灭性的，从长远来看，对企业不利。也就是说，短期内实现利益最大化的企业与集群的整体利益具有不相容性，但是长期内二者相容，而让企业树立双赢思想则是从这种短期均衡向长期均衡的一个调整过程。

---

① 胡志坚主编：《国家创新系统理论分析与国际比较》，社会科学文献出版社 2001 年版，第 38 页。

二　影响企业集群创新能力的主要因素

（一）微观维度——单个企业因素

微观维度的分析，主要是从集群式企业这一层面来分析其对整个企业集群创新能力的影响。在分析单个企业对企业集群创新能力的影响之前，我们必须明确一点，那就是企业集群的创新能力并不是单个企业创新能力的简单叠加，因为集群内形成的企业创新网络能产生 1 + 1 > 2 的集聚效应。在某种程度上来说，研究单个企业的行为与创新网络的关系比研究单个企业自身的创新能力更有意义，所以，以下的分析主要是从这个角度展开。

经济学家弗里曼（1991）认为，从深层次知识观和资源考察，小企业集群创新网络发展的经济逻辑在于集群内部存在知识溢出效应，该效应的存在是促进集群创新网络发展和集群经济增长的最根本动力，是集群创新产出和生产率提高的源泉。从企业这一维度来考虑，这种溢出效应的产生受两方面因素的影响，即促使这种溢出效应产生的能力和动机。

在集群内通过溢出效应形成一种持续的创新网络，必须有持续的创新源存在。根据以上的集群学习机制可知，这种创新源可能是企业从集群外部获取，或者对集群内部的知识加以创新而成。不管是通过哪种方式获得，都必须要求接受主体有一定的学习和消化吸收能力。知识的扩散过程实际上是一种学习活动，即通过有目的、主动性的学习获得知识的应用或是将学习到的知识与现有知识相融合开发出新的知识的活动。[①] 而知识转移的路径依赖决定了集群内企业之间的学习必须以一定的技术基础或知识基础为前提条件，在企业的知识存量与技术水平过低，与期望转移的知识或技术差异过大的情况下，即使企业对于某一项技术型知识的期望值很大，此类知识的有效转移也可能不会发生。因此，集群内企业的学习和消化能力是决定集群创新能力的一个重要因素。另外，知识本身的缄默程度以及知识传递主体的传递能力，也会对集群内这种知识的扩散产生重要的影响。

---

① 常荔等：《基于知识链的知识扩散的影响因素研究》，《科研管理》2001 第 5 期。

要保持集群内企业间知识转移渠道的畅通，首先要加大企业吸引人才的力度，这一点对于浙江的传统产业集群尤为重要。在本课题对浙江多个传统产业集群的调查中，我们发现除了少数大的企业，绝大多数的中小企业具有大学或以上学历的科技管理人员含量非常低。高素质人才的缺乏成为阻碍企业之间的知识交流、限制集群创新能力的一个重要因素，解决问题的根本应该是如何在当地营造一个适合人才生存发展的空间。其次应该重视集群内信息网络的建设，只有使企业间的交流建立在一个快速的信息交流平台上，才能使知识的交流更有成效。

以上只是从能力的角度对如何促进集群内知识的交流以及创新能力的提高进行了分析，而要使企业具有促进这种知识交流或者说至少不阻碍这种交流，一方面要树立企业双赢思想；另一方面在集群的组织和制度设计上要综合考虑各种影响知识溢出的因素，使每个集群成员去发展具有自身特色的知识，又能激励集群成员承担应有的知识溢出义务，与其他成员共同促进集群学习的活力，维持知识溢出和控制之间的动态平衡。

（二）　中观维度——企业间专业化分工模式

1. 集群的纵向分工与创新能力

首先，集群内一个企业的创新源大多要通过同一价值链的其他企业如销售商或供应商来获取。因此，集群内企业间信息能否及时、准确传递将成为影响集群内创新效率的一个关键因素。而这种信息的传递效率显然受同一价值链的企业间组织模式的影响。先假设集群内分工采用单一的串联方式，如果在信息传递过程中会发生信息损失，那么整个系统的反馈效率会降低。假如如图 2 所示，每次信息传递效率为 95%，则经过五次传递后，信息效率就变为：

$$Y_5 = 0.95^4 = 0.8$$

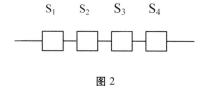

图 2

现在假设某一专业化分工中有四个企业并联，如图 3 所示，生产链中

由 A_1、A_2、A_3、A_4 四个专业组成，如果每一个专业中只有所有的企业都失效则信息传递失效，那么整个系统的传递效率为：

$$Y_5 = \left[1 - (1 - 0.95)^4 \right]^4 \approx 1$$

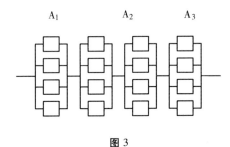

图 3

及时、准确的信息传递能减小技术创新的不确定性，从而大大强化企业的创新动机，因此处于同一价值链的企业间组织模式会对企业集群的创新能力产生很大的影响。

其次，专业化生产使得每一个专业企业的创新活动都无法与系统中其他创新者的活动完全割裂开来。如钢铁企业用现代化的大型喷煤高炉替代传统工艺的小高炉必然带动一系列的技术改造活动：用大型吹氧转炉替代小型平炉炼钢，用现代化高速精轧机替代小型轧机等；用铁水热供、连铸连轧技术取代铸铁、铸锭工艺等。这使得企业间的技术创新存在相互依赖性。这种连锁性的技术创新对于整个企业集群来讲可能带来较大的收益。但是，按照原来的上下游企业之间的利益分配机制，可能是产生相互交易的一方企业收益增加，而另一方收益减少，不过是前者收益的增加额要大于后者的收益减少。在这种情况下，收益减少一方进行技术创新将会为整个创新链带来一定的外部经济。要使整个链式创新能产生，那么必须调整原有企业之间的利益分配机制。但是，由于技术创新所具有的不确定性，这种收益的重新分配只能是在创新链形成之后进行的一种事后的调整。因此，对于单个企业来说，这种技术创新的收益具有很大的不确定性。这种不确定性需要企业建立长期的合作关系并形成一种信任机制来解决。

最后，在上下游企业间，可能一方拥有灵活性资产，而另一方进行技术改造后的资产可能是只能为前者服务的企业专有性资产，那么后者进行技术改造就存在很大的风险，因为存在着前者随时可能中断与它交易的威胁。这种不确定性同样影响着企业的创新积极性。这一方面需要双方建立相互信任的关系，更重要的是要增加前者对后者的企业专有资产的投入。如为了鼓励制造企业的技术创新，销售商可以购入设备然后采用融资租赁的形式转让给制造商使用，销售商对制造商的企业专有资产的投入可以增加制造商的技术创新积极性。

2. 集群的横向分工与创新能力

以上主要针对纵向分工模式中专业化分工的特点对企业集群的创新能力的影响进行了分析。正如前面所提到的，企业集群内不会存在单一的纵向分工，而应该是纵向、横向分工并存的集合体。一个集群内横向分工的深化程度同样也会对集群内的创新效率产生重要的影响。

在集群内存在大量横向分工企业必然使一个企业的技术创新在某种程度上产生溢出效应。合理的横向分工应该具备能消除或减小这种溢出效应给企业带来负效应的能力，否则的话，将会使企业在技术创新上产生搭便车的现象。而这种横向分工合理与否主要取决于如下几个因素：（1）产品的差异化程度。如果集群内企业间产品差异化程度越大，那么企业间的相互竞争减弱，溢出效应对企业的负面影响越小，这将有利于企业创新活动的积极性提高。（2）集群内横向分工企业规模的合理布局。如果集群内横向分工企业为规模相近的大量中小企业，那么，在溢出效应较大的情况下，技术创新带来的外部经济性会随着这种企业数量的增加而增加，这大大抑制了企业的创新动机；相反，如果集群内横向分工为少数大企业与众多的小企业并存，将会大大缓解以上情况。小企业由于自身吸收能力弱，对大企业的创新技术很难模仿，或者需要很长时间，因此小企业的存在对大企业的创新活动不会产生很大的影响。同时，由于大企业的数量少，虽然企业创新的技术会向其他大企业溢出，但是大企业通过协调完全可以消除相互之间的搭便车现象，形成一个技术共同体。（3）高低档产品应该能相互区分。如果消费者不能很好地区分不同质量的产品，那么就会产生类似如永康五金那样的柠檬市场，而使企业更愿意通过偷工减料降低产品的质量，而不是通过技术创新提高产品的档次来获得市场竞争能力。

综合以上分析，可以将企业间的专业化分工模式对企业集群的创新能力影响用图4来表示。其中，纵向分工与横向分工是一种相辅相成、相互影响的关系，发达的纵向分工必然使得工艺链拉长，而每一道工艺的差异

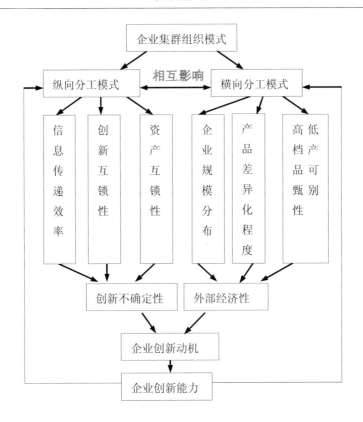

图 4

都将会使产品的种类增加，这就为产品产生差异化创造了条件，从而促进了横向分工的发展；反之，为了获得市场的竞争地位而追求产品创新必然会使原来的某些生产环节进行改进，这样也促进了纵向分工模式的改变。另外，在集群的组织模式影响集群创新能力的同时，也存在一个负反馈的过程，即集群创新能力的提高必然也会促进专业化分工程度的深化，从而改变原有的组织模式。

（三）宏观维度——区域创新环境

1. 中介机构服务水平。集群内的中介服务机构主要指介于政府和企业之间的非营利组织机构，在市场运行中起着政府和企业之间相互联系的桥梁和纽带作用，主要包括行业协会、商会、创业中心、各种服务中心。中介机构是促进企业间网络联系和官、产、学、研结合的纽带，尤其在扶植中小企业方面发挥着重要作用。

在意大利，各专业化产业区的网络服务机构在促进企业集群创新方面起着重要的作用。一方面它促进大、中、小企业，特别是中小企业建立分工协作的生产体系，从而使各企业能发挥自己在技术上的特长，并促进了上下游企业的合作创新。企业网络服务机构提供的服务主要有：诊断分析建立企业网络的可行性；对于网络的形式、标准、实施办法等进行评估；确定网络机构，促进一条龙关系的建立；创建有利于网络生存发展的社会技术文化环境。它还促进不同的经济实体之间建立合作关系，促进企业网络的建立，促进企业与大学（研究机构）之间的网络形成。

浙江温州地区的各个行业中都成立了相应的自律性行业组织，如鞋革工业协会、灯具商会、服装协会等。行业协会的存在不仅可以有效进行行业整顿，打击假冒伪劣产品的生产和销售，从而维护创新企业的合法权益，提高其创新的积极性，另外通过提供各种技术、市场信息来引导企业的技术以及市场创新。再有，行业协会组织的各种形式的活动促进了企业之间的交流，为企业间建立长期的合作关系创造了条件。

2. 社会文化环境。企业作为一个经济主体的利己动机始终存在，而学习收益的不确定性又不可避免地导致企业在学习上的短期化行为。要解决这个问题一方面是要促进集群内专业化分工的深化，从而减少处于相同竞争地位企业的个数，从而使企业在博弈中能达到有利于整体提升的均衡，这一点我们在前面已经进行了分析；另一方面，集群内的文化根植性同样对集群企业之间创新网络的构建有非常重要的作用。

集群文化是建立在群内企业的长期合作和频繁互动基础之上的，而这种文化一旦成型又反过来作为企业间关系的黏合剂发挥着重要作用。这种黏合构成了互信的基础，使得集群内企业不仅可以以非契约的形式开展交易，而且能在一种信赖的气氛中交流和分享技术。这样一来，解除了成员企业对联合技术学习的戒备心理，使其愿意加大对学习的承诺和投入，这种长期化的学习导向将有助于形成一个良性循环而带动整个集群技术能力的增长。

企业集群内的这种文化大体可以包含两个部分：一是由集群所在地区的区域文化——表现为风土人情、宗教习俗甚至方言系统——构成的文化基，它在集群的发展过程中自始至终发挥着潜移默化的作用；二是在文化基上，随着集群发展而积淀下来的产业文化，它体现了文化的专业特色和经济内容，并随着日渐成熟而融进当地的区域文化。①

3. 制度法律环境。这里的制度法律环境主要指的是技术创新产权制度和政府有关科技立法。制度经济学家诺思指出：一个社会如果没有实现经济增长，那就是因为社会没有为经济方面的创新活动提供激励，也就是说，没有从制度方面去保证创新活动的行为主体应该得到的最低限度的报酬。创新活动的水平在很大程度上归结于产权制度的完善。

然而，对创新成果的保护似乎在集群创新活动存在着矛盾。如果不对创新成果进行法律保护，那么必然滋生企业在创新问题上的搭便车行为而导致集群创新能力不足；反过来，对企业的创新成果进行保护必将阻碍集群内企业之间知识溢出效应的产生，使得集群丧失其特有的整体性的创新能力。

我们必须肯定对集群内企业创新成果进行保护的做法，同时，集群内企业必须树立一种观点，那就是集群内企业间的合作能产生双赢的结果。在对创新技术进行专利保护的同时，应该鼓励集群内的龙头企业对于存在溢出效应的创新技术的使用上达成一种协议，那就是在确认创新技术的所有权的同时，允许达成协议的龙头企业进行无偿使用，同时保留各个企业退出这种协议体的自由。这种方式既保护了技术创新企业的合法权益，同时又能通过溢出效应来提高集群的创新能力。而企业对这种协议的自由退出，又能使达成协议的企业在博弈的过程中存在一种可信威胁来防止企业的道德败坏行为。

三　企业集群网络式创新的理论模型和自我增强机制

在集群内由于企业间地理位置的临近，将会给技术创新带来较大的溢出效应，特别是这种技术的溢出通常是通过员工间的非正常交流进行的。在知识产权体系不够完善的情况下，企业的模仿动机将大大增加，而自主创新的积极性会不断降低。长期的创新网络也就成为解决这种溢出效应的一种途径。下面我们利用修改后的麦克洛伊德模型对存在溢出效应的集群

---

① 魏江、叶波：《文化视野中的小企业集群技术学习研究》，《科学学研究》2001 第 4 期。

式创新进行分析，目的是研究如何通过政府的介入在集群内形成一种可自我增强的创新机制。影响集群内创新效率的最关键因素应该是竞争企业之间对溢出效应的一种认同度，因此，以下的分析也是在竞争企业之间进行。

（一）企业集群网络式创新的理论模型

在建立理论模型前，先做如下假定：第一，创新的技术是隐性知识，只能在集群内相互交流获得，集群外企业不能获取，集群内企业的地位完全平等。第二，为了研究的方便，假定集群内的技术溢出效应系数 β 为 1，即技术在集群内可以完全共享。① 第三，信息是不完全的，协议双方对于对方的"合作"诚意并不完全知道。第四，依赖第三方的干预来执行协议条款是有很大成本的。这些成本包括制定明确协议的成本及诉讼费用。第五，经济理性假定，人是否诚实可信不是事先假定的常量，而是一种函数。一个人可依赖，当且仅当被人依赖对他有利可图；一个人诚实，当且仅当诚实比不诚实更合算。

我们假定企业集群中有 n 家企业，整个集群的生产函数为 $q = x(a)$，q 为每个合作期的产出，$a = (a1, \cdots, an) \in Rn+$ 是集群内企业的研发投入水平的向量。假设上述生产函数满足以下特点：

假定 1：$x(a)$ 二次可微，并对于 $a \in Rn+$ 是凹的。另外对于 $i \in . \equiv \{a1, \cdots, an\}$，$x(\overline{0}) = 0$，$\partial\chi/\partial ai > 0$。（该假定条件意味着生产函数规模报酬递减，后半部分说明成员企业研发投入的边际产品为正。）

假定 2：集群内企业 i 的效用函数为：

$$Ui = \sum_{t=0}^{\infty} (B_i^t - V(a_i^t)/\theta_i)(\rho\delta)^t$$

在效用函数中，B_i^t 代表成员企业 i 在时期 t 分享的研发收益，a_i^t 表示成员企业在 t 时期的研发投入水平，函数 $V(\cdot)/\theta_i$ 为成员企业努力的负效用，它是二次可微的，并满足 $V(0) = 0$，$V'(\cdot) < 0$，以及 $\lim_{a\to\infty} V_i(a) = \infty$；$\theta_i$ 代表成员企业的能力和类型，ρ 是每个时期成员企业不离开集群的概率；贴现因子 $\delta = e^{-\gamma r} \in (0,1)$，r 资本市场利率，$\gamma$ 为时间

---

① 溢出效应与搭便车行为具有正相关性，因此假设不会影响本文的结论。

的长度。

由假定 2 可以得到在时间无限期长的情况下，每个企业的效用函数可以表示为：

$$U_i = \frac{\{B_i - V(a_i)/\theta_i\}}{1 - \rho\delta}$$

下面我们讨论集群内企业进行重复博弈时企业进行自主创新，而不是只采取搭便车行为所应该满足的均衡条件，这里我们给出在一次博弈中均衡的一些基本概念，我们定义集群内企业都采取自主创新并共享由其他企业溢出的技术这一情况下企业效用水平为 $U_i^* = U_i(a^*)$，企业都采取搭便车行为而不进行创新时的效用水平为 $U_i^N = U_i(a^N)$，企业搭便车而其他企业都进行自主创新时该企业的效用水平为 $U_i^c = \max_{U_i \geq 0} \widetilde{U}_i(a_i, a^*_{-i})$，$a^*_{-i}$ 表示除了 i 企业外的其他企业成员均选择进行自主创新。

在企业集群的重复博弈中，如果所有企业都选择进行自主创新并容许其他企业模仿时，那么，每个成员企业在时间 T 的终生效用为：

$$U_i^*(r) = \sum_{t=T}^{\infty} \widetilde{U}_i(a^*)(\delta\rho)^{t-T} = \frac{1}{1-\delta\rho} U_i^*$$

如果企业集群中的成员企业 i 突然决定在时间 T 偷懒（减少技术的研发投入），并且其他企业在 T 之前（包括 T 时间）一直是采取积极的研发投入策略，这种情况下成员企业 i 的未来收益总计数变为：

$$U_i^c(r) = U_i^c + \frac{\delta\rho}{1-\delta\rho} U_i^N$$

在这里只要 $U_i^*(r) \geq U_i^c(r)$，也就是只要

$$\frac{1}{1-\delta\rho} U_i^* \geq U_i^c + \frac{\delta\rho}{1-\delta\rho} U_i^N$$

企业集群内各个企业都将投入最大限度的研发努力水平。这里我们可以引出下面命题。

命题 1：只要 $U_i^* \geq (1-\delta\rho)U_i^c + \delta\rho U_i^N, i=1,\cdots,n$，那么集群内的企业就将都采取自主创新并共享其他企业技术的策略，那么这个时候就能形成一种自我增强的集群创新机制。

如果我们将集群内企业每次对技术的投入水平的博弈看作囚徒困境博

弈，假定 $U_i^c > U_i^* > U_i^N$，那么在资本市场利率 γ 接近于 0 或时间 γ 变短时，$\delta\rho$ 中的 $\delta = e^{-\gamma \cdot r} \in (0,1)$ 将接近 1，同时如果集群内的企业每期离开的概率很小即 ρ 接近 1，则 $\delta\rho$ 充分接近 1，此时不等式变为 $U_i^* > U_i^N$，显然命题 1 成立。

然而，虽然集群内企业因为沉淀成本的存在满足流动性低的特点即 ρ 接近 1，但是资本市场利率显然不为 0，那么要使这种机制得以形成，就必须使集群内企业在共享技术投入的每一期的博弈时间 γ 缩短，即使得博弈的频率增加。

然而，我们仔细分析会发现，因为技术创新本身需要一定的时间来实现，并且一项创新计划一旦投入实际运行阶段，那么终止的可能性是很小的，而且在一个研发周期内一个企业对其他企业研发投入的努力程度是难以估量的。所以企业集群内企业在考虑下期是否要进行可共享技术研发投入时，一般需要经过一个研发周期，即企业间一般会在一个研发周期内进行一次博弈。也就是说博弈时间 γ 不能无限缩短，加上 γ 不为 0，那么 $\delta\rho$ 不能充分接近 1，这意味着我们无法直接从命题 1 来对此进行判断。

但是，在博弈频率一定的情况下，如果 U_i^* 与 U_i^N 能保持足够的差值，结论仍然成立，这点我们可以作简单的论证。

因为 $0 < \delta\rho \leqslant 1$，所以 $U_i^* - \delta\rho U_i^N \geqslant U_i^* - U_i^N$，显然如果 $U_i^* - U_i^N \geqslant (1-\delta\rho)U_i^c$ 则命题 1 成立，由此得到命题 2。

命题 2：在集群内博弈频率一定的情况下，$\delta\rho$ 不能无限趋近 1，但是只要使 $U_i^* - U_i^N \geqslant (1-\delta\rho)U_i^c$，那么集群企业的这种技术创新机制可以实现。

（二）企业集群网络式技术创新的自我增强机制

下面，通过对 U_i^*、U_i^N 在无限次重复博弈中变化的动态分析，将会发现通过政府一定时期的干预，命题 2 是完全可以实现的。在这里笔者将采用演绎推理的方法，假设这种创新机制已经形成，然后分析社会资本、学习成本在这个条件下将会怎样变化；反过来我们又将分析社会资本、学习成本的变化对创新机制形成所具有的影响，由此得出最后的结论，在政府适当的政策引导下，建立在长期合作基础上的集群式企业可以形成一种自我增强的创新机制。

1. 社会资本在这种自我增强机制的形成过程中具有重要的作用。社会资本是指一个企业与相关企业之间的横向联系，与其供应链各环节之间的纵向联系，与企业外相关实体、群体之间的社会联系等社会关系的总和，以及该企业获取并利用这些关系来摄取外部信息和其他资源的总和（陈劲和李飞宇，2001）。它与物质资本、人力资本既有相似性，也有区别。相同点包括：（1）是通过积累而成的；（2）有规模效应；（3）需要不断地更新；（4）具有生产性。不同之处在于：（1）在使用上可以达到互惠的效果；（2）不可让渡，具有个性，与拥有者共存，并有使用范围；（3）不可再生，是非短缺的；（4）其发挥是直接通过不同主体间的合作实现的；（5）其作用不仅体现在生产价值上，而且体现在有关方面可以共享收益，体现在对共同体的维护和促进上（李惠斌、杨雪冬，2000）。

具体来讲，社会资本的存在可以减小集群内企业的交易费用，如企业的监督成本、协调成本以及签约成本等。特别是在产品需求个性化、产品生产周期缩短、不确定性增加及生产技术复杂化的新情况下，企业集群逐步从资源共享型向知识型转变，社会资本的存在有利于企业间学习成本的降低，加强企业的竞争优势。社会资本之所以对集群式创新机制产生影响，关键在于社会资本同人力资本、物质资本一样是一种财富，能带来经济效益。克拉克和珂佛的研究表明（Knack，keefer，1997），假如对整个国家层面的诚信进行计量，诚信值如果上升 1 个标准差则会带来超过 0.5 个标准差的经济增长。对企业来说，如果信誉好则能减少与别的企业间的交易费用。如果在技术上一味采取模仿战略，那么就意味着企业对原有的创新——共享隐性机制的破坏，这种背信弃义的行为不仅会使其他企业采取相同的战略，而且企业也将很难在其他方面形成合作。因此，作为企业间合作的一项收益或者作为不合作的一项机会成本，社会资本的存在将会增加企业在一次性博弈中合作与不合作的效用差，即 U_i^* 与 U_i^N 之间的差值增加，根据命题 2，这显然有利于集群创新机制的形成。特别是由于具有可积累性，随时间的推移，一直保持合作企业的社会资本是逐渐增加的，也就是说 U_i^* 与 U_i^N 的差值随时间的推移将会不断增加，这也有利于均衡条件的形成。见图 5 中曲线 1。

2. 集群内企业的长期合作不仅有利于社会资本的积累，同时，它也能降低企业相互之间的学习成本。其中，上面提到的社会资本的增加而带来的学习成本的降低只是其中的一部分。笔者认为，以下几个方面会影响企业间知识转移的成本：（1）知识的性质和内容；（2）供给主体对知识转移的态度及传递知识的能力；（3）知识需求主体的学习能力和消化能力；（4）知识结构的互补性。

首先，根据知识的性质，知识可以分为两类：一类是高度个体化、难以编码化和形式化的隐性知识；另一类是能够以编码的形式表达的显性知识。显然，显性化的知识更容易在企业间转移，而集群企业内企业通过长时间的合作会倾向于产生相同或相近的企业语言和企业文化，这样将会使原本隐性的知识显性化，从而降低学习的成本。其次，随时间的推移，企业积累的知识越多，吸收新知识的能力越强，这样能产生学习的规模效应，同时知识的供给企业也可以以更直接的方式传递知识，这些都有利于降低学习成本。最后，长时间的企业合作促进相互间知识的交叉融合，这也会使学习成本降低。

在集群技术共享初期，由于相互之间缺乏交流，学习成本很高，可以假定学习带来的效用为 0，也就是单从学习效应这一角度考虑，合作与不合作的效用相等即 $U_i^* - U_i^N = 0$。随时间的推移，学习成本下降，学习产生规模效用，那么相互学习带来的效用逐步上升。作为合作的一项收益或者不合作的一项机会成本，我们也可以得出由于学习成本随时间变化所带来的 $U_i^* - U_i^N$ 的变化情况，见图 5 中曲线 2。

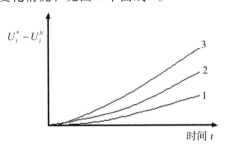

图 5

下面，我们将随时间变化由社会资本和学习成本的变化带来的 $U_i^* - U_i^N$ 的变化叠加，得到曲线 3，见图 5、图 6。由此可见，随时间的推移，社会资本的变化和学习成本的变化越来越倾向有利于企业合作创新机制的形成。但是，根据命题 2，我们知道要使创新机制形成，$U_i^* - U_i^N$ 必须大

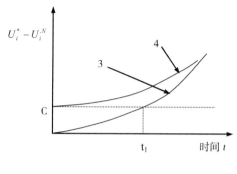

图 6

于一定的值才能实现，我们称之为门槛值 C，见图 6。那么，企业之间的合作只能从 t1 时间开始，但是，根据前面的论述，如果在 t1 以前有企业采取不合作的态度，假定企业都采取冷酷战略，在以后的时间内所有的企业都不会采用合作的态度。下面笔者将论证怎样通过政府的行为来突破这个门槛值。

（三）政府行为与集群创新机制的完善

总的来说，政府行为的目的应该是在初期使得 $U_i^* - U_i^N$ 的值超过门槛值 C，并且通过政府行为来促进企业集群合作性的技术开发是有成本的，所以只能短期内实行，最终的目的是要形成不需要第三方干预的自我增强的创新机制，所以随时间的推移，政府行为应该逐步从集群内淡化，如果用图 6 中的曲线 4 代表在政府干预下的 $U_i^* - U_i^N$ 随时间的变化曲线，那么意味着该曲线应该随时间推移是无限接近曲线 3。

笔者认为，通过以下途径可以实现上述目标：第一种途径，对集群内企业从事可共享技术开发提供税收优惠。具体措施包括：（1）允许企业从其应税收入（即税基）中扣除当年发生的可共享技术的研发费；（2）允许企业从其公司上交的收入税中扣除基于一定基础的研发费用；（3）允许企业对用于技术创新的机器、设备和建筑的投资进行加速折旧。第二种途径，直接资助集群内企业的可共享技术的开发。这类政策工具主要由政府向企业提供研究资金、政府担保、政府贴息和政府贷款等。第三种途径，对于创新技术给予一定期限的专利保护，然后才能允许集群内其他企业共享。

那么究竟哪种政策最为有效呢？技术创新本身具有一定的时效性，如果对其进行专利保护，那么很多企业不能在第一时间内共享该技术，这也意味着社会福利的损失，特别是在国内外竞争日趋激烈的情况下，将会降低企业集群的整体竞争优势。所以我们更主张政府采取前两种措施。如果进一步分析，税收优惠较之直接补助有很多优越性，包括：税收刺激对市场力量的干预较少，因而允许私人部门保留自己的决策权；税收刺激需要较少的手续，涉及较少的官僚层次，因而可以减少管理成本和腐败的发生；税收刺激具有获得企业有利反应的心理优惠。并且采取逐步递减的税收优惠措施也非常符合集群内可共享技术的特性。在集群式创新机制形成的初期，可共享的技术存在很大的外部经济性，可以将它视为一种公共产品，因此需要政府对其产生主体即创新企业进行补贴或奖励。随着技术创新共享机制的完善，技术创新将会成为一种互惠的活动，集群内可共享技术逐步失去它的公共产品特性，这时政府就没有必要再对此进行干预。

以上通过修改后的合作经济学麦克洛伊德模型对企业集群内技术创新的合作机制进行了研究。分析表明，通过税收优惠能最有效地促进企业集群内合作创新机制的形成。这一措施也非常符合国际惯例，自 1981 年以来，美国政府规定科研公司的研究与实验投资超过"基数期限"内所规定的数额，可以获得 20% 的减税优惠。在加拿大，所有研究与开发投入都会获得 20% 的统一减税优惠。

四 促进集群式网络创新的政策建议

（一）OECD 国家的相关经验

传统观点认为，既然大多数企业集群的出现都是市场引导的结果，并没有太多的政府参与，所以政府的主要任务是促进市场功能的发挥。这种观点存在的缺点在于其视野有限，并没充分认识到以市场为基础的创新体系特点的变化。

事实上，有关网络化、群聚和创新系统的文献都清楚地描述了群聚是一个由市场引发和引导的过程。然而，也同时提出了需要重新界定政府作为网络化促进者、动态比较优势促进者和制度构建者的作用。大多数OECD 国家产业政策的制定实际上都集中于去除系统和市场失灵以及改善创新系统效率上。这些对系统失灵的政策反应包括①：（1）建立一个稳定的可预见的经济政治环境；（2）创造一个有助于市场功能发挥和有利于去除市场失灵的框架条件；（3）促进创新系统中不同参与者之间的互动和知识交流；（4）通过提供战略信息，消除信息失灵；（5）消除创新系统中制度不匹配和组织失灵，如公共基础设施和市场私人需求之间的不匹配，或价值链中有需求顾客的遗漏；（6）消除政府失灵以及阻碍创新和群聚的政府规制。

在许多国家，如丹麦、芬兰、英国、美国、荷兰，以集群为基础的政策动议中的趋势是：通过设计管理形式和激励结构，减少其创新系统中的系统和市场缺陷。为此，许多国家通过技术预测研究、集群研究、特别研究小组、特殊网站等形式为企业创新提供战略信息，这些国家包括芬兰、瑞典、荷兰、英国、美国、奥地利、意大利、加拿大等，另外，政府为集群内各方提供建设性对话平台，如美国专题小组、丹麦参考小组、瑞典产业系统方法、英国区域发展署以及荷兰中介组织政策等。

总之，对大多数国家和地区而言，有关集群的经验是如何构造一种制度，通过这种制度来促进企业或知识结构根植到更广泛的经济和知识交流中去，并通过它将不断获取的新的知识应用到本地的生产系统中。

（二）促进集群内创新网络成长的政府政策

集群式网络创新是一项系统工程，其完善需要一个过程。对于传统产业集群而言，要形成这种创新网络，首先，应该是如何增强集群内企业知识的积累，特别是浙江很多传统产业集群基本上处在扎堆式的原始集群状态，其内部根本无创新网络可言，因此提高企业集群创新能力要解决的首要问题是如何提高集群式企业的自身素质，并实现企业间资源的异质化。其次，在集群内企业之间的相互信任度不高，如何对创新行为带来的外部性进行补偿，对创新成果进行保护，以此对企业创新进行激励是目前重点应该解决的问题。

结合国外的成功经验和我国的实际情况，为了促进集群内创新网络的

---

① 胡志坚主编：《国家创新系统理论分析与国际比较》，社会科学文献出版社2001年版，第87—88页。

成功运作，政府应该从以下几个方面着手。

第一，培育和完善产学研结合机制，鼓励高校、研究机构、企业三者之间的合作。通过这种合作首先提高集群内龙头企业的创新能力，然后再通过溢出效应来带动整个集群的创新能力，这个对于形成时间短，知识积累少的集群尤为重要。

第二，通过制定一系列的税收金融等政策或法律制度，构造一个有效的、持久的创新激励环境，矫正市场在企业创新过程中的缺陷。这样在一定程度上使得创新的外部性内部化，使创新者更好地享有创新收益。在集群形成初期，集群内部的专业化分工不够发达的情况下，这一政策尤为重要。

第三，政府应该致力于营造一种适合创新主体发展和创新的气氛和环境，包括正确引导社会走向的投资机制、良好的融资环境和健全的法律法规等。在实施政策、计划、规划、法规等宏观措施的过程中，政府由直接的干预者转变为提供良好的市场环境、政策环境、信息环境的建设者，进而影响或引导创新的直接参与者进行创新活动。

第四，政府应该通过建议和评价，制定所有权和利益的分配原则以及项目的组织方式等，减少可能的摩擦，进而减小合作创新的交易成本，提高合作的经济效益。与此同时对合作中的机会主义行为进行直接的干预，以保证企业之间合作关系的长期稳定性。

第五，完善专利保护制度，对企业的创新成果进行保护。对创新成果进行专利保护，然后在相互信任的基础上，通过默许或协商的形式来实现技术的共享可能是实现集群式创新的一种可行的方式。

集群式民营企业成长模式分析[*]

一　集群式民营企业的形成和发展

我国民营企业集群的兴起，最早可追溯到 20 世纪 60 年代末，从生命周期来考察，至今已历经三个发展阶段。

（一）改革开放与集群式民营企业的初创

20 世纪六七十年代，由于"文化大革命"的严重影响，国民经济已经面临崩溃的边缘，大批企业"停产闹革命"，市场上商品供应严重不足。这种市场"真空"，也给一些农民"泥腿子"白手起家，创办民营企业提供了最初的契机。在浙江各地，开始出现了敢于"第一个吃螃蟹"的农民企业家和民营企业。有些地方还在此基础上陆续发展成为企业集群。这些农民企业家和民营企业，便成为浙江民营经济和民营企业集群的"原创者"。其中，影响较大的案例有以下几例。

1. 柳市低压电器行业的"八大王"[①]

20 世纪 60 年代末，由于"文化大革命"影响，低压电器零配件严重短缺，长期在外务工经商的柳市人获悉低压电器供求失衡信息后，开始了

* 本文为《集群式民营企业成长模式分析》（中国经济出版社 2005 年版）第二章内容，蔡华林参加了写作。本书是国家自然科学基金课题成果，课题组有徐明华、王祖强、李涛等 25 位同志参加，在此一并致谢。

① "八大王"泛指 20 世纪 80 年代初低压电器行业及相关行业中的经营冒尖户，虽流传版本有所不同，但不离下列 10 人：螺丝大王刘大源、五金大王胡金林、目录大王叶建华、线圈大王郑祥青、矿灯大王程步青、合同大王李方平、机电大王郑元忠、旧货大王王迈千、翻砂大王伍师廉、邮运大王阮子岳。1982 年 8 月，他们被列为重大经济犯罪分子。

低压电器产品的贩卖和生产活动。最初，他们通过各种渠道，到大中城市工业企业或国营五金商店收购五金、低压电器旧货和积压品，经过简单加工，然后贩卖到城乡企业和边远地区的工矿企业，获利颇丰。贩卖活动使柳市人逐渐熟悉了低压电器的相关性能及供求情况，萌发从事低压电器仿制生产以获取更高利润的念头。1969 年，柳市反修工艺社研制生产了矿灯、电极板等产品，随后，柳市木器厂、纸伞厂、服装厂又生产了电磁阀、按钮开关、熔断器等低压电器产品。1972 年，马仁桥乡陈庆瑶等创办"茗东五金电器制配厂"试制成功交流接触动静触头。此后，低压电器生产逐步扩散到三里、新民、西皇屿、吕庄、智广等地。1978 年下半年，作为打开产品销路的大胆尝试，第一家低压电器门市部在柳市开业。党的十一届三中全会后，低压电器业迅速发展，至 1980 年，柳市镇低压电器门市部增至 54 家，企业 70 余家。翌年，柳市电器门市部已达 300 家，产值 2200 万元，拥有供销员 1 万多人。在 20 世纪 80 年代初，柳市的低压电器生产已形成专业化分工协作体系。从区域分工来看，出现"一村一品""一乡一品"的格局。如茗东的电器配件、翁垟的矿配、湖头前洲的电流互感器和蝉西的胶木、柳市镇东皇屿的电瓷、白石东㳀的橡胶配件等，并且出现了著名的"八大王"等经营冒尖户。

2. 温州打火机行业的原创家族——金氏家族

温州打火机业起源于 1987 年。时任鹿城五金厂厂长的金朝奎膝下有 4 个女儿和 4 个能干的女婿。1986 年前后，四女婿包伟光买到一只打火机，老人召集自己的 4 个女婿加上哥哥金朝松的 2 个儿子，一起对打火机进行拆解研究，在上海师傅的帮助下，终于研制组装出利用电池和变压器点火的电子明火打火机。该打火机因其形状，被俗称为"猫眼"。猫眼的研制成功，标志着打火机产业开始在温州落脚，并形成了新的经济增长点。打火机产业首先沿亲缘关系向外扩散。1988 年，金朝松的女婿徐勇水结束了在哈尔滨的生意，加入了岳父的鹿城打火机厂。同年，朱寿清的哥哥朱寿南、包成进的哥哥包成华也在各自弟弟的影响下，转向做打火机。于是，以金氏家族为核心，形成了打火机业的最早四家企业（见图 1）。他们分别在麻行僧街瓜棚下、应道观巷、丁字桥巷、八字桥巷，地理位置都很接近，打火机业初期的企业集群萌芽初步形成。由于初期打火机产品供不应求，市场价格也很高。不久，他们的邻里加入到打火机行业，有的企业员工（都是温州人）也自己装配打火机。

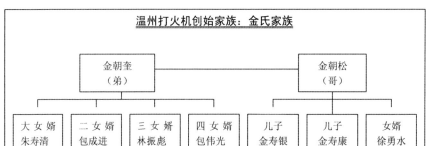

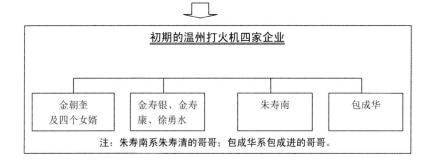

图 1　初创时期的温州打火机四大企业业主及其亲缘关系

3. 嵊州领带行业的孵化器——佳友领带有限公司

1984 年 9 月，嵊州籍港商卢陆先生与当时的嵊县华丽服装厂、嵊县绸厂在城关镇合资创办了首家领带企业——浙江佳友领带有限公司。合资企业注册资金为 20 万元，卢陆先生所占股份为 28%，嵊县两企业占 72%。是年 12 月该公司经浙江省外经贸厅批准正式成立。开业第一年（1985 年），该公司即生产合纤带绸 3.1 万米，领带成品 28.8 万条，总产值 94.31 万元，获利 15.4 万元，投资回报率高达 75%；第二年再创利润 31 万元。[①]

佳友公司的成功，通过三种途径带动了嵊州领带生产的发展。一是由佳友公司衍生出一批新的领带企业。20 世纪 80 年代末，"佳友"公司培养的一批领带生产管理人员、供销人员和技术工人，如高喜军、胡士良等离开"佳友"公司自立门户，相继开办了金达来、好运来、新利时等一

---

① 《嵊州领带业的"孵化器"》，《嵊州通讯》2000 年第 11 期。

批私营领带企业。二是"佳友"公司的高额投资回报率吸引了一批嵊籍港商回祖国大陆开办领带企业。佳友公司的快速盈利,使一些原本持观望态度的港商,打消了顾虑,纷纷打算回大陆投资办厂。其中规模较大的有港商童贞茂与嵊县丝织厂合资成立的新利美丝织领带有限公司、港商卢时兴与嵊县丝织厂合资成立的和发织造有限公司,以及"惠仕达""金剑美"等5家合资领带企业。三是带动了嵊州本地企业和个人发展领带生产。佳友公司的成功使嵊州本地企业看到了领带产品的巨大商机,嵊州原有的丝绸企业、织造企业等纷纷转向领带产品的生产。到1992年,嵊州领带企业已经发展到500家,从事领带织造、制作、经销的人员达1.5万人,年产领带1650万条,总产值4.87亿元,销售额4.33亿元。

4. 台州下陈镇缝纫机行业的起源——求精针车工贸有限公司

求精针车有限公司总经理管康仁原是浙江水泵厂的车床工人。1979年12月,管康仁家里的"蝴蝶"牌缝纫机一个小零件压脚板坏了,他在台州找不到这个零件。经打听,此零件只在上海有售。为了这一个小小的零件,他不得不长途跋涉,从海门港乘轮船到千里之外的上海,在金陵东路找到一家缝纫机零件店。管康仁凭着做过3年车工的职业眼光,他觉得这么简单的零件他也能造。回到椒江后,管康仁用自己微薄的积蓄,买来一台旧钻床和一台旧仪表车床,雇来两名本村的工人,在十几平方米简陋的家里办起了家庭作坊,于是,椒江下陈镇的第一家缝纫机零件生产企业就这样诞生了。半个月后,管康仁生产了30只压脚板的样品。第二天,他提着压脚板样品又一次来到上海。金陵东路缝纫机零件店仔细地检验完样品后。当即向管康仁订购了3万只压脚板。这是管康仁创业的第一步。也是下陈镇生产的第一批缝纫机零部件。第二年,管康仁的企业又生产了30台三线包缝机,从零部件生产步入了整机生产。

5. 织里童装的闯滩人——吴小章

在计划经济条件下,农民的生活非常艰苦,承受着很大的生存压力。由于贫困,湖州市轧村中学的一位政治教师——吴小章成为最先出去闯荡市场的人之一。从1974年开始,他开设家庭手工作坊,趁夜深人静之际,偷偷摸摸地从事生产。每逢星期天,他就走村串巷去卖童装、枕套等物品。1978年3月,当地刮起了一股"割资本主义尾巴"风,他家里的缝纫机被扣,一夜之间,他成了当地典型的投机倒把分子,被戴牌游街批判。但是，吴小章等人的行为，使不甘贫困的农民看到了希望。当时轧村的三圩、增圩和李家坎村的农民不顾政策的风险，奋不顾身地加入这个行列，他们用从上海城隍庙买来的花绒，湖州棉布零售店买来的布料，在自家缝纫机上简单地绣上一些花草图案，做成枕套、童装，走街串巷叫卖。当时工商部门到轧村乡东面的旧馆乡设卡堵截，但仿效的人还是越来越多。到1978年年底，已有一千多家绣品户背着政府，私下干开了，不少乡村干部也纷纷做起了绣花枕套买卖，从地域上遍及到织里地区的织里镇以及附近的轧村、晟舍、太湖、漾西、戴山五乡。这一千多家绣品户就成为后来织里童装企业集群的基础。

（二）初创期集群式民营企业的主要特点

1. 企业组织形式以家庭作坊为主，辅以少量的联户经营

家庭作坊式的企业规模小，以家庭劳动力为主，雇用少量工人。初时实行以销定产，生产间断进行，故不连续雇用工人，后随市场规模扩大，开始经常地雇用工人。据袁恩桢等人1985年11月对柳市镇所属三个村家庭工业规模的调查可知，企业平均职工人数才8人（见表1）。

表1　　　　柳市镇所属三个村家庭工业规模（1985年11月）

村　　名	企业数（个）	职工数（人）	企业平均职工数（人）
木山后	5	35	7
上　峰	9	86	9.6
吕　庄	100	590	5.9

资料来源：袁恩桢：《温州模式与富裕之路》，上海社会科学院出版社1987年版，第128页。

2. "戴红帽子"成为主要的所有制形式

为规避对个体户和私有制的歧视，迎合当时意识形态中的公有制偏好，这些企业大都采用"挂户经营"，即"戴红帽子"的方式以获得合法的经营地位和生存空间。所谓"挂户经营"即指因各种原因没有取得独立的经济法人地位的个体或联合体经营者，交纳一定费用挂靠集体或国营企业并以其名义从事生产经营活动。挂户经营具有制度赎买的功能，家庭作坊所交的挂靠费用便是赎买的成本支出。

3. 企业的生产环节和工序简单

这一阶段，企业一般以"代人加工""来样加工"和"来料加工"为主，仅仅从事产品生产的个别环节和工序的生产活动。例如，嵊州的领带生产通常是由客户下订单，并提供设计好的花型，嵊州领带企业接单进行"来样加工"；加工领带如需高档面料一般要到外地购买或由客户直接提供，若仅需中低档面料则一般由嵊州本地企业织造，但本地织造的白缎也还需到杭嘉湖及苏南地区进行印花；面料裁剪和领带缝制两道工序一般都由本地企业完成；缝制好的领带由嵊州企业或客户运到杭州、上海等地进行整烫。由此可见，这时的嵊州领带企业一般以代人加工为主，主要承担的是中低档面料织造、剪裁、缝纫等个别工序，嵊州本地领带生产的价值链并不完整。之所以呈现出这种状况，其原因在于，这时的嵊州领带企业普遍缺乏资金、技术和销售渠道，他们只能发挥劳动力资源丰富的优势，首先进入劳动力密集的剪裁、缝纫工序，以及资金和技术要求较低的中低档面料织造工序。①

4. 技术水平低

生产工具以手工类型为主，也采用一些非传统的生产工艺和生产设备。例如，柳市低压电器先行企业茗东五金电器制配厂，开办之初仅两台3吨冲床，一台手摇台钻，两个台虎钳。生产技术以经验型为主，生产者一般从仿制国企生产的低压电器产品开始，逐步摸索，获得必要的相关技术。也有的通过非正当手段取得国企的生产技术资料。较难的技术大都高薪聘请国企现职或退休技术人员来解决，以至其时上海工程师甚为抢手。

5. 营销方式相对落后

主要依靠供销员的"游击式"的原始营销方式推销产品。为加强和供销员的联系，家庭企业大都在集镇上设门市部，即"前店后厂式"。供销员和生产企业之间并没有固定的联系，常常凭所接业务随机地选择生产企业。交易频率高，批量小，市场主要集中于边远矿区。据对1984年1—3月湖头、慎江和茗东新民两乡一村的经济合同分析，业务合同共计4543份，业务总额387万元，平均每份才852元，其中万元以上的占合

---

　　① 当时嵊州领带企业所用的织机多是周边县市纺织企业淘汰的织机，这种织机还有一定的生产能力，而且价格很便宜，正符合手中缺乏资金的嵊州领带企业的需要。

同总数的 0.15%，5000 元以上的占 4.35%，从用户分布情况来看，省、市属企业仅占 22.6%，县和县以下企业高达 77.4%。[①]

6. 生产、销售秩序混乱

在传统经济体制下，由于个体、私营经济常常受到限制和打击，家庭作坊无法从市场上获得必需的生产原料和技术，再加上当时卖方市场格局以及地方政府打击不力，假冒伪劣现象在民营经济中相当普遍。家庭作坊以"废、次、旧、假"材料制造产品，许多家庭作坊将从国有厂家买来的报废产品，稍加处理，以正品出售。由于生产无证无牌，为让产品进入市场，假冒名牌成为家庭作坊通用的作法。民营企业的质量问题终于引爆了全国范围的质量危机。例如，1984 年 7 月 23 日《人民日报》刊登了《手段恶劣、后果严重，柳市镇区质次电器销往各地，成千用户上当受骗》一文，随后煤矿工业部下文所属企业不准购买柳市电器产品。1986 年杭州集中焚毁温州伪劣皮鞋，在全国引起较大的震动。

（三）集群式民营企业的成长与主要特点

1984 年春季，党中央明确提出"热情支持、积极引导和管理"以发展乡镇企业的总方针，对个体、私营经济的政策有所放宽，个体、私营经济发展环境逐步改善，民营经济的发展步入成长阶段。尤其是 1992 年，邓小平南方讲话后，民营经济的发展出现了一个高峰。在成长阶段，民营经济的规模迅速扩大。例如，1993 年柳市工业总产值已经突破 10 亿元（低压电器产值约占八成）。1994 年，柳市镇已有低压电器企业 960 家。同年，电器城中经营户达 2168 户，日人均流量超万人，为电器城发展史上的鼎盛期。同时，集群内的专业化分工深化，产业链条延长。集群内组织机构稠密性增加。行业协会、金融机构（包括官方和民间）、货运公司、广告公司、咨询公司、律师事务所、会计师事务所等构成相对完善的行业发展支撑系统。20 世纪 80 年代中期至 90 年代末是我国民营企业的成长阶段，在成长阶段，集群式民营企业发展具有如下新的特点。

1. 企业制度多样化

最初，民营企业几乎全部都是家庭制企业，但经历 80 年代初的股份

---

① 胡文岳：《柳市人怎么会搞起电器》，《20 年电器发展之路》（内部资料），第 21 页。

合作化和 90 年代初集团化后，部分大企业的家族制企业制度不断得以改造，股权不断稀释，由封闭走向开放；法人治理结构逐步完善，管理日趋科学化。企业制度呈现多样化的趋势：个人独资、合伙制、有限责任公司、股份有限公司等同时并存，混合经济的态势初步形成。

2. 企业数量迅速增加，市场竞争日趋激烈

由于民营企业产品的技术含量一般不高、资金需要量少，几台机器、几个员工就能生产，行业进入的门坎底，生产企业如雨后春笋般冒了出来。随着企业数量的迅速增加，竞争异常激烈起来，甚至出现过度竞争的势头。为了争夺客户，各企业竞相压价，大部分企业只能通过进一步压低成本来获取效益，甚至不惜采取偷工减料、以次充好的手段。即使这样很多企业的利润依然很薄。我们应该看到，生产运作需要积累，产品开发需要投入，长期的价格战具有极大的风险。企业一旦失去持续发展的能力，"廉价"这个甜果就可能变成苦果。

3. 供销员队伍网络化，成为企业集群内部结构的中心

民营企业集群在成长初期，构成部件有三：家庭工业＋专业市场＋供销大军，在这三个构件中，供销大军长期居于核心地位，发挥主导作用，从而形成以供销员为中心的结构模式。民营企业一般"两头在外"，即商品的销售和原料供应严重依赖外部市场。在体制转轨初期，公有制商业部门控制了商品销售和原料供应的所有渠道，处于体制外的低压电器生产者必须依靠最为原始的交易方式——直接找到消费者或原料供应者，才能完成商品"惊险的一跃"，实现生产的连续性。走南闯北的供销员，不仅推销产品，而且购进原料，充当了连接千家万户家庭作坊和散布全国各地工矿企业的桥梁和纽带。由此可见，集群中家庭工业生产扩张程度受制于供销员的销售能力。

在三个构件中，从事生产的技术和资本投入要求较低，市场进入退出容易，具有弱资产专用性。与此相比，供销大军构筑销售网络的投资更具资产专用性，强资产专用性意味着强讨价还价能力，也就决定了供销员在集群中的核心地位。家庭工厂满足于这种依附地位，原因还在于：当时家庭工厂规模普遍较小，产品交易频率低，交易量少，构筑自己的销售网络所需的费用根本无法从交易规模中得以补偿，更何况这笔费用家庭工厂可能无力承担。因此，以供销员为中心的结构模式是家庭工业户理性选择的

结果。

以下两个事实也间接支持了我们的看法。一是据 1984 年对柳市区 1045 名农民供销员的抽样调查显示，在供销员中，初高中文化的约占 70%，年龄在 20—40 岁之间的约占 90%；[①] 二是家庭工厂常让家族中最优秀的成员当供销员，以保证生产的连续。前者说明供销员是当时农民中的能人和精英，具有较高的人力资本，是集群中稀缺资源。当供销员和家庭工业结合时，资源的稀缺性决定了其在集群所创造的剩余索取中较大的份额；后者则反映了家庭工厂为改善谈判地位所做的分工内部化努力，恰恰从反面论证了供销员的重要性。

以供销员为中心的结构模式的特点是：从集群整体来看（如图 2），由于销售和生产的社会性分工，可分为生产子集群和销售子集群。生产子集群就是家庭作坊间的分工协作体系，而销售子集群由供销员组成。两大子集群相互独立，功能耦合，缺一不可，任何一个小集群的萎缩必将导致整个集群的衰落，其间存在一种结构张力。然而，这个张力的平衡点始终偏向销售子集群。或者说，销售子集群居于整个集群的中心，决定着集群内资源配置的效率和结构，影响整个集群财富的创造能力及其分配方式。

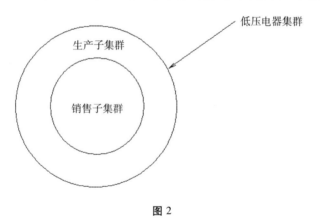

图 2

从集群的微观运行来看，（如图 3），当一供销员在外地接下一单业务，完成业务的选择有二：其一，自行组织生产，到各门市部购买相关零

---

① 潘岩坚：《柳市五金低压电器市场的形成》，《浙江民营企业发展纪实》，浙江人民出版社 2002 年版，第 464 页。

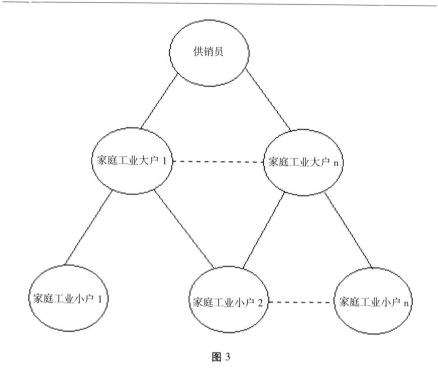

图 3

配件，这时供销员和生产者的身份发生重叠；其二，委托门市部组织生产。这些门市部背后均有一家甚至数家家庭作坊。如果家庭作坊规模较大，其下一般都有一些分工协作单位——规模较小的家庭作坊。而且，一个小家庭作坊可能为一家甚至更多的大家庭作坊服务。

4. 以"熟人社会"为基础，构成信用体系

所谓"熟人社会"，简言之，就是以亲戚、朋友、熟人等特殊关系形成的社会关系网。柳市人十分重视血缘、亲缘、地缘关系，信奉以"三缘"关系远甚于成文的正式约束。在他们眼中，关系是硬的，原则是软的。在"熟人社会"原则下，交情成了做生意的最可靠的途径，就是在出现纠纷时，他们也宁愿私下了结而不直接对簿公堂。因为对簿公堂，意味着双方撕破脸皮，关系完全破裂。到外地做生意，一旦发现商机，便亲带亲，戚带戚，朋友帮朋友，一拥而上，自发形成分工秩序，将一个行业的上下游全部吃进。外人单枪匹马根本无法和他们竞争。重视关系导致许多人在外地喜欢和老乡群居，而不愿融入于当地的生活圈子。遍布全国的"浙江村""温州村"实质上就是"熟人社会"

的外地翻版。

任何经济行为都深深嵌入社会关系之中，经济主体的有限理性，决定其总是依赖于已有的关系展开行动。"熟人社会"的行为准则作用于人们的行为，进而影响集群的形成和成长。

第一，按博弈论分析，经济活动具有典型的"囚犯困境"特征，尽管合作可以使参与者的总体利益最大化。从某种意义上讲，集群是企业合作体系，企业交往中的"囚犯困境"之于集群是致命的。"囚犯困境"合作解的出现取决于博弈人数、博弈次数以及相对不合作结果的损失和成功地采用非合作策略的收益而言，采用合作性策略的收益大小。"熟人社会"行为准则有利于合作解的出现：一是就某个关系圈子而言，博弈人数总是既定；二是因人际交往圈子既定，人和人之间易于形成一种稳定持续的预期，博弈具有重复性。一次性博弈中，背叛总是占优策略，但在重复博弈中，合作出现的可能性增加；三是在"熟人社会"行为标准下，不合作面临更为严重的惩罚。当某一企业主违背承诺，可能意味着背弃整个集群，甚至还会被长期铭记，殃及自己的亲属和后代，让其无法在本地生存。这种损失难以用财富来衡量。在这里，关系网络类似于放大器，一次小小的背弃行为经过关系网络层层放大，损失成倍增加。同理，在这个关系网络中，合作者的酬劳也更高。成本收益的相对变动，促进了博弈合作解的出现。

第二，"熟人社会"奉行特殊主义原则，作用范围相对稳定，这无形中确定了企业间合作的边界，使企业交易长期停留在某个空间范围内。这一点对于集群的空间分布影响很大。

第三，在"熟人社会"行为准则下，判断个人成功的标准是他或她所属关系圈的大小以及在这个圈子里的地位，或者说，在这个圈子里，他或她有多大"面子"。讲面子心态实质上是一种不甘人后的竞争意识，促进了集群中企业之间既合作又竞争秩序形成。讲"面子"心态的极致就是"宁为鸡首，勿为牛尾"，以致许多业主自立门户观念很强，宁愿当小老板，也不愿当副总裁。这无疑加剧了企业的分化，导致集群内的企业难以强强联手，大多局限于中小规模。

（四）民营企业集群发展的成形阶段

自 20 世纪 90 年代末期以来，民营企业集群发展已进入成形阶段，其发展具有以下新的特征。

1. 以龙头企业为中心的生产网络初步形成

从 20 世纪 90 年代中期开始，浙江省民营企业个数基本不变，期间不断有新企业诞生和老企业被淘汰，企业总量维持一种动态平衡，以龙头企业为中心的生产网络初步形成。例如，截至 1998 年年末，在嵊州领带行业逐渐发展起来一批龙头企业，年产领带 100 万条以上的企业已有近 50 家，其产量占全市领带生产总量的 1/4。这些龙头企业通常是集群中的接单者，他们的生产一体化程度虽然较高，但也会有不少业务外包给一些专业经营者。在龙头企业和专业经营者之间形成了网状的生产关系。又例如，柳市形成了正泰、德力西、天正等大型企业，并且不断强化自己的统治地位，而中小企业则接受了规模减少以及依附的命运，参与和大企业的合作，紧紧地把自己的命运和大企业捆绑在一起。集群规模和结构的相对稳定意味着整个集群进入稳定运行时期，大规模的扩张结束。在温州、嵊州等地，还初步形成了以企业集团为中心的企业集群的结构模式。

自 20 世纪 90 年代初始，部分强势企业通过兼并扩张，组建企业集团，规模迅速扩大，成为行业中的领导者。他们纷纷建构了自己的生产和销售网络，致使集群内企业之间竞合关系发生变化，从自由竞争转变为少数企业集团的寡头竞争，形成以这些企业集团为核心的结构模式。

从生产领域来看，原有的分工体系得到继承和深化。围绕某一系列产品，集团公司按专业化分工要求，层层分包给小企业，从而形成多层次的分工协作体系。每一集团公司都拥有众多的协作企业，例如，正泰有 800 多家，德力西有 700 多家，天正有 260 多家。这些协作企业绝大部分同时为数家企业集团服务。集团公司主要负责市场策划、产品设计、技术开发、成品组装以及生产技术难度高、附加值大、对规模效益敏感的配套产品，众协作企业分工生产技术要求相对低、批量小、专业性分工度高的各种零配件与半成品。以正泰集团为例，其只有 10% 的关键部件自产，其余 90% 向 800 家协作厂公开招标。

从营销领域来看，传统的依靠供销员或其开设的销售公司分散推销方式相对于日益扩大的生产企业而言可控性弱，一个供销员常常同时代理不同品牌，部分供销员甚至假所代理之品牌销售伪劣产品，而同一销售区域内往往有许多互相独立的供销员代理同一品牌，为争夺有限客户而互挖墙脚、压价竞争在所难免。随着企业规模扩大和生产能力增加，调整营销布局势在必行。而且，销售规模和范围扩大令交易成本上升，销售和生产纵向一体化具有了规模经济优势。此外，买方市场格局的到来更强化了企业实现销售分工内部化的必要。于是，一些集团公司以配送制、代理制、连锁制等方式，确立总部营销中心→省级销售总公司→地（市）县（市、区）分销公司的三级销售管理体系，建立遍布全国的独享式销售网络。销售领域的这场革命直接导致了供销员和专业市场统治时代的没落。供销员及其销售公司经整编后，接受集团公司的统一安排，将命运和集团公司紧紧拴在一起，形成休戚与共的共同体。

在以企业集团为中心的结构模式中，销售和生产从社会化分工转变为企业内部分工，集团公司居主导地位，调节和组织企业之间的竞争和合作关系，整个集群结构呈塔状分布，居于塔尖的是少数企业集团，塔身和塔基是大量中小协作企业（如图4）。

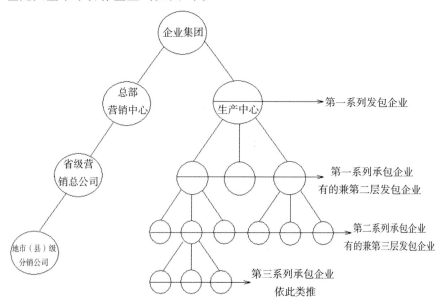

图4

2. 营销方式创新，市场范围由国内走向国际

到 20 世纪 90 年代初，部分供销员开始安营扎寨于某个城市，从"游商"变为"坐商"，固定销售一个或多个厂家的产品。90 年代中期以来，随着生产企业规模扩大，企业集团将品牌资源和一定的资产，与供销大军的优势互相嫁接，组建了遍布全国的独享式销售网络，销售和生产实现了科斯意义上企业对市场的替代。而且，营销手段日益先进，至 20 世纪 90 年代末，约有 100 多家企业开展电子商务。随着营销方式的变革，营销内容由原先的简单推销商品，变为市场策划，直接服务用户，反馈用户信息，塑造企业形象的营销服务。企业对营销的管理由以往的感情联络式转向制度化，大大改善了市场营销的机制和能力。

例如，进入 21 世纪以来，嵊州领带企业积极开辟直接出口渠道，充分运用专卖、加盟、特许经营、连锁和网上交易等现代营销手段，扩大嵊州领带在国内外市场上的销量和占有份额。目前，嵊州的领带企业已在北京、杭州、武汉等地开设专卖店 30 多家，店中店 2000 余家，自营出口领带企业 41 家，并在保持嵊州中国领带城繁荣的基础上开设了香港中国领带城，为拓展国际市场创造条件。特别值得一提的是，嵊州领带企业积极把握电子商务发展的趋势，构建了自己的电子商务平台。2000 年 9 月，服饰专业委员会与"阿里巴巴"网站正式签约，营建中国领带专业网站——"中国领带在线"。"中国领带在线"已初具国际性网站的雏形：从水准上看，拥有个性化的数据库平台，其中会员注册、公司库存与样品库登录、网上信息处理等都已开通并投入使用；从规模上看，已有近 900 家会员单位，领带企业上网建网页的达 80% 以上。与雅虎、新浪、搜狐等各大搜索引擎均完成了链接，并建成了以中国领带城专业市场管理体系为核心的领带局域网。网站目前已拥有 625 个子站，年访问量突破 30 万人次；从应用上看，企业应用网络手段从事电子商务活动日益频繁，电子商务形式从收发电子邮件、网上信息交流发展到网上特约网站、电子支付等高端电子商务活动。据测算，"中国领带在线"网站的领带信息量已占全球有关领带信息内容近一半，无疑已是全球最大最全和较权威的领带专业网站。

与此类似，柳市低压电器随着营销方式的革新，市场范围也随之扩大，从地方市场到全国市场，再到国际市场。1999 年，柳市低压电器企

业设立国内营销机构逾 5000 家，遍布全国各大中城市。不少企业设立了
国际贸易部，开拓国际市场，至 1999 年已在国外开设营销机构 20 多家。
出口依存度持续增加（见表 2 和图 5）。

表 2　　　　　　　　柳市低压电器集群出口依存度　　　　　　　单位：万元

年份	1992	1993	1994	1995	1996	1997	1998	1999	2000	2001	2002
国内生产总值	37728	62660	84389	134684	180582	205903	239851	278936	335000	335102	472852
外贸出口交货值	3500	8701	27129	35908	48979	73363	86111	105451	117210	135854	171042
出口依存度	0.093	0.139	0.321	0.267	0.271	0.356	0.359	0.378	0.350	0.405	0.362

资料来源：柳市镇统计站。

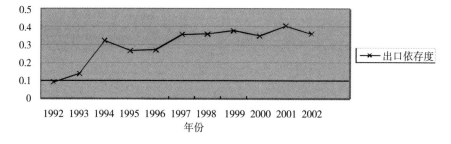

图 5　柳市低压电器集群出口依存度变化趋势

3. 企业持续创新能力和核心竞争力开始形成

自然禀赋、需求状况和相关及辅助产业的带动都能给集群带来竞争优
势，但这种优势难以持久。对自然禀赋的过分依赖在受到其他具有更好的
自然禀赋地区的挑战或技术大的变迁面前只能是一蹶不振。对需求的过分
依赖，在这个需求多变的年代是不可靠的。相关及辅助产业的优势也不一
定能给集群带来必然的竞争优势，因为其寄生于集群中主导产业。所以，
唯有持久的创新能力，才能给集群带来持续的竞争优势。创新起始于对市
场机会的识别、选择和对技术的敏感，持续创新能力源于该地区富有创新
精神的人力资源，在创新过程中企业家的胆识和魄力起着决定性作用。

创新的成功与否很大程度上取决于旧制度阻力的大小和空隙存在的可

能。自然资源贫乏，国家投资缺少，直接降低了传统体制下农村两级集体的经济积累能力，其对农民的经济和政治控制能力和动员能力因之而弱化，无法对农民的对旧制度的边际性破坏行为实施毁灭性打击。甚至，地方政府基于政绩和收入考虑，转而有意无意地纵容类似创新行为，扮演公共企业家角色，以分享创新剩余。可见，旧体制运行中始终存在空隙，从而使民营企业成长过程的边际性创新行为得以若隐若现地存续。改革开放逐步解除了民营企业成长过程中的边际性创新行为的禁忌，为久受压抑的创新激情的迸发创造了条件。

持续创新能力和核心竞争力的形成也是企业集群发展的根本动力。某一地区之所以有许多人趋之若鹜地从事同一行业，唯一原因就是受到巨额经济利益的吸引，而这一巨额经济利益怎么来的呢？或者它来自于有人发现了一个新的市场需求，或者是有人引进了一种新的产品，或者是有人获取了更廉价的替代材料，或者是有人在技术上有了突破，从而生产出原来不能生产的产品或降低了产品生产的成本，等等。以上这些按照熊彼特的概括都属于创新活动。按照熊彼特的创新理论，所谓"创新"，就是建立一种新的生产函数，也就是说，把一种从来没有过的关于生产要素和生产条件的"新组合"引入生产体系。从产权角度看，任何一种创新产权都免不了要外溢。但创新产权的外溢也是需要时间的，它的长短是拥有者企图保护和未拥有者企图分享的函数。成功的创新活动往往能在创新产权完全外溢以前的一段时间内形成相应的创新垄断利润，这种超额垄断利润则会吸引大量追随者前来模仿，模仿的结果是促进了该产业在当地的扩散。产业扩散的直接后果是导致了同一产业在同一区域的集聚，同时也会导致一些与之有着经济和技术联系的相关企业集中分布，从而形成一个个以某一优先产业为主导、其他相关产业配套布局的产业群落。

技术创新是持续创新能力和核心竞争力的形成的核心。1992 年前后，以王中王、三八打火机生产以及关键技术突破为标志，温州打火机业进入又一个新的发展阶段。这一次突破主要反映在三个方面：一是打火机外壳压铸技术的引入，替代了原有的拉伸技术，使得各种外型的打火机外壳都可以随心所欲地生产，从而促进了打火机产品差异性的形成。二是打火机点火装置中的高压陶瓷电子的试制成功，替代了日本 TDK 公司的产品，从而实现了打火机中高科技核心部件的国产化。原来从日本 TDK 公司进口的电子曾一颗卖到 4.2 元，而现在一般的只有 0.20 元左右。如今，不仅打火机生产需要的电子温州能够自己生产，而且温州已经成为全世界最大的点火电子生产中心。温州生产的电子已供应全世界，国内包括煤气灶等产品上使用的电子几乎都是温州生产。三是防风点火关键零件铂金丝的成功制作。温州的金属打火机产品依靠低成本的优势，挤垮了国内的其他地区企业。大约 1992 年前后拥有 2000 多名职工的上海打火机厂倒闭。温州打火机行业的兴起，也开始引起了日本企业的关注。关键技术突破以后，也标志着温州打火机集群的重要的配套产业的基本形成，与此同时，温州打火机企业利用海外华侨逐步把产品销往世界各地。至此，打火机产业的供产销产业链初步建构完成。

　　持续创新在企业集群发展过程中的重要作用，可以从温州打火机行业发展的历史中得到验证。温州打火机行业的每一次重大发展，都与他们在技术、产品、营销等方面的创新紧密联系。（见表 3）

表 3　　　　　　　　　温州打火机集群发展历史简表

发展阶段	开始时间（年）	代表性产品	技术突破	原材料和零配件	销售网络	厂家数量	集群的各阶段特点
创始阶段	1987	"猫眼"明火打火机	金氏家族掌握"猫眼"生产技术	外购、组装	内销	4—8 家	打火机业在温州落脚
成长阶段	1989	防风王 4 代打火机	开始仿制日本防风 4 代打火机	外购、组装	内销	500 来家	企业数量扩张
核心竞争力形成阶段	1990	王中王 38 打火机	攻克了外壳模具设计、高压陶瓷电子和铂金丝等三个关键性技术难关	自产高压陶瓷电子和铂金丝替代日本 TDK 产品	1991 年开始通过华侨销往国外	3000 多家	供产销产业链初步形成

发展阶段	开始时间（年）	代表性产品	技术突破	原材料和零配件	销售网络	厂家数量	集群的各阶段特点
国际技术转移阶段	1994	产品外观设计日趋多样化	1994 年威力与广田合作，1997 年广田的合作扩大至大虎、日丰、胜利、日田 5 家。温州开始引进国外先进生产技术和管理经验	温州成为全国最大的电子生产基地	利用国际经销商，销往全世界	1000多家	依托互联网，各环节配套成龙，集群结构成熟
迎接国际规则挑战阶段	2001	产品外观设计多样化，部分企业产品工艺品化	使用 CAD 辅助设计系统和 CAM 计算机辅助制造软件	形成关联紧密的相关零配件和原材料配套网络	2001 年欧盟 CR 法案。2003 年欧盟反倾销案	500多家	集群内企业的面临重新洗牌危机

4. 提升了在国际价值链分工中的地位

嵊州领带行业的起步是从引进外资开始的，20 世纪 90 年代后，进一步扩大对外开放，增强国际竞争力，提升在国际价值链分工中的地位。部分企业抓住国际领带业不景气的时机，引进国外先进织机，发展高档面料的织造，克服了高档面料依赖外区域的局面。如在 1995 年巴贝公司投资800 万元从德国引进了计算机织机，1996—1999 年又投资 1 亿多元从意大利和德国引进了最先进的织造设备。90 年代开始，韩国、日本以及意大利的领带企业开始把生产基地向嵊州转移。伴随这次转移一些先进的领带生产工艺和技术也逐步转移到了嵊州。目前，仅韩资领带及相关企业就有20 多家。1998 年，韩国独资企业"新太阳"公司，成为嵊州首家领带面料后整理企业；中韩合资企业"威特"印花有限公司也相继开业。印花和后整理企业的引入填补了嵊州领带生产价值链的空缺，并对整个产业质量提升起到了至关重要的作用。与此同时，规模较大的企业纷纷建立自己的花型设计部门，积极吸引和培养花型设计人才，引进计算机自动花型设计系统，经过不懈的努力，嵊州当地的领带花型设计能力有了较大的发展，逐步实现了从依样加工向仿样加工，甚至创新设计的转化。

随着企业技术水平的大幅度提高，嵊州领带业的核心竞争迅速提高。截至 2002 年年底，嵊州领带企业已投入技改资金 10 多亿元，从意大利、德国等国家购入了当今世界最先进的电子提花式箭杆织机等织造设备 600余台（全世界其他国家和地区共有 700—800 台）。预计到 2003 年底高档织机数量将达 750 台，可望超过世界另一个领带重要生产基地意大利科莫市。这些企业先进的织造设备与强大的设计系统相配套，就能生产出目前最高档次的提花领带面料，可根据客户的不同要求任意织成任何花型图案。设备投产后，1 台织机的产量相当于以前 4 台织机，而一条领带的效益是过去的 10 倍。花型设计一向是嵊州领带业的弱项，过去不少企业奉行"拿来主义"，现在已开始从依样加工向仿样加工、创造性加工转化，几乎每一家有一定规模的领带企业都有自己的花型设计室。如浙江超帅服饰领带有限公司在 1999 年下半年报批了第一家厂办领带研究所，购置了有关设备，并聘请了高级工程师、高级工艺美术师，专门从事产品的开发和设计。巴贝公司一直把领带面料、花型的开发能力作为评价领带企业综合实力的重要标志，他们在与法国、意大利、日本等专业花型开发公司建立合作关系的同时，引进世界上先进的德国 EAT 电脑花型自动设计系统，增强自身的花型开发能力。现在，嵊州市的领带业已具备了日产近千个花型，设计风格与国际接轨，一个花型从设计到面料问世 24 小时便可完成的能力。

二　集群式民营企业发展的主要模式

通过对我国民营企业集群成长和演化过程的研究，我们可以发现，与发达国家相比，我国民营企业集群大多处于发展的初级阶段，带有发展中经济的特征；同时，我国民营企业集群也因其产生的方式不同而具有各自独特的特点。根据我国民营企业集群产生方式的不同，我们现将民营企业集群的模式归纳为以下四种类型：（1）市场拉动型的民营企业集群模式，如浙江义乌、河北清河等地区比较具有代表性；（2）企业孵化型民营企业集群模式，如北京中关村、浙江嵊州等地区比较具有代表性；（3）产业分工型的民营企业集群模式，如浙江大唐、天津武清等地区比较具有代表性；（4）国外移植型的民营企业集群模式，如广东东莞、江苏苏州等地区比较具有代表性。

（一）市场拉动型的民营企业集群模式

该种模式主要有下列基本特征：（1）以市场流通的高度发达为背景。以浙江义乌为例，浙江义乌是我国最早开放小商品市场的城市之一，商品批发市场繁荣，从事商品流通的批发商和零售商队伍庞大，商品流通渠道多，集运网络发达，营销网络遍及全国各地，有的甚至在国际市场上形成了销售网络。（2）属于低成本和低技术扩张。在浙江义乌企业集群内，每件产品价格低廉，加工工业企业资金投入不大，产品生产成本低、技术含量低、模仿性强，对技术工人的要求不高，企业通常没有自己的知识产权和专利技术。（3）专业化程度高。浙江义乌以专业性市场为依托、专业化分工为基础和专业化产品为主业，依靠劳动密集型的小商品，形成了三种专业化的企业集群——生产型小企业集群、贸易型小企业集群和运输型小企业集群，它们通过竞争与合作构成了稳定的、网状分布的产业链，取得了专业化分工带来的经济规模效应和经济聚集效应。

但是，由于该种模式下的企业集群的成长和演化基本上要依赖于市场与产业的互动方式来完成，其产业也是自下而上地通过企业对经济聚集带来好处的追逐而自发形成的，所以其本身不可避免地会存在一定的问题，其中主要有：产品同质性引发了低水平的过度竞争；成本低、投入少和加工技术简单等实现的经济规模迅速扩张容易被其他区域模仿，从而使得企业集群的竞争优势难以保证；由于技术创新能力低，其市场的进一步扩大和市场风险都较为突出。因此，从其今后发展来看，强化政府对企业集群的扶持引导作用，加强企业集群内有创新意识、创新精神的"领袖型"企业家的培养，注重外来资本、外部市场的利用，将是其今后发展应当要重点解决的问题。

（二）企业孵化型的民营企业集群模式

企业孵化器（又称为企业创业中心）是一种介于市场与企业之间的中间性经济组织，其主要目的是帮助初创阶段或刚成立的相对幼弱的新创企业成为能够独立运作并健康成长的企业。企业孵化器在扶持中小企业成长、加速科技成果转化和促进区域经济发展等方面的作用主要体现在三个方面：（1）帮助新创企业的建立，增加新创企业的数量，提高新创企业的存活率并促使其健康成长；（2）防止创新技术外流和区域技术基础的销蚀，以其帮助新创企业实现价值的能力来吸引外部创业者、科技人员、技术和资金的流入；（3）充当区域创新系统的桥梁和枢纽组织，系统地组织各种资源来支持新创企业，促进区域经济的健康发展。

该种模式主要有下列基本特征：（1）人才优势明显。以北京中关村为例，北京中关村是我国智力资源最密集的地区，聚集着众多的高等院校和研究机构，这些具有相当研究开发能力的大学和科研院所成为中关村创新的重要外溢来源和科技创新始发性资源的重要供应源。（2）孵化器有效运作。在北京中关村企业集群内，孵化器不仅为在孵企业提供公共设施和多样化的服务，使在孵企业能够倾力发展自己的核心企业能力，获得明显的分工专业化优势，同时它还利用低廉的房租和各项优惠政策，使在孵企业能够有效地减轻生产成本，降低创业成本和创业风险。（3）政府扶持力度大。北京中关村所取得的成就有目共睹，这与国家和北京市的多项政策是息息相关的。在其20多年的发展历程中，政策已经明显地成为北京中关村地区变化发展的主要因素。政府不仅提供了土地、基础设施等大量的公共资源，还提供了便利的一站式服务、在职培训、国内外信息与科技网络构建等完善的服务体系，这些都有利地推动了北京中关村企业集群的快速发展。

然而，我国企业孵化型的民营企业集群在有序发展的同时，也暴露出一些问题，其中主要有：不具备成熟的企业制度；企业之间缺乏合作、信任的基础和纽带，社会成本薄弱；投资主体单一，政府色彩浓厚；风险资本与孵化企业未能实现有效结合，走多元化的企业发展道路。因此，我们认为，促进我国企业孵化型的民营企业集群的发展，当务之急是要开放信息，促进各种途径的信息交流，彻底改善商业信用环境，鼓励大公司（大企业）与小公司（小企业）的合作，大力发展市场监督和评价机构，培养区域创新文化，这样才能奠定"中国硅谷"的基础。

（三）产业分工型的民营企业集群模式

此模式的基本特征主要体现在以下几个方面：（1）柔性化生产。以浙江大唐为例，浙江大唐被誉为是"中国袜业之乡"，其袜业的专业化分工程度较高，生产链上不同专业化部门的企业通过协作共同完成成品袜的生产过程，其中绝大多数企业的业务活动主要是接受订单，根据订单的数量、质量和样式规定及时组织生产。在生产中，企业只要改变袜机的相关程序参数就可以生产出各种符合顾客需求的、具有定制特点的、反映市场流行趋势的不同产品。这种柔性化生产使得企业可以及时根据市场需求调整生产计划，减少库存费用，降低盲目生产导致的制成品滞销风险，提高企业的生产率，增强聚集体的灵活性和竞争力。（2）企业网络化关系密切。在浙江大唐企业集群内，虽然各个企业是独立的市场行为主体，但是它们通过专业化分工与协作获取了外部经济，市场风险被更多的企业分担，而不会对某些企业造成毁灭性的打击；同时加快了知识和信息的流动，将企业链接到更加广泛的知识与创新系统中，使知识与创新活动进一部在地理空间上扩散；另外还降低了企业之间的交易成本，使企业能够利用有效的合作与竞争来实现其发展壮大的目标。（3）创新的产业文化。这种产业文化突出表现在两个方面：一是鼓励冒险、开拓和创新的精神。正是这种鼓励商业冒险和开拓的产业文化造就了一大批创新型的企业家和充满活力的中小企业，使偶然因素的诱发作用得以奏效，并进一步激发着创新活动。在浙江大唐，一些文化素质不是很高的农民通过对传统袜机进行一系列改进之后，一些已被淘汰或濒临淘汰的国产机器设备能够纺织出更为丰富、更多色彩的花型，并可与进口设备的产品相媲美，完成了具有较高难度的技术创新。二是激励竞争、倡导合作。在长期的商业活动中形成的合作意识，一方面通过以富济贫的方式促成了新企业不断成长壮大；另一方面也营造了一种"产业空气"（马歇尔语），同类别、同层次的企业之间往往愿意相互分享自己的信息与技术，区域内貌似分散的企业实际上统一于无形的网络组织之中。

尽管此模式的民营企业有着较好的发展势头，但是其内部也存在不少突出的问题，其中主要有：整体品牌优势不突出，"贴牌"生产现象普遍；区际之间合作较少，条块分割严重地阻碍了生产要素的合理流动；高素质的技术与管理人才匮乏，持续创新和发展缺乏后劲；现代企业家队伍没有形成等。对此，政府有关部门应该加大品牌对外宣传力度，把区域品牌与产品品牌结合起来（即整个区域的企业共同使用一个或几个品牌），将产品推向市场；转变政府的管理职能，增强其服务功能；大力发展各类中介服务机构，实现区域内中小企业的社会化服务，为促进企业集群竞争力的提升创造良好的区域发展环境。

（四）国外移植型的民营企业集群模式

随着经济的发展，全球正在不断地进行产业结构调整和产业转移。产业转移是经济发展的必然趋势，发达国家和地区的某些产业向发展中国家和地区转移就是明证。国外移植型的民营企业集群模式正是产业转移的结果。

此模式的基本特征主要体现在以下几个方面：（1）以国际资本投资为主导。以广东东莞为例，20世纪90年代以来，广东东莞抓住国际IT产业转移的契机，充分发挥自己的独特优势，大力吸引台湾地区IT企业投资设厂，发展外向型IT硬件制造业的配套加工。近年来，在东莞的台资IT企业数量不断攀升（截至2002年年底已超过800家），已经成为东莞IT产业的支柱力量。东莞市每年的IT产业相关产品产值超过600亿人民币，其中台资IT企业产值就占了一半以上。（2）良好的区位优势和成本优势。广东东莞以丰富且廉价的劳动力和土地资源的比较优势以及邻近港澳台地区、连接广州和深圳的区位优势，成为港台厂商理想的投资场所，并迅速发展成港、台制造业的"加工厂"，被纳入其全球生产网络体系中。（3）软环境优势突出。广东东莞不仅出台了许多在引进外资方面的特殊优惠政策和灵活措施，而且始终坚持市场化取向的改革，较早就形成了富有生机与活力的经济体制和经济运行机制，同时各级政府积极提供优质、高效的服务，收取低廉的税费，为外资企业创造了成本低、回报高、风险小、见效快的投资环境。

　　由于此模式下的民营企业集群对外来资本和国际市场的高度依赖，使其并未真正嵌入或根植于当地，主要表现在：这些外资企业对当地相关产业前向、后向关联效应差，没有完全把当地企业纳入其商品链中，"外生型"企业在当地的聚集是所谓的"复制群居链"，即一些有着产业联系的上、下游生产企业"一窝蜂"地相继前来投资办厂，以维持原有的生产联系，从而造成了企业集群内独特的地方性文化特征的发展演变弱、约束力小。这种企业集群模式具有"可迁移性"（或者说"可复制性"），当区位条件发生变化时，容易形成空洞化。在这种情况下，作为政府部门，应该采取集群战略，使之与外来投资企业相适应，并在本地发展一些起支撑性作用的基础结构（其中包括培训组织、技术转移中介和研发机构），以利于外资企业的"本土化"，培养本地的企业集群（或企业网络），使区域获得技术转移和经济发展；作为企业集群本身，应该由"外生型"企业集群向"现代化"企业集群演进，大力发展服务型产业，实现其自身的转换和提升。

基于恩格斯"两坐标"理论的
经济全球化性质分析*

一 全球化"悖论"和"两坐标"理论

经济全球化推动全球经济发展、增进各国社会福利，推进了国际"公益"。但同时，也加剧了富国和穷国的两极分化、环境蜕化等全球性问题，成为一些"公害"产生的原因。国际社会中的这种"公益"与"公害"并存的现象，成了一种"斯芬克斯之谜"。著名经济学家曼库尔·奥尔森（Mancur Olson）曾经提出过两条相悖的定律来加以解释。第一条定律是："有时当每个个体只考虑自己利益的时候，会自动出现一种集体的理性结果"。第二条定律是："有时第一条定律不起作用，不管每个个体多么明智地追寻自我利益，都不会自动出现一种社会的理性结果。"[①]

全球化"悖论"产生的内在原因是什么？笔者认为，恩格斯关于社会经济关系的"两坐标"理论，可以为解释"悖论"产生的原因提供一个科学的方法论基础。

恩格斯在《反杜林论》中写道："政治经济学，从最广的意义上说，是研究人类社会中支配物质生活资料的生产和交换的规律的科学。生产和交换是两种不同的职能……这两种职能在每一瞬间都互相制约，并且相互影响，以致它们可以叫做经济曲线的横坐标和纵坐标。"[②] 恩格斯关于

---

* 原刊于《浙江省委党校学报》2005 年第 6 期。

① Mancur Olson. Foreword in Todd Sandler , Colleetive Action: Theoty applications, The University of Michigan Press, 1992.

② 《马克思恩格斯选集》第 3 卷，人民出版社 1995 年版，第 489 页。

"两坐标"的论述，提出了剖析社会经济关系的两个不同的坐标：生产和交换。任何社会的经济关系，都是这两个坐标的不同整合。我们知道，恩格斯关于"两坐标"的理论是论述一般性社会经济问题的。为了把恩格斯的"两坐标"理论引入国际经济的研究领域，我们必须对这一理论进行适当的"转换"。

首先，把"生产"这个坐标"转换"为"财产制度"。马克思、恩格斯研究生产的着眼点不是它的自然性质，而是其社会性质。他们认为，生产资料所有制或财产制度，是生产过程中人与人之间的经济关系的核心。① 国际财产制度，则是财产制度的一种特殊形式。

其次，把"交换"这个坐标"转换"为"分工制度"。马克思把交换关系产生的基本原因，归结为由社会分工所造成的劳动的私人性与社会性的矛盾。他指出："如果没有分工，不论这种分工是自然发生的或者本身已经是历史的结果，也就没有交换；……交换的深度、广度和方式都是由生产的发展和结构决定的。"② 交换制度，说到底，就是分工制度。我国著名经济学家卓炯早在 20 世纪 60 年代初就提出，以等价交换为特征的商品经济的实质，是一种社会分工制度。③ 这种看法是有道理的。

把"生产"和"交换"两个坐标，分别"转换"为"财产制度"和"分工制度"两个坐标之后，还必须分析它们"各自的特殊的规律"。④

如果撤去劳动分工的社会形态（劳动形式的分工），它就是纯粹的劳动分工（劳动内容的分工）。纯粹的劳动分工主要体现的是人们个别劳动的社会性质。其出发点是社会共同利益，这主要表现在三个方面：（1）从微观角度看，表现为个别劳动的相互依赖性。相互依赖的基础是劳动分工中使用价值和具体劳动的差异。"每个人的生产，依赖于其他一切人的生产；同样，他的产品转化为他本人的生活资料，也要依赖于其他一切人

---

① 《马克思恩格斯全集》第 46 卷上，人民出版社 1979 年版，第 492 页。
② 同上书，第 36 页。
③ 卓炯从社会分工的角度来考察商品经济，在学术上是独树一帜的。他认为，社会分工决定商品生产的存亡，所有制形式决定商品生产的社会性质。见卓炯《论社会主义商品经济》，广东经济出版社 1998 年版，第 5—13 页。
④ 《马克思恩格斯选集》第 3 卷，人民出版社 1995 年版，第 489 页。

的消费。"①（2）从宏观角度来讲，表现为社会分工的整体性，社会各经济部门的劳动总量必须保持一定的比例性。（3）由于前两者的缘故，劳动分工反映了社会的公共经济利益。每个劳动者的劳动职能产生的前提是社会的需要，是社会共同利益。国际分工作为劳动分工的一种形式，具有同样的性质。人们在国际劳动分工体系中追求本国民族利益的行为，必然导致集体理性的结果，推进国际公共利益。任何对国际分工格局的破坏，都会导致国际公共利益和本国民族利益共同的损害。在这里，存在着"一损俱损、一荣俱荣"的关系。

与分工不同，财产制度体现的是社会劳动的历史性质。财产制度的实质是，凭借对生产条件的占有来获得社会剩余劳动的索取权。财产制度的积极意义在于，合理的财富冲动是推动剩余劳动生产和分配的利益动机，是社会经济发展的动力之一。但是，如果对生产资料的占有具有独占性和排他性，会产生被马克思称之为"异化劳动"的现象。"劳动所产生的对象，即劳动的产品，作为一种异己的存在物，作为不依赖于生产者的力量，同劳动对立。"② 在马克思看来，劳动异化是人类社会的异化和一切剥削现象的基础，是社会冲突产生的重要原因。③ 国际垄断资本是当前国际财产制度的主要形式，资本主义国家内部的劳动异化和劳资对立不断深化，国际社会中的发达国家之间、发达国家和发展中国家之间的矛盾和对立也空前尖锐。

总之，国际社会中"公益"和"公害"并存的根本原因在于国际分工制度与国际财产制度的不同运行规律和各自代表的不同利益。"纯粹的"国际分工关系（劳动内容的分工）的出发点是国际社会的公共利益，而国际财产制度的出发点则是生产资料所有者的局部利益。这就给予了人们一把解开全球化"悖论"这个"斯芬克斯之谜"的钥匙。

本节讨论"悖论"产生的原因，目的是以此为入口，进而研究经济全球化的内在矛盾，这将在以后两节文字中展开。另外，更重要的是要把恩格斯关于"两坐标"的理论应用到对全球化的研究中来，以建立一个

① 《马克思恩格斯全集》第46卷上，人民出版社1979年版，第102页。
② 《马克思恩格斯全集》第42卷，人民出版社1979年版，第91页。
③ 马克思在《德意志意识形态》一文中，认为劳动形式的分工是财产制度及其他一切经济关系的基础，财产制度则决定了社会分工的历史性质。

马克思主义的科学的方法论基础和理论框架。

二　国际分工制度的新特点

众所周知，现代分工发展的决定性因素是科学技术进步。在第三次科技革命推动下，当前国际分工具有了新特点。可以从分工内容、分工媒介、分工结构三方面来分析。

第一，从分工内容来看，"知识分工"迅速发展并在国际分工体系中占据主导地位。

第三次科技革命在本质上是一个"智能"革命，它的一个重要成果，就是推动了知识的产业化和产业的知识化。在知识产业化中的劳动分工，就是知识分工。当前，"知识分工"在国际分工体系中占据主导地位，成为分析现代国际经济的核心范畴之一。著名经济学家哈耶克指出："如果劳动分工理论已经成为经济学的基石，那么，由劳动分工所引起的知识分工，实际上应作为经济学的中心问题。"[①]

由于知识生产具有高成长性、高度的可分性和虚拟性的特点，知识分工具有显著的"分散性"和"依赖性"。分散性是指知识生产的流程是可以被高度分割的，知识的生产流程常常高度分散在众多企业甚至许多国家之间。依赖性是指任何企业所拥有的专业化知识都是不完全的。生产的先进程度越高，其不完全的程度越明显，相互依赖的程度也越高。知识分工在提高了人类整体能力的同时，又相对削弱了个人和单个国家的能力，各国必须合作才能把握科技进步的节奏。

第二，从分工媒介来看，跨国生产成为国际分工的主要媒介。

所谓分工媒介，是指把参与分工的各方联系起来并进行协调的渠道或介质。马克思在《资本论》一书中，通过对社会分工和企业内部分工的划分，明确地把市场交换和企业生产看作是劳动分工的两种基本媒介。国际分工的基本媒介也有两种，一是国际贸易，一是跨国生产。在经济全球化的今天，跨国生产已经取代跨国贸易，成为国际分工的主要

---

① 转引自程恩富《经济全球化：若干问题的马克思主义的解析》，《上海经济研究》2000年第7期。

媒介。① 发生这种变化的主要原因在于：其一，知识的产业化。由于科学已经日益成为一种"直接的生产力"或直接的"述行的"（performative）力量，② 科学实验等创造知识的活动已成为生产性劳动。不言而喻，知识产品生产中的分工也就从原来的非生产性分工转变为生产性分工，生产活动也就成为知识分工的分工媒介。其二，从物质生产这一层面而言，国际分工已经从以产业间、行业间、产品间分工深化为直接生产领域内零部件分工和工艺流程分工，直接生产领域内的国际分工当然是生产性分工，跨国生产也就成为国际分工的主要媒介。其三，国际贸易仍然是国际分工的基本媒介之一，但它在国际经济中的主要作用变化了了。在制品贸易、企业间贸易已成为生产国际化的实现形式，国际贸易的发展在很大程度上取决于跨国生产的发展状况。

第三，从分工结构来看，国际价值链分工成为国际分工结构的基础。

所谓国际分工结构，是不同国家劳动者之间的分工关系（国际间的形式分工）的构成。在传统工业化时期，产业之间的分工是国际分工的主要形态。生产国际化以后，同一产品生产过程的不同环节分散在不同国家，各国之间形成一个互不相同但又相互联系的生产和价值增值活动的系列，构成一条价值链。同一价值链的不同环节对生产要素的要求差异很大。按照比较成本原理，发达国家往往掌握着技术密集型的生产环节，这样就形成了国际价值链分工。

国际价值链分工对国际分工结构和国际经济的影响表现在以下两方面：其一，强化了各国经济的联动性和世界经济的整体性。国际价值链的分工是直接生产领域内的分工，各国经济由相互联系发展到相互融合，存在一种"兴衰与共"的关系。其二，强化了国际分工的垂直性。价值链分工可以划分为水平分工（不同价值增值链的平行活动，如跨国公司的海外各分支同时重现除总部以外的全部生产过程）和垂直分工（同一价值链上核心环节和非核心环节之间的分工）。经济全球化后，发达国家和

---

① 1991 年，世界国民生产总值为 22 万亿美元。当年，跨国销售（即出口部分）为 4 万亿美元，约占总产值的 20%。而跨国生产的部分，即跨国企业的国外产值为 5.5 万亿美元，约占世界总产值的 25%。跨国生产的规模已经超过跨国贸易的规模。转引自梁能的《跨国经营概论》，上海人民出版社 1995 年版，第 5 页。

② ［加］尼科·斯特尔：《知识社会》，上海译文出版社 1998 年版，第 150 页。

发展中国家之间的国际分工，从产业层面来看似乎"水平化"了，[①] 但是，从产业内部、国际价值链分工的层面来看，垂直分工并没有淡化，反而有逐步强化的趋势。

三　国际资本制度的新特点

财产制度通常由三方面内容构成：独占，指的是生产资料实行排地性占有的形式；控制，指所有者对市场和非所有者施加影响的方式；产权结构，即所有者内部的相互关系。与国际分工的新发展相适应，国际垄断资本在这三方面都出现了新特点。

第一，知识垄断成为独占的主导方式。

在《帝国主义论》一书中，列宁曾经指出，生产和资本的集中是垄断资本独占地位的基础。这种凭借生产资料的规模优势来获取独占地位的现象，我们可以称之为"规模垄断"。在知识经济时代，一种新的垄断方式——"知识垄断"已经成为垄断资本实行独占的主导方式。知识垄断，是指厂商凭借其在生产和销售中的特殊技术、知识所形成的产品品质和服务方面的优势来获取独占地位的方式。[②]

知识垄断与规模垄断在实现独占的内在机理方面存在明显区别。规模垄断立足于对物质性生产要素数量的控制，主要依靠大规模的生产资料集中所形成的规模效应来构成对其他国家厂商的进入壁垒，以保持其独占地位；知识垄断则立足于掌握最先进的技术和知识，主要依靠技术创新来形成领先优势和独占地位。简言之，规模垄断依靠的是"壁垒效应"，这对竞争是一种遏制；知识垄断依靠的是竞争基础上的"领先效应"，其本身是竞争各方创新能力对比的结果。

独占的方式改变后，垄断与竞争的机理也发生变化。一方面，国际垄断程度明显提高。原来以规模垄断为基础的独占，其空间扩张有两个制约因素；从生产角度讲，企业的规模经济效益有临界点，超过这个临

---

① 李琮：《论经济全球化》，《中国社会科学》1995 年第 1 期。

② 杨晓玲、梁华：《用发展的眼光理解列宁关于垄断的理论》，《教学与研究》2001 年第 7 期。

界点，资本边际效益就会递减；从需求角度来讲，市场供求规律奉行"物以稀为贵"的原则，这也限制了行业发展的规模。知识垄断则突破了这两个限制。由于知识产品生产的固定成本或沉淀成本居高不下，而变动成本或边际成本趋向于零。先入者可以用低廉的边际成本对付后入者高昂的固定成本，形成先入者优势。知识产品的消费又出现了所谓的"外部效应"。知识产品的效用不仅取决于产品自身的性能，还取决于该产品使用的数量。某种产品越流行，它的消费效益就越高。反之亦然。这样就出现了"物以多为贵"的正反馈现象。由于以上两个原因，技术垄断的"领先效应"极易形成"胜者通吃"或"一统天下"的垄断现象。

另一方面，市场竞争也更加激烈了。这主要是由于技术垄断所形成的独占地位的暂时性和不充分性的缘故。由于科学技术发展的速度日益加快，更新周期越来越短，许多新技术的先进性的退化速度加快，任何知识垄断都是暂时的。同时，进行知识创新最重要的资源是知识、信息和人才，任何垄断者都不可能像独占物质资源那样绝对地独占人才和知识，他们的独占是相对的、不充分的。同时，竞争的压力还来自垄断者自身。由于技术产品具有不可磨损的特点，购买者不可能重复购买同一种产品，生产者必须不断地更新自己的产品才能保持市场的领先地位，这就出现了所谓生产者"自我竞争"的新现象。正如达维多定律①所指出的，任何企业要在市场上占据主导地位，必须在本行业中第一个淘汰自己的产品。综上所述，技术垄断既强化了国际垄断，又激化了国际竞争。如果把垄断的程度用空间（独占的范围）和时间（独占延续的时间）两个坐标来衡量的话，可以发现，从空间角度看，垄断强化了；从时间角度看，竞争也强化了。

第二，产业控制成为控制的主要方式。

在生产国际化以后，通过跨国生产的渠道，利用国际产业链来长期控制产业的发展方向和发展深度，并控制其他国家经济发展的现象，即所谓的产业控制。

① 达维多（William H Davidow）曾任英特尔公司副总裁，1992年提出此观点，被称为达维多定律。

产业控制的客观基础，主要是前文所述的价值链分工中的垂直分工格局，即是核心环节对非核心环节的决定性影响力。核心环节和非核心环节在运行规律和利益机制方面存在巨大的差异和对立。主要表现在以下三个方面：（1）报酬递增的机制与报酬递减的机制并存。大致来说，报酬递增在以新技术、新知识为基础的核心环节起支配作用，报酬递减则在生产、加工、组装等非核心环节起着支配作用。在同一价值链中出现了高附加值和低附加产品的不平等交换，这成为垄断利润的重要来源。（2）高度垄断和高度竞争并存。核心环节由于高度垄断可以达到利润最大化，而高度竞争迫使非核心环节处于低利润甚至零利润状态，以致整个产业所形成的利润绝大多数都被垄断资本获取。（3）相对稳定和高度流动并存。由于非核心环节的高度竞争性，它常常在发展中国家四处转移，成了"游牧部落"。发展中国家为了得到这一杯羹，不得不屈从于外国垄断资本的种种苛刻条件，成为发达国家的发展成本。

第三，在国际资本垄断程度提高的同时，资本的社会化也迅速发展。

当代西方国家资本的社会化、国际化表现主要是：拥有股份的人群数量增大，法人机构持股比重逐年上升，资本所有权形式的国际化迅速发展。资本社会化迅速发展的原因，一方面是社会实际运营的资本规模常常超出个人资本的能力；另一方面也与资本内部的职能分工细化有关。资本的职能分工主要过三次：最初的产业资本中就存在货币资本、生产资本和商品资本之间的职能分工；在股份公司出现后，资本的所有权职能与资本的运营职能分离，出现了虚拟资本（如股票等）与职能资本的分工；第三次分工发生在第三次科技革命以后，劳动力从商品转变为资本，成为一个新的资本形态——人力资本，又出现了物质资本与人力资本的分工。人力资本的形成和发展，使拥有专长、技能、专利发明的人，同握有物质资本的人一样共同拥有股份，共享企业利润，这实际上开辟了资本社会化新的途径。由于资本职能分工的发展，资本已经发展为物质资本、虚拟资本、人力资本三种资本形态并存①，进而使资本范畴比生产资料范畴更加广泛。资本职能分工的细化使少数人对资本所有权的垄断日益困难，为资

---

① 关立新：《经济全球化时代资本演进的三大趋势及其意义》，《哈尔滨工业大学学报》（社科版）2002 年第 2 期。

本所有权的分散化和国际化提供了坚实基础。

四　简要结论

基于恩格斯关于"两坐标"的理论所进行的分析，我们可以发现：

1. 经济全球化的渊源可以追溯到产业革命时期甚至更久远。但是，若把它作为一个当代范畴，经济全球化的当代意蕴，就是在第三次科技革命基础上的以国际知识分工为核心的国际分工体系和以知识垄断为核心的国际垄断资本体系的有机结合。从某种意义上讲，知识经济是经济全球化的内在动因，而经济全球化则是知识经济发展的外部形态。没有第三次科技革命和知识经济，就没有当代意义上的经济全球化。

2. 如果我们把两个"坐标"联系起来进行考察，就可以发现，国际分工体系和国际垄断资本体系间的相互关系，实际上就是资本主义基本矛盾——生产社会化和资本主义所有制矛盾在国际范围内的表现。资本主义基本矛盾从国内走向国际的同时，矛盾本身也出现了新的发展和深化。一方面，国际资本制度对国际分工的发展表现出新的适应能力；另一方面，由于资本制度的这种"革命"是在私有制框架内进行的，导致资本主义世界的内在矛盾更加尖锐化，并且出现了一些前所未有的新现象。如各国国内经济的有政府状态与世界经济中的无政府状态的矛盾；跨国公司内部生产的有序性与国际社会经济秩序的无序性的矛盾；生产发展的无限性与国内劳动阶层、发展中国家的贫困化并存的矛盾；国家主权与跨国公司的工业主权的矛盾；发达资本主义国家与发展中国家之间的控制与反控制的矛盾；发达资本主义国家之间争夺世界领导权的矛盾；经济发展与环境保护、社会发展不协调的矛盾；等等。这众多矛盾在资本主义框架内不能最终得到解决。

3. 当前国际社会错综复杂，全球化浪潮和反全球化运动并存。恩格斯关于"两坐标"的理论提供了一个科学的分析方法。从而进一步表明，马克思主义关于资本主义基本矛盾的理论仍然适用于当前，是颠扑不破的科学真理。

全球化对政府转型和经济职能转变的影响[*]

随着经济全球化的发展，一国经济活动的"外部性"效应和外部世界市场对国内经济的影响日益扩大，主权国家的经济地位和宏观经济职能随之发生了变化。政府对国民经济的宏观调节的国际化已成为必然趋势。

一 全球公共物品的兴起

全球性公共物品兴起的一个重要原因，是国内公共物品的国际化。在经济全球化世界中，各国的国民经济相互依赖、相互联动，一国内部的经济决策和治理过程越来越受制于外部的或国际的因素，国内的经济问题越来越具有国际影响的痕迹。这种现象，使我们在分析研究国内经济问题的时候，不能置有关问题的国际背景或国际根源于不顾。这是经济全球化对经济理论工作者提出的一个挑战。例如，传统经济学认为，政府的主要职能是提供公共物品，如保护产权、制定市场规则、进行公共投资、对国民收入进行再分配、提供公共信息服务等。政府的这种职能常常被视为一个国家经济主权的主要内容，独立地行使这些职能常常被当作维护国际经济主权的主要措施。然而在经济全球化时代，各国国民经济相互依赖、相互渗透，各国难以保存一个传统式的、完整独立的国民经济体系。在这种情况下，政府难以有效地向国民提供上述公共物品。例如，国家的货币政策和汇率政策，纯属传统的国内经济主权。但是在紧密联系的国际金融关系中，一国的利率和汇率已不再只是孤立的国内问题。一国利率或汇率政策的调整，也不能简单地被视为可以单独行动的主权问题，它更多地受制于

* 《中共杭州市委党校学报》2006 年第 3 期，收入本书时作了修改。

国际因素的影响。又例如，政府对知识产权的保护问题，在知识经济、信息经济背景下，知识产品的流动早已跨越民族和国家的界限，政府对知识产权保护的效率也随之下降。各国政府必须协调一致，共同行动、相互协调各自的知识产权政策，才能提高保护产权的效率。这就说明一个重要问题：在经济全球化条件下，各国的公共物品已经逐步国际化了，已开始成为国际公共物品的一个组成部分。这是全球性公共物品兴起的一个重要原因。

全球性公共物品兴起的另一个重要原因，则是"纯全球性"公共物品的出现。所谓"纯全球性"公共物品到底指的是什么意思？所谓公共的，按照布坎南（James M. Buchanan）的解释，就是"任何由集团或社会团体决定，为了任何原因，通过集体组织提供的物品或服务，都被定义为公共的"①。布坎南所定义的"公共的"一词，更多的是从国内社会经济角度出发而得来的，并不完全适用于国际领域，但是这个定义对我们理解全球公共物品的概念仍然不乏启发意义。所谓"纯全球性"公共物品，它们具有以下一些特征：

首先，公共物品的最重要的特征在于它们的不可分性（indivisible），即它们对所有国家产生的影响都是相同的，没有一个国家可以置身于这些问题之外。全球公共物品不是指单个国家面临的个体问题，而是指多个国家乃至全球社会所面临的共同问题。如跨边界污染与可能的核战争，其造成的危害就是人为的边界所分割不了的。

其次，就全球公共物品的外延来说，它们不只是简单的国家与国家之间面临的共同问题，也是个人—国家—全球面临的共同问题，如国际汇率机制的维持与全球生态环境的综合治理。

最后，公共物品的性质决定了，它们的解决，需要的不是单边而是多边的联合行动，不是单方面的个体决策，而是更多的建立在合作基础上的全球公共政策和规划。

全球公共物品既可能是公害问题，如生态危机和环境污染，也可能是公益问题，如和平的维护以及全球福利的提高等。

可以看出，所谓的"纯全球性"公共物品，是以作为有机整体的世

---

① ［美］詹姆斯·布坎南：《民主过程中的财政》，上海三联书店 1992 年版，第 13 页。

界经济为基础的。世界经济以国民经济为基础，它是由各国国民经济相互联系、相互融合而形成的。世界经济不是各国国民经济在数量上的相加，而是一个有机整体。世界经济一旦形成，就会产生独立于各国国民经济的运行规律，这种规律的变化不以某国的国民经济所左右。"纯全球性"公共物品的出现，则是这种规律的一个反映。

二　民族国家经济职能的国际化

在国际公共物品兴起的条件下，国家的经济地位发生了变化，它具有双重地位。

从国家的本质来讲，国家仍然是民族国家，不具有全球性。只要国家存在，它就永远是民族性的，"全球性"国家是不会存在的。但是，在经济全球化条件下，它的经济地位发生了变化。从民族国家来看，国家是民族的最高代表，而且是独一无二的代表，它集中体现了民族利益，其目标是民族利益最大化。但是，从全球角度，从国际社会角度看，国家又是全球系统中众多组成部分中的一个组成成分，它是把民族与世界相联系的关键性的纽带。民族国家似乎成了夹在国际社会和国内社会之间的一块"三明治"，在两者之间充当联系人和协调者的角色。它在保护民族利益的同时，又必须维护全球共同利益，促进全人类的共同繁荣。在全球化条件下，影响国家利益的变量增多，国家利益的弹性增大。其中，外部因素、国际因素对国家利益的影响逐步上升。国家必须把民族利益与全人类共同利益协调起来，把民族利益纳入全人类共同发展的轨道，才能真正有效地维护和促进民族利益。任何国家，都不可能在其他国家和国际社会都遭受损害的情况下，使自己一国单独获得利益。"双赢"或"多赢"已逐步成为各国获取民族利益的普遍模式。

国家的经济地位变化后，它的经济调节职能国际化了。

在一个国家全面参与全球化之前，各国政府单纯作为民族利益的代表参与国际协调。传统理论把民族国家作为天然的分析单位，它们往往从一国或某一类国家着眼，或者再把某一类国家细分为几类，研究各类国家在经济全球化中的地位和作用，再研究经济全球化对各类国家的影响。随着经济全球化的发展，这种研究思路已经不适应时代的发展。尽管国家之间的关系仍然是国际经济调节的主要内容，但仅限于此，已经远远不够。因为这样的方法论，难以研究全球性问题。这样的方法论也难以研究那些跨国的非国家的社会关系。例如，跨国公司和跨国银行，它们既不在国家之间，又不在国家之外，而是处于跨越国家界限的社会关系，而这类经济关系，正是推动经济全球化的重要动力之一。这样的方法论，同样难以从全球化的角度来审视国家之间的关系，对国家之间关系的研究，拘泥于局部的、短期的，甚至片面的理解。经济调节职能国际化以后，经济调节所关注的焦点也发生了变化。单纯的国家之间的"博弈"关系有所淡化，经济全球化过程中的"公益"与"公害"的问题日益受到更多的关注。"公益"与"公害"的关系，实质上是作为局部的国家与作为整体的国际社会之间的关系，要求在全球化过程中约束各国政府的政策和各国资本的行为，防止"公害"，增进"公益"。

从上面的论述中，我们可以看出，经济全球化的一个必然结果就是，一个国家已经不能再单纯根据本国的需要和条件来孤立地提供公共物品，实行宏观经济调节，而是要越来越多地从全球经济的角度来选择本国的经济调节模式。否则，很难实现成功的经济发展。

按照一般的经济调节理论，在市场经济条件下，市场机制这只"看不见的手"往往被理解为主要是本国的市场机制。政府调节这只"看得见的手"，往往被理解为主要是本国政府的经济调节。这两只"手"的相互"博弈"，几乎成了经济学研究的全部内容。但在经济全球化条件下，这两只"手"似乎变成了四只"手"，四只"手"相互整合，共同形成一个影响国民经济发展的合力："看不见的手"变成了两只：一只是国内市场的"看不见的手"，主要是本国的市场供求关系；另一只是国际市场的"看不见的手"，主要是国际市场的供求关系。两只"看不见的手"相互影响、相互渗透。同时，国内的"看不见的手"对国民经济的影响逐步淡化；相反，国际市场的"看不见的手"对国民经济的发展却日益发挥举足轻重的影响力。与此相应，"看得见的手"也变成了两只：一只是国内政府的"看得见的手"；另一只是国际社会的"看得见的手"，主要是外国政府和国际经济组织的经济调节和政策协调。这两只"看得见的手"相互影响、相互"博弈"。所以，当一个国家的经济越来越深地进入经济全球化过程时，推动这个国家经济发展的力量中，就既包括本国的市场机制和本国政府，还包括两个新的角色，那就是国外的"看不见的手"和"看得见的手"。国外的"看不见的手"决定于许多国家的工业企业、银行以及无数消费者的行为，一些国家经济情况的变化会很快地通过这只"看不见的手"影响到另一些国家。国外的"看得见的手"又由许多国家政府和国际组织的行为共同形成，它对各个国家政府的政策都有一定的制约。当国外的"看不见的手"和"看得见的手"对一个国家经济的发展具有越来越大的影响力时，政府对本国经济发展实行封闭式调节的实际效能必然会趋于弱化。解决这一难题的唯一途径，就是各国政府在宏观经济政策方面进行国际协调，实行开放式的宏观经济调节，这就是所谓的宏观经济调节的国际化。

宏观经济调节的国际化是指以各个国家或地区的政府或国际经济组织为主体，在承认世界经济互相依存的现实的前提下，就汇率政策、贸易政策、货币政策和财政政策等宏观经济政策在有关国家之间展开磋商、协调，或适当修改现行的经济政策，或联合采取干预市场的政策行动，以减缓各种突发事件和经济危机所形成的冲击，维持和促进各国经济的稳定增长。①

严格说来，经济调节国际化是"二战"以后出现的一种经济现象。战后初期建立的国际货币基金组织（IMF）就是一个专门协调各国货币金融事务和有关经济政策的国际机构；而由 23 个缔约国于 1947 年达成的"关税与贸易总协定"（GATT），虽然在当时并没有直接发展成一个国际性组织，但在这个国际协议的框架下开展的八轮多边贸易谈判，在协调了各国贸易政策的基础上，拆除了阻碍国际贸易发展的关税壁垒，为世界经济的快速增长起了相当大的推动作用。国际经济协调的另一种形式是西方发达国家的领导人在对国际经济相互依存关系达成共识的基础上，为使世界经济能够顺利运转，而面对面地直接进行政策方面的磋商和协调。这种形式的协调则是在 20 世纪 70 年代以后才频繁出现的。

如前所述，当前的经济全球化主要表现在三个领域：贸易全球化飞速发展；各国金融市场之间的联系日趋密切；以跨国公司为载体的生产国际

---

① 　张幼文主编：《世界经济学》，立信会计出版社 1999 年版，第 382 页。

化不断扩大。经济全球化越向纵深发展，那么世界经济相互依存的特征就日益突出。尽管理论分析表明，各主权国家的政府都能通过国内货币政策和财政政策的调整来实现其内部经济和外部经济的平衡。但由于各国经济相互依赖的不断加深，任何一国或一个地区的经济波动都有可能在短时期内传递到其他国家或地区；而与此同时，各国政府制定和实施的宏观经济政策在很大程度上也能相互影响。20 世纪 80 年代以来西方发达国家的宏观经济政策实践也同样表明如此。如 1981 年原西德政府大幅度地提高利率，增加税收，结果使得西欧各国陷入衰退。美国政府在 80 年代初所采取的经济政策导致国内出现高财政赤字、高利率和高汇率并存的现象，而通过汇率等经济机制的作用，这又影响到有关国家的贸易收支和国际资本流动，从而"溢出"到世界各国。

可见，由于经济全球化的不断发展，一切经济活动，即使看起来完全是各国内部的问题。如失业、贫困、社会福利、教育、科技的发展等实际上也都直接或间接地与他国联系起来；更不要说本来就是与他国直接发生关系的问题，如对外贸易、汇率、对外投资等。国内经济问题与国际经济问题，已经完全连成一个总体。因此国民经济的宏观调控也必然走向国际化。各国之间要进行全方位的国际经济协调。

伴随着世界经济相互依存性的日益加强，国际经济协调这一政策主张和实践越来越多地受到各国宏观决策者的青睐和重视，因为政策协调能在一定的程度上，一定的时期里，一定的领域内缓解与调和资本主义经济的内在矛盾。各国政府发现，通过协调与合作来制定和实施有关经济政策要比各自为政、彼此独立地进行经济调控，能取得更好的政策效果。正因为如此，国际货币基金组织在其年会上或其他重要场合也一再强调"在一个相依存关系日益加强的世界里，改善和加强各国宏观经济政策协调"的重要性和迫切性。

然而，目前的宏观经济调节国际化的发展还处于较浅层次，协调的方式具有偶发性或临时性的特点，协调的目的也往往在于当世界经济发展过程中的负面效应产生之后来防止其进一步加剧或扩散，这就决定了政策协调的结果对各国经济的影响是暂时性的，一般只涉及汇率、利率等经济的表层变量，而对各国经济发展过程中的诸如产业结构的调整、发展中国家贸易条件的改善等深层次因素则没有触及，不仅如此，即便是贸易、汇率和利率等政策的协调，做起来也不那么简单，有关国家常常为了本国的利益而激烈进行讨价还价，闹得不可开交。因此，现存的宏观经济政策的国际协调比政策协调理论研究所涉及的面要狭窄得多。

毫无疑问，经济调节国际化的深层次目标是要通过对财政货币政策的长期而持久的调整，来消除国与国之间在经济结构、发展水平和政策制度等方面的不平衡性，使得整个世界经济能更协调地发展。换句话说，经济政策的协调将不再是为了抑制出现的经济危机而采取的临时性应急措施，而是为了各国的共同利益而采取的一致对策。但是，在民族国家之间的矛盾错综复杂、世界经济发展的非均衡性根深蒂固、各国经济结构和收入水平存在很大差异的现实情况下，这决非是能够在短期内实现的。

经济调节国际化与国家主权之间存在一定的矛盾。一国政府的经济职能应该是在维护该国经济安全和符合有关国际规范的前提下，保护本国的生产者和消费者，为该国在国际事务中争取最大的权益。全球化使得传统上我们认为的国家主权在一定程度上受到冲击。在全球化时代到来之前，国家主权在国内享有至高无上的权威，在国际上又是独立的象征。随着信息技术的发展，全球化时代来临，更具有通用性质的国际货币和技术在现实生活中发挥着越来越重要的作用，跨国公司更是突破国土的界限，基本上实现了在全球范围内更为合理地配置公司所能支配的资源。与这种的趋势和潮流相适应，国家对具体的微观经济主体的控制能力逐渐减弱，各种经济实体的自主发展空间却越来越大。

对于不同国家，经济调节国际化的影响是存在差异的。现有的国际协调的规范在很大程度上是发达国家利益的反映，发展中国家在国际协调规则的制定中的作用还相对较为弱小。但是在国际协调规则的遵守上，发展中国家却常常处于不利的地位。发达国家可以利用自己在国际经济活动中的地位，更多地考虑自己的国内利益（或者是国内某些政治集团的利益），而后才会考虑国际义务。发展中国家被迫遵从发达国家制定的国际规则，稍有偏离，就成为发达国家对其进行干涉甚至制裁的原因。因此，面对经济全球化的新环境，发展中国家政府应该充分研究并利用国际协议规则中的有利的条件，尽最大的可能维护国内消费者和生产者的利益。

三 经济调节国际化的特点

在全球化条件下，国际经济调节具有以下新特征。

1. 经济政策协调的层次性。根据经济政策学理论，各国涉外经济政策的性质是不同的。以对其他地区的利害为标准，各国经济政策可分为相容性政策、抵触性政策、中性政策和混合性政策四大类。为了增进"公益"，防止"公害"，必须对经济政策层次化，分别采取"集权"与"分权"模式管理。相容性政策和抵触性政策应由集权者使用，如果由分权者使用，会出现使用过度和使用不足的现象。例如，汇率政策、关税政策属于相容性政策或抵触性政策，应该加强集权者使用的权限，为此，应强化 IFM 和 WTO 等国际组织的职能和权限。而中性政策，由于与其他地区没有明显的利害关系，则可由分权者分别行使。政策层次化理论，提出了国际经济调节协调"公益"与"公害"关系的初步思路，具有借鉴意义。

2. 调节目标的多样性。现代经济发展使得各国政府已不能追求单一目标，必须实现多元目标体系，包括纯经济目标如经济增长、充分就业、物价稳定、国际收支平衡等，以及非经济目标如环境保护、人口控制、资源保护、闲暇时间延长等。多元经济政策目标之间经常是不相容的，但是经济政策制定者的任务就是要实现目标的相容性，协调目标之间的矛盾。国际经济调节是国际间政府的公共管理，同样要实现多元目标的"全球均衡"。当人类生态环境、资源、人口、南北经济关系与增长之间发生矛盾时，必须采取有效措施加以协调。

3. 民族政府仍然是国际经济调节的主体。我们迄今为止的关于宏观经济调节的理论，大多是以存在一个中央权威机构为前提的。中央权威的缺失，往往是宏观经济调节的主要障碍。但是，在现实国际社会中，并不存在一个至高无上的"世界政府"。也就是说，在国际社会中，可能有统一的行动，却没有集中的权力。在国际社会中不存在一个集中的权力中心，权力是分散在许多相互竞争而又独立的民族国家手中，民族国家是国际经济调节的主体。各个民族国家通过国际组织、国际条约等形式，采取共同行动来实施国际经济调节，并不是民族国家主体地位的丧失，而是主权实施方式的转变：由单独实施方式向集体实施方式的转变而已。

　　民族国家之所以愿意共同采取集体行动的原因在于，民族国家追求利益最大化的理性是有限的。因为，民族国家选择追求利益最大化的行为是有环境约束的，是以成本——收益的计算为基础的。在收益大于成本的前提下，民族国家可以采取集体行动，并对国际社会和其他国家产生积极的效果。

　　4. 国际规则、国际惯例以及相应的国际组织是协调的主要途径。国内的经济调节，有一个完整的、等级制的行政体系，可以由上而下地实施中央权威经济调节的方针和措施。在国际社会中，既没有一个中央集权的政府，也不存在一个自上而下的等级制的行政体系。各个民族国家、各类国际机构之间都是平等的、松散的，类似于一种无政府的状态。因此，国际经济调节只能通过参与国政府共同制定游戏规则和达成某种共识，并依据有关规则与条约，建立各种类型的国际组织，实施经济调节。在国际社会中，一个民族国家政府是否参与集体行动，其决定权是自主的、自由的，并不存在类似国内社会的某种行政强制。

　　5. 经济协调的结果以双赢方式为主。国际经济调节的公共目标和价值标准，与参与国的目标与标准之间常常是不一致的。参与国之间，由于各国的发展水平和具体情况不同，相互之间的差异也十分明显。由于国际经济调节是各民族国家政府自主参与的一种行为，不存在类似国内社会中的行政强制，这种目标和利益的协调往往是复杂的、长期的。由于上述原因，国际调节常常是以个别利益与集体利益俱增、参与各国政府的双赢、多赢的结果而告终。而在国内社会中，则会存在以公共利益削减个别利益、以一方利益约束另一方利益的"单赢"状况。因此，如果说国内调节更多地体现了社会公众目标的话，那么在国际调节中，则更多地体现了各国的共同目标。

　　6. 调节过程的动荡性和不稳定性。民族国家的行动都是在一定环境下进行的，而环境具有以下特点：（1）环境变化的不确定性。国家行动的环境，由自然、经济、政治等多种因素构成，而这些因素是发展变化的，有时会出现始料不及的变化，"事过境迁"，国家行动也会随之变化。（2）不同国家对于环境信息的占有是不完全、不对称的。由于资源与信息的稀缺性，使得国家之间处于不断的竞争状态中，政府的决策也会随之变化。（3）各国内部的政治、经济状况的变化，也会导致政府对外政策的变化。

国家行动的目的是国家利益的最大化，机会主义行为则是理性追求自身利益的合理倾向。各国的机会主义倾向，必然导致国际经济调节的动荡和不确定性。

7. 调节效果的局限性。国内经济调节的职能是由一国政府承担的。在市场经济条件下，资源配置主要是在市场机制作用下自发完成的，所谓"看不见的手"的意思就在于此。然而完全由市场机制自发作用存在着种种缺陷与不足，如自由竞争所引起的垄断、外部性、信息不充分、维护市场秩序的公共物品的缺失等。政府的经济调节职能就是在弥补市场机制的缺陷与不足，发挥"看得见的手"的作用的意义上产生的。经济调节职能作为一种公共品，它同样是非竞争性和非排他性的，只能由国家的中央政府负责提供，除此之外的社会组织包括地方政府均不能有效提供涉及全国范围的经济调节职能。

国际经济调节的本质意义就在于弥补由全球市场机制自发作用配置全球资源存在的缺失与不足，发挥"看得见的手"的作用。然而国际经济调节的调节主体与国内不同，并不是凌驾于各个国家之上的"全球政府"，而是具有各自利益倾向的众多主权国家。无论是政策安排的"囚徒困境"因素，还是各国政府的"搭便车"行为，以及各国政府在国际经济调节机制安排上过度的讨价还价造成的交易成本的巨大，都会使有关国际经济调节的公共品供给不足。在现实的国际经济调节上，由各国经济实力决定的讨价还价能力还使国际经济调节安排倾向于发达国家的利益，造成发展中国家的利益损失。

四 我国政府经济政策的调整

我国是一个发展中国家，又是个体制转轨型国家，经济全球化对宏观经济政策的实施，提出了更高的要求。在经济全球化背景下，选择适宜方式对经济进行调控，维持经济稳定和发展，是政府的重要职能。具体地说，政府应解决好以下问题。

第一，实现经济总量的平衡。经济总量的平衡是经济稳定和增长的基本条件。在经济全球化背景下，经济传导机制发挥作用的结果将使景气和萧条都会迅速地在全球范围内传递，我国的经济总量的调控，不仅受国内各种宏观经济指标的影响，还会受世界经济状况和经济政策的影响。所以，必须仔细考察国内外各种因素对政策效果的影响，以确定合适的政策组合，实现总供给和总需求的平衡目标。

第二，产业结构的调整。从根本上看，经济全球化是一场世界范围内的产业转移和产业调整。国际范围内的产业调整商品、服务、生产要素与信息等在全球范围内的配置和利用成为现实。我国的产业调整，应积极融入世界产业调整的大局之中，在更广泛的范围内发挥产业的比较优势。利用经济发达国家进行产业输出的机会，通过吸引外资，发展技术含量高的劳动密集型产业及高技术产业中的劳动密集型生产环节，加速技术创新，提高高新技术产业的比重。大力发展服务业，提高服务业在国民经济中的比重。对那些关系到国家经济安全的产业，政府一方面尽可能援引有关条例实施保护；另一方面要实行资产重组，通过技术创新提高其规模经济效益和市场竞争力。并选择本国的比较优势产业通过兴办跨国公司实行对外转移，从总体上增强产业的竞争力，促进产业结构升级。

第三，引进外资的策略选择。引进外资要以提升产业竞争力为目标。目前，我国进入了以重化工业结构升级为重点的工业化中期阶段，对技术需求大幅度增长，必须支持重大项目的技术引进和模仿创新，但是，关键技术、核心技术的获得，只能依赖于自主技术创新。对外国直接投资的引进应以优化产业结构、地区结构和出口结构为目的；取消对外资的"超国民待遇"，为民族产业参与竞争提供公平的环境。鼓励外资对中西部地区和对基础设施、教育、科学研究投资。通过引进外资真正提高本国的整体经济实力。

第四，稳定金融体系。金融体系的稳定对国家的经济安全乃至社会安全有着至关重要的意义。我国的金融体系尚不够健全，存在着较大规模的不良资产，运作效率较低。为了增强本国金融体系抵御风险的能力，应深化金融产权的改革，规范银行与政府、企业的关系。提高市场透明度，并加强中央银行的宏观调控能力。适时有序地对外开放金融市场，并控制经常账户差额的浮动范围。采用成熟的金融工具降低汇率和利率风险。提高金融监管的能力，保持本国金融体系的相对稳定性。

第五，加大对人力资本投资，推动科技创新。全球化是世界各国生产率的竞争。全球化要求各国商品和要素在世界市场的流动与配置享受同一待遇，政府通过政策倾斜对产业实施的保护将会日益弱化，政府在扶持本国产业上应以提高教育和科技发展水平为根本。我国的教育和科技发展状况与经济发达国家存在很大的差距。政府应顺应时代发展的需要，以各种形式大力发展义务教育、高等教育和职业教育，积极培养各级各类人才，全面提高劳动者素质。政府应加大对基础科学和高新技术研究与开发项目的投资，加快科技成果向生产率的转化，为谋求在经济全球化中的长远发展创造良好的知识条件。

第六，促进收入分配的公平化。全球化过程中，许多发展中国家获得的经济增长的福利并未均衡地分配给每一社会成员，造成了两极分化。库兹涅茨从理论上论证了在经济发展初期，经济增长和收入差距扩大之间的正向联系，这一现象也为许多实证研究所证明。收入分配不公对经济进一步增长和社会稳定的危害性是显而易见的。我国政府应根据本国的情况，采用直接和间接的多种手段来解决这一问题。如建立社会保障制度，应用高额累进税增加高收入阶层的纳税额度，应用转移支付手段提高低收入阶层的生活水平，通过加速经济增长来提高低收入阶层的收入水平和就业水平等，从而有效地改善收入分配状况。

第七，保护环境，实现可持续发展。政府在环境保护的问题上要积极发挥好两个方面的作用。一是在国内经济发展中处理好经济增长与环境保护的关系，通过环境立法和环保教育，强化国民的环保意识，提倡一种有利于生态稳定的消费方式，并通过技术创新提高资源的使用效率，尽可能降低自然资源的消耗量。二是在国际经济交往中，要更加重视环境安全问题，在引进外资过程中要制定严格的环境标准和技术标准，限制国外高污染、高能耗产业的进入。并通过国际组织加强在环境问题上对经济发达国家的制衡与合作，督促经济发达国家停止无休止地从发展中国家进口原材料用以大肆挥霍的做法。要求经济发达国家在资本、技术等方面对发展中国家进行援助，共同保护和改善人类的生存环境，实现全球经济的可持续增长。

第八，参与国际社会的各国政府之间的协调与博弈，维护我国的经济主权和经济利益。经济发达国家和发展中国家在国际经济关系中所处的地位不同，经济实力差异悬殊，国内体制和政策的完善程度也不一样，所以，世界各国在经济全球化中的利益分配关系也具有极大的差别。发展中国家的政府要想在全球化过程中把握机遇，获得更快的发展，就要联合起来，作为一个整体参与同经济发达国家政府之间的博弈。通过合作博弈的过程，解决国家的个体理性与集体理性之间的冲突，在满足国家个体理性的前提下，达到集体理性。使经济全球化摆脱"零和博弈"的利益失衡状态而进入各国均能获益的"正和博弈"。我国政府要积极参与全球规则的修改和制定活动，因为全球经济一体化规则决定了全球化过程中利益流向和成本的分担，从而最终影响经济全球化在不同性质国家间的利益分配。我们不能被动地接受经济发达国家制定的带有"扶强抑弱"色彩的规则，而应从自身利益出发，对全球规则的形成施加积极的影响，使全球规则体系更为公正，以促进世界各国的共同进步。同时，要处理好改革与开放的关系。在加快国内改革，积极为开放创造条件的同时，也要考虑一国的开放程度与其国内体制改革的兼容问题。在与经济发达国家的博弈中，援引世界贸易组织的有关条款，争取在开放问题上有更大的选择空间，力求根据自身的发展水平和目标来确定开放的范围、步骤和进程。另外，还要处理好开放与保护的关系问题。采取更为灵活和更有适应性的政策组合实现二者的有机协调，以适应不断变化的世界经济环境，在充满风险和不确定因素的全球化过程中，有效地维护国家的经济安全，并获取更大的经济福利。

第九，调整对外开放战略。

1. 对外开放和对内开放相互协调

回顾改革开放的历史不难看出，我国在开放政策的执行过程中，在相当多的方面首先是对外开放，然后才对内开放的，另外，甚至有很多方面在完成对外开放后都依然没有完成对内的开放。以我们国内的市场为例，各个地区对外资公司的产品是完全开放的，但是国内的许多大企业都要面临十分严重的地方保护主义。国有企业虽然会碰到各种地方保护主义对市场的封锁，但是还可以得到国家融资上的特殊支持，而民营企业的命运则差了许多——不但得不到国家对外资在税收、外汇留成等方面的特殊优惠，也无法得到国营企业在国内市场上同等的融资地位。如果这种状况得不到改善，经济全球化时代的到来使民营企业将面临双重的压力：政府的政策歧视和国外大公司的挤压，而这无疑将会彻底窒息民营经济的活力。

因此在外资和内资的利用上，首先要放开民间力量，培育竞争主体。同时维持经济自主，逐步开放市场。从长期来看，威胁我国各个产业命运的将不是外部竞争的威胁，而是我国畸形的体制。应该指出的是，先对内开放再对外开放是符合世界贸易组织国民待遇规则的。按照国民待遇原则，一国政府没有给予本国经济主体的权利，完全可以不给予外国的经济主体。

2. 打破地方保护，统一国内市场，理顺中央与地方之间的关系

市场经济的正常运行需要有一个统一的、较为完善的、不存在过多限制制度的市场。对于大多数的产业来说，市场的重要性都在于能够实现生产的规模经济。如果市场是分割的，那么，各个独立的小企业将垄断当地的市场，市场的分割会导致各种各样的规模不经济。

从理论上讲，一个国家的经济规模越大，它的产业具有的竞争力也应该越高。这也正是在封闭条件下，大国的发展比小国更有优势的原由所在。规模经济对一个企业而言几乎是竞争力的代名词。能够更好地实现规模经济的厂商也就是能够以更低的生产成本战胜竞争对手的厂商。被地方市场分割的厂商，不能实现整体资源的最优分配，而资源的最优分配则是一个经济竞争力的源泉。

目前，我国地方保护主义的势力严重，不仅各省之间存在市场的分割，甚至同一地区的两个县市之间都存在使用政府的力量排挤外部产品的现象，市场的这种分割性是制约我国企业竞争力的一个重要原因。因此，中央政府应该对此做出明确规定，禁止各级地方政府在区际贸易上设置障碍，使地方的利益从根本上服从整体社会的利益。中央和地方政府应该在密切配合的基础上划分明确的权责。这种权责划分具体可以分为三种形式：一是完全划分，即某种功能单独由某一级政府提供，如消防就完全属于地方政府的职责。二是有限合作基础上的划分，即中央政府不直接参与，由地方政府之间来合作，如建立下水道系统和公用事业等。三是完全合作基础上的划分，即由中央和地方政府共同合作承担某一项职能，政府之间存在明确的权责。例如，提供退休金、失业补助金等社会保障职能。各级政府之间的这种权责划分需要对收入的来源进行相应的划分，保证各自职能的正常运转，从而使企业的跨地区经济较少地受到歧视性政策的困扰，使得国内的产品、资本和劳务得以在全国范围之内自由流动，确保了统一的大市场的形成。

3. 抓紧研究在经济全球化的条件下如何保护国内市场，培育潜质产业

从发达国家发展的历程来看，大国在经济发展过程中都曾经实行贸易保护政策。然而，在经济全球化时代的今天，市场保护的许多手段已经被禁止使用。如何在这种全新的条件下，在我国这样的发展中大国扶植并培育具有潜质的产业，应该作为一个重要的研究课题得到应有的重视。

全球化背景下政府规制的定位与控制[*]
——经济学和法学的二维分析

一 全球化和政府经济职能转型

经济全球化的力量，一方面使经济活动跨越国家的界限而面向世界；另一方面又使全球性的规则要素越过国界影响和制约一国的制度演变。这两个方面的变化，促使各国政府必须依照全球化所要求的潜在规则实现相应的转型。政府的转型，从根本上说是其管理理念和行为模式的革新。对此，我们必然要对以下两个问题作出解答。

（一）政府管理经济的范围界定

市场失灵是政府干预经济的基本原因，同时也应是界定政府管理经济的范围的基础。正如萨缪尔森教授所指出的那样："在包罗万象的政府职能中，政府对于市场经济主要存在三项职能。它们是：提高效率、增进平等以及促进宏观经济的稳定与增长。"① 首先，微观经济领域中的竞争的不完全性（如垄断）或过度竞争、经济行为的溢出效应或外部性（如环境污染）、信息不对称导致的逆向选择和败德行为（如假冒伪劣），以及公共产品（如国防、道路）的提供等问题的存在，都会导致生产或消费的非效率，而政府在医治这些疾病中能够扮演一个有用的角色；其次，"市场并不必然能带来公平的收入分配，市场经济可能会产生令人难以接

---

* 本文为"政府规制和公共经济政策"国际研讨会（2005.9 北京）的入选论文，夏建武参加了写作。

① ［美］保罗·萨缪尔森，威廉·诺德豪斯：《经济学》第 16 版，华夏出版社 1999 年版，第 27 页。

受的收入水平和消费水平的巨大差异……即使是最有效率的市场体系，也可能产生极大的不平等"①。而对于市场带来的公平缺失，恐怕没有任何一个政府会对此袖手旁观；最后，宏观经济领域中存在的通胀和萧条的周期性困扰及其造成的经济衰退，市场对此无能为力，也需要政府的参与从而实现宏观经济的持续稳定和增长。

然而，市场是不断发展的，市场失灵的具体内容和特征也必然随之变化。经济全球化的本质是市场的全球化，市场失灵也相应增添了新的内涵和特征，这主要包括：首先，微观经济中竞争的不完全性、经济的外部性、信息不对称性所导致的逆向选择及其所产生的效率缺失的国际化；其次，"公共产品缺失现象"或"公用地悲剧"的国际化，导致国际社会中污染、资源、人口、安全等问题日趋严重；再次，"公平缺失"的国际化，世界失业人口和贫困人口比例明显上升，富人与穷人、富国与穷国收入的两极分化的不公平现象在全球蔓延；最后，各国的通货膨胀和通货紧缩现象相互之间的传导性、连动性强化，各国经济周期的同步性日趋明显。综上，市场失灵，已经由主要是国内的经济现象转变为一种世界经济现象，与之相应，政府管理经济的范围也发生了重大变化。

（二）政府管理经济的方式选择

政府管理还应当选择符合市场经济要求的方式。否则，政府干预反而会在市场失灵的病树上结出"政府失灵"的恶果，最终加剧市场运行正常秩序的破坏。

"市场经济的每一种交易行为（广义的交易行为），当事人之间都需要一种彼此认同的规则，并在这种规则下平衡彼此的利益。如果每一交易行为的主体都通过彼此协商来确立这种交易规则，势必增大交易成本，而且难以避免因对规则无法认同而导致交易失败。"② 市场经济这种严格的、稳定性与普遍性相结合的规则需求，唯一的选择只能是法律制度。同时，经济人的理性预期也使得政府的有效干预应当以长期不变的法律性、制度

---

① ［美］保罗·萨缪尔森，威廉·诺德豪斯：《经济学》第16版，华夏出版社1999年版，第29页。

② 顾培东：《我国市场经济与法制建设的几个问题的思考》，《法学研究》1994年第1期。

性措施为基调。市场的个体利益最大化追求与政府的公共利益最大化目标博弈的结果最终要求这种法律制度能凌驾于各利益主体之上，在对各种利益主体的制约中实现彼此利益的均衡。由此可见，市场经济必然呼唤着"法治"的生成，与市场经济相对称的也只能是法治国家。

然而，法治理念和法律制度是不断更新发展的。在经济全球化的今天，尤其是当代西方社会"福利—合作"主义的兴起，法律制度的进化早已脱离了当初梅因和韦伯等人构建的古典进化模式①，从自主性走向工具性，从强调形式合理走向强调实质合理。美国法社会学家昂格尔等人据此提出"法治危机"理论，认为现代社会的发展趋势"使以法治为代表的政治理想威风扫地"②。作者认为，所谓"法治危机"，不能被理解为法治的终结，而是法治理念为顺应社会进化而对其内涵不断丰富和修正的体现，正如诺内特和赛尔兹尼克等人提出的，是从压制型法到自治型法再到回应型法的转变③，法治理念实现了新的飞跃。

由于各国现代化道路的不同，从制度变迁的"路径依赖"出发进行分析，它们在法律制度进化过程中所面对的主要问题及相应的法制构建也存在差异。内源式现代化国家的市场经济一般都经历了一个较长的自由发展进程，其相应的规制政策和立法通常表现为：在充分尊重作为市场经济法律基础的私法要素前提下的一种对原有以私法为主体的法律体系欠失功能的能动补充规范；外源式现代化国家的市场经济大都从"国家干预型"起步，市场机制先天不足，作为市场经济法律基础的私法环境往往不尽完善，作为原有体制遗留的公共权力对经济自由的过分压抑等市场经济的异化问题也较多，因而所要面临的主要问题是如何合理界定公共权力对市场的作用和范围，以克服公权系统和公权理念过于发达所可能导致的"政府失灵"。④ 我国作为典型的外源式现代化国家，对政府规制的重构所要

---

① 英国法学家亨利·梅因把法的进化概括为"从身份到契约"的运动，德国社会学家马克斯·韦伯认为，在形式合理性的法律制度中法的发展达到最完美的程度。西方国家正是在这种理论的指导下，建立起以法律自主主义为特征的资本主义"法治"理想。

② ［美］昂格尔：《现代社会中的法律》，中国政法大学出版社1994年版，第183页。

③ 参见［美］诺内特、赛尔兹尼克《转变中的法律与社会》，中国政法大学出版社1994年版。

④ 参见于雷《市场规制法律问题研究》，北京大学出版社2003年版。

解决的主要问题自然是如何通过合理的"控权"，使其作用的范围界定和方式选择顺应前述的全球化背景下政府管理理念和行为模式转型的应然趋向。

二　政府转型与政府规制的再定位

从前文的分析得出：市场失灵是政府干预经济的职能定位、范围界定和方法选择基本依据。政府规制作为政府管理经济的一个基本方法，它的定位和方法选择，也应当以纠正市场失灵的需要为基础。

（一）政府规制的范围界定——市场失灵对症下药的排除法

政府规制作为一种公共产品，其供给范围界定的基础，是供需均衡的客观规律。政府规制的需求来源于纠正市场失灵的需要，需求量是相对稳定不变的。政府规制的供给则来自政府的政策和行为，供给的数量和规模是随机可变的。因此，政府规制供需均衡的实现，主要取决于政府单方向的调节行为，政府在实现规制供需均衡的调节活动中，居于核心地位。

作者认为：界定政府规制的范围有三个准则：一是"必需原则"。要严格限制在纠正市场失灵所必需的范围内，不能对规制寄予过高、过多的目标值，使之承担一些过高的经济使命甚至无谓政治使命。二是"效力原则"。要限制在政府规制的效力范围之内，许多市场失灵问题，并不是政府规制这种形式所能够解决的。例如，对于宏观经济的稳定与增长，需要政府针对经济运行的整体态势而不是某些具体的经济行为采取措施，政府规制似乎对此无能为力。又如，在微观经济领域，国有的土地、森林、矿藏等自然资源一般归政府所有或控制。对于自然资源的配置，通过使用权竞价出让等市场方式已被实践证明是有效的，通过政府规制反而会引起竞争的不完全性。三是"福利原则"。任何规制方式，都要付出成本，成本付出的最后极限是不得大于市场失灵的成本，最佳状态是趋向于零。在实施规制的时候，必须以增进社会福利水平为目标，审时度势，进行全面的利弊权衡。例如，在市场准入方面，政府规制的目的是纠正经济行为的溢出效应或外部性（如环境污染）、信息不对称导致的逆向选择和败德行为。但是，要注意的是，政府对准入的限制同时会带来或加剧另一种市场失灵现象——不完全竞争。市场准入的自由，这是崇尚完全竞争的市场经济体制的客观要求，对准入的限制引致的竞争不完全性，也会在一定程度上造成效率的损害。

（二）政府规制的方式选择——政府失灵的规避

不完全市场、信息不对称等问题无论在公共部门还是私人部门都是普遍存在的，因此，与市场失灵一样，政府的规制失灵也是普遍现象。

所谓规制失灵，就是政府未能有效地纠正市场失灵，达到提高效率、增进公平、促进经济和社会稳定与发展的预期目的，甚至由于规制不当而出现了新的经济和社会问题，引致社会福利净损失的现象。规制失灵的主要表现有：一是在规制的制定过程中，对所出现的公共问题的判断失误，规制的内容不当，规制的措施落伍，甚至出现集团利益侵蚀公共利益，被规制者俘虏规制者，使之成为"产业俘虏"的现象。二是在规制的内部结构中，对一些部门的过度规制与对另一些部门的规制缺失并存，导致规制的失衡与结构畸形。三是在规制的实施过程中，不作为和无效率、保护不力和过度控制、寻租与腐败的现象。例如，在再分配领域，此时政府规制的结果使经济人获得"额外"的利益，如农产品补贴的发放、最低生活保障、基本医疗保障等。把利益给予什么人，给予多少利益，政府理所应当拥有较大的决定空间，相对应地也可表现为政府规制上的自由裁量。这就有可能使政府规制沦为"设租"及"寻租"的附属品，在基层政府机构和工作人员中产生所谓的"街头官僚"。

规避政府规制失灵，要求政府在行为模式上以服务为导向替代传统的政府职权主义，从命令导向向规则导向转变，强调权力行使的法制化、透明度和公开化。对政府规制的方式选择，除在资源配置上可保留一定空间的自由裁量之外，大量存在的限制市场主体行为的规制行为应当以羁束裁量为原则。

（三）政府规制的决定——作为公共产品的供给效率分析

作为政府医治市场失灵工具之一的政府规制，从某种意义上说也是政府的一项公共产品。对待同样一种市场失灵，实施政府规制可以有多种方式和渠道。因此，是否需要设定政府规制，设定何种方式的政府规制，政府在作出决定之前应有一个成本效益的分析过程。

我们假定，诸多规制方法的使用成本相等，那么，使用何种方法，必然存在一个收益最大化的选择，即何种方法消除市场失灵的效果最为明显，以及收效时间最短。我们衡量收益的标准应是一项措施的正面效益与负面效益相抵后的综合效益。如果采取另一种路径：我们先假定收益相同，那么，我们就面临着一个使用成本最小化的选择。这一成本也应当是一个综合成本的概念，除了要计算政府为维持该项规制所要投入的人力、物力和财力，还要计算行政相对人需投入的成本，甚至还要考虑不同规制方法的选择过程中所产生的机会成本。

让我们以水污染的防治为例。我们既可以采取行政审批的方法限制，也可以采取政府统一收费、集中治污的措施，还可以根据科斯定理采用排污权拍卖的方法等。用排污权拍卖的方法，政府投入的成本可以降到很低，只需制定一项可长期使用的法律规定，又能"引导人们实现将外部性较大的内在化的激励"①，从而调动用水者维权的积极性，代替政府对排污者进行监管或用向排污者出售污染权的收入来治理污染，这对解决污染问题也有较大的确定性。综合成本收益的分析，在三种方法中，排污权拍卖的方法较优，统一收费、集中治污的方法次之，行政审批的方法较差。

三　政府规制失灵的有效补救

政府规制是公权对私人权利的一种直接干预。"一切有权力的人都容易滥用权力，这是万古不变的一条经验，有权力的人们使用权力一直到遇到有界限的地方才休止。"② 政府规制作为一种极易被滥用的权力，如何对其实行有效控制，这是人们一直苦苦探索的一个难题。按照宪政经济学的方法论，认为公共物品供给的关键不再是效率，而是制度设计。没有有

---

① ［美］德姆塞茨：《关于产权的理论》，载《财产权利与制度变迁》，上海三联书店 1991 年版，第 98 页。

② ［法］孟德斯鸠：《论法的精神》（上册），商务印书馆 1961 年版，第 154 页。

效的集体决策制度，公共物品是无法有效供给的。①

（一）我国现行政府规制控权模式的效果分析

我国当前对政府规制进行控制的制度设计以监督为核心。可以概括为一个三层结构模式②：一是事前监督，主要表现为立法权对行政权的监督；二是事中监督，主要表现为行政权自身的"作茧自缚"，即通过政府规制过程的公开化以便于社会监督，以及通过上下级行政机关的层级监督、行政监察等专门监督方式对政府规制的行为进行控制；三是事后监督，主要表现为司法权（包括行政司法权）对行政权的监督。对这一模式，我们不由得会产生以下两个疑问：其一，这一传统的行政权监督模式针对全球化背景下的转型政府是否仍具有令人满意的效果？其二，对政府规制的控制方式，除了监督之外，是否还应有其他内容？

当我们对这三个层次的监督模式一一进行审视时，我们不难发现，通过立法对行政行为进行事前预测，由于行政知识日益专业化、复杂化，立法者与行政主体之间的信息不对称也越发明显，行政机关先行起草法律草案已成为我国立法的一大特色，加上成文法典固有的疏漏和僵化的特点③，使得立法预测必然存在一定的滞后性和行政利益趋向。司法按照这一滞后的、行政利益趋向的成文法典对行政行为进行事后评价，再加上法官与行政主体之间也存在着的信息不对称问题，使得司法评价也不可能细致入微和十分贴切。此外，在我国目前的体制下，立法机关和司法机关的人员编制、经费开支等均受制于行政机关，这使得立法权、司法权在与行政权进行博弈时必然处于弱势。对于行政权自身的监督而言，"经济人"的自利主义倾向使得政府自我约束的效果应是可想而知，这也已被残酷的现实所证明了的。正如张维迎教授所提出的：作为政府，它的目标函数是

---

① ［美］奥尔森：《集体行动的逻辑》，上海人民出版社 1995 版。

② 对于行政权监督按不同标准可作不同分类，如按监督主体不同可分为外部监督和内部监督，外部监督包括党的监督、权力机关监督、司法机关监督、舆论监督、群众监督等；内部监督包括上下级之间的层级监督和行政监察、审计监督等专门机关的监督等。作者文中采用的是按权力行使的过程先后这一标准划分的方法，两个标准的分类存在一定的内容交叉。

③ 参见夏建武《法律推理：大前提的空缺与补救》，《法律科学》1995 年第 6 期。

非常多元化的。当政府的目标是多元化的时候，你很难去监督它。① 由此可见，在全球化这一新的历史条件下要使这一行政权的监督模式发挥其所应有的功效，必然要对症下药以治疗上述制度构建上的硬伤。

要使权力行使不偏离预设的轨道，除了需要外部力量监督之外，权力结构本身设计的合理性显得更为重要。经典的制度范式应该体现权力之间的相互监督机制和权力结构上的相互制约机制这两方面的内容的结合，两者缺一不可。传统的政府规制的监督模式存在一定程度的制度缺位，在全球化的背景下如何根据新的形势对其进行补救，成为我们完善政府规制制度必然要思考的一个重大课题。

（二）市场对政府规制的参与——以权利控制权力

"对政府而言，全球化的最大含义是使得每一个国家的政府成为全球市场中的一个'企业'，面临竞争的考验……在这种情况下，老百姓的参与约束变得重要了。"② 现代西方的新公共管理者也提出，既然政府的力量可以弥补市场缺陷，纠正市场的失灵，那么，反过来也一样，即市场力量可以弥补政府的不足，用市场的力量改造政府，防止政府的失败。③ 对于政府规制这一行政行为而言，如何在控权模式的设计上赋予行政相对人及其背后的市场的一席之地，更是显得尤为重要。

当我们仔细审视市场主体与政府之间的关系时，我们将发现一个十分令人费解的现象。按照委托—代理理论，市场主体以行政相对人的身份作为一个整体处于类似"委托人"的地位，他们把各自权利的一部分让渡给作为"代理人"的政府。从这一角度看，作为委托人的市场主体的监督对于作为代理人的政府而言理应具有绝对的权威。然而，由于事实上作为个体的市场主体的力量无法与作为集团的政府相抗衡，以及同样存在的信息不对称等其他因素，委托—代理关系的异化使得市场主体在与政府的博弈中必然处于劣势。监督成本的提高使得市场主体最

---

① 参见《中国：政府管制的特殊成因——张维迎教授关于管制与放松管制系列谈话录》（一），《21 世纪经济报道》2001 年 3 月 12 日。

② 《经济全球化时代的政府间竞争——张维迎教授关于管制与放松管制系列谈话录》（三）《21 世纪经济报道》2001 年 3 月 26 日。

③ 陈振明：《评西方的"新公共管理"范式》，《中国社会科学》2000 年第 6 期。

终不是选择监督而是通过寻租的方式来获取和实现自己的权利甚至干脆放弃对权利的诉求。

因此，要重构市场主体（权利）控制政府（权力）的模式①，关键是如何通过设计一种机制以改变市场主体在与政府博弈中的被动地位，其核心是如何最大限度地使市场主体的监督和参与实现成本最低和政府对抗监督（不守法）的成本最高。

从市场主体的监督和参与的成本来看，主要由以下几部分构成：实施监督和参与所耗费的时间、精力和金钱等直接成本，为实施监督和参与需了解相关政府信息所耗费的成本，可能受政府打击报复所付出的成本以及机会成本（实施监督和参与却最终无法获得相应权利）。对于实施监督和参与的直接成本的减少，除了需设计一整套方便市场主体的制度（如现已实施的行政复议、行政诉讼不收费制度）之外，还要大力发展交通、信息等产业以提供技术支撑；对于需了解政府信息所耗费的成本，根本上要通过大力推行政府信息公开化以消除信息不对称；对于可能受打击报复所付出的成本，则要从如何提高行政机关打击报复的成本上下工夫，这在讨论政府的不守法成本时再一并讨论；对于机会成本问题，则是要在制度设计上如何使市场主体有更多的诉求途径及保证诉求途径的畅通、公开和权威。

从政府对抗监督的成本来看，主要是指其违法行政所受到的惩处，包括法律、纪律、经济等方面的直接惩罚外，还包括政府公信力的丧失、社会舆论影响的破坏等间接性的惩罚。在我国对于各级地方政府而言，还有一个对其影响十分巨大的企业流失带来的"政绩"损害而直接影响领导人的升迁。对于增加直接成本，主要是要加重惩处效果和增强各种制裁手段的法制化和制度刚性；对于间接惩罚，有赖于政府信用信息制度的建立和舆论监督的强化；对于加大"政绩损害"的效果，关键则是如何进一步健全市场机制，打破地方行政壁垒，真正建立起市场主体"用脚投票"的机制和制度。

综上所述，改变市场主体和政府之间委托—代理机制的异化以构建权

---

① 在讨论权利控制权力模式时，作者基于以下两个前提假定：其一，市场主体有确定的权利诉求，即排除了放弃权利的可能；其二，暂且假定排除采用寻租方式的可能性。

利（市场）对权力的控制模式，需要通过着眼于上述改变双方成本的关节点上下功夫，借以改变市场与权力博弈的力量对比态势。

（三）　政府规制行使的程序制约——以权力控制权力

前文在分析市场主体对政府的监督成本中已经提到，当寻租比监督获取权利更为便利时，市场主体往往选择成本较低的方式——寻租而不愿实施监督。因此，我们在控权模式的制度设计时必然要考虑如何提高寻租成本以及减少获得租金的可能性，而其中最直接的方式应当是如何相应提高政府设租的门槛，也就是设计一套制度以有效缩小政府权力行使的自由空间。在现有法律制度框架下，政府实施规制毕竟还存在相当大的自由裁量的空间，对于自由裁量权的限制，当代法学家在法的形式合理性与实质合理性的讨论中间找到了一剂通过权力自身科学设计就能解决问题的良方——程序制约。

对于程序的描述，典型的为蛋糕等分的例子：只要让切蛋糕者最后一个领取蛋糕，就不必担心分割结果的不均了。从中我们可以看出，程序一方面具有典型的形式性；另一方面它却在无形之中导致一定的实质性后果，合理的程序能在形式合理的外表下体现着实质合理。程序并不直接限制政府权力对社会的干预，以及在法律评价时融入其他社会评价因素，只是把这些因素的渗透纳入法的运动的自身规律，使它们受到程序的约束而排除恣意。"程序一方面可以限制行政官员的裁量权，维持法的稳定性和自我完结性；另一方面也容许选择的自由，使法律系统具有更大的可塑性和适应能力。"①

对政府规制行使的程序性制约，在《行政许可法》等法律中也已有所体现，如一门受理、集中办理、重大审批事项的听证程序的确立等。我国在实践中也有更进一步的探索，如推行受理、办理、发证由机关不同内设机构承担的三分法，计划、工商部门今年年初开始实施的告知承诺制②等。

---

① 季卫东：《法律程序的意义——对中国法制建设的另一种思考》，《中国社会科学》1993年第1期。

② 告知承诺制是指在项目审批时并不要求申请人已取得相关的前置条件，只需在申请时承诺在一定期限内达到所要求的条件标准，即可获取批准，审批机关在承诺期限届满时再进行检查。

需要说明的是，对程序功能的最初挖掘正是西方法学家们在思考法律运动如何应对全球化冲击所导致的"法治危机"问题中发现的，同时，全球化及随之而来的政府转型也恰恰给程序大施才华提供了条件和空间。

浅论世界贸易组织规则的经济学基础[*]

世界贸易组织（World Trade Organization，WTO，以下简称为世贸组织）于 1995 年 1 月建立。其前身是 1947 年的关税与贸易总协定（General Agreements on Tariff and Trade，GATT l947，以下简称关贸总协定）。世贸组织的主要目标是为世贸组织成员确立贸易政策的规则，以扩大国际贸易来提高生活水平。这些规则促进世贸组织成员贸易政策中的非歧视、透明度和可预见性。

世贸组织的规则，属于国际经济法的范畴，延伸到国内，则属于行政法的范畴。由于它调节的成员国政府的政策行为主要属于经济领域，是调节国际经济关系最重要的规则之一，其存在和发展具有经济学理论基础。其经济学理论基础主要有以下几个方面。

一　市场经济理论

国际经济关系是国内经济关系的对外延伸，世贸组织追求贸易自由化的目标，根源于国内市场经济的要求与发展。世贸组织成员国内市场经济的发展与完善程度，直接关系到世贸组织贸易自由化推进的状况。而世贸组织贸易协定与协议的实施，又促进世贸组织成员国内市场经济的发展和完善。

（一）市场经济的特征
市场经济是指一个国家在管理社会经济活动过程中，利用市场机制来

　＊　本文为《世界贸易组织（WTO）知识读本》（中共中央党校出版社）的序言，收入本书时作了个别文字修改。

配置资源，促进社会经济目标实现的管理体制、制度和措施的总和，市场经济具有以下基本特征。

1. 市场主体的自主性

市场经济的主体必须使参与市场活动的当事人，即商品生产者、经营者和购买者都有独立的物质利益，并在此基础上形成自己独立的意志，对自己行为具有独立的决策权，并承担自负盈亏的后果。

2. 市场过程的趋利性

追求尽可能多的增值，获得最大化的利润，这是市场经济产生和发展的内在动力。市场过程的所有活动都是围绕这一目的进行的。生产是为了获利，为此就要不断提高生产率，降低成本，生产出既符合市场需求又有竞争力的商品和服务；交换是为了实现利润，为此企业必须不断开拓市场，扩大市场份额，与其他企业展开激烈的竞争；分配则是利益的分割，消费是利益的享受。因此，在市场经济中，利润的大小，决定了生产要素和社会经济资源的流向，决定了劳动量投入的大小。追求利益，实现价值，像一只无形的手，指挥着市场经济的全部活动。

3. 市场关系的平等性

市场经济关系的平等性表现在：一是参加市场活动的任何经济主体没有高低贵贱之分，没有社会地位的差别，在市场上的地位是平等的。二是在市场交易活动中，实行等价交换原则，任何人不能通过非经济手段和方式占有其他当事人的利益。三是市场交换活动遵循自愿交换原则，买卖双方在自愿的基础上讨价还价，不能强买强卖，欺行霸市。四是市场主体具有平等的宏观环境，具有平等的竞争条件和发展机会。

4. 市场环境的开放性

市场经济应是一种开放性的经济。市场经济要求市场向所有的商品和服务生产者、经营者和购买者开放。开放是社会分工和协作的要求；是扩大商品和服务交换范围、进行信息和技术交流、提高劳动生产率的要求；是在更大范围内配置、合理开发和利用资源的要求；是扬长避短、优势互补，获取比较利益的要求。只有对外开放，才能摆脱地区经济和民族经济闭关自守的孤立状态，利用各种有利的因素来发展自己的经济。开放不仅要开放和开拓国内市场，而且要开放和拓展国外市场。

5. 市场行为的规范性

市场经济的运行，必须有科学而规范的市场规则和市场秩序来约束和管理各类市场主体的行为，引导市场健康发展。市场的交易和经济活动，还必须遵循国家的法律和政策，遵循国际规则和惯例。

6. 市场活动的竞争性

竞争是市场经济的突出特点。在市场经济中，市场主体必然为争夺有利的生产、经营、交换条件及最大的经济利益而展开竞争。市场竞争迫使每个企业必须不断了解和跟踪市场需求变化，研究市场状态，提高商品和服务质量，降低产品成本。

7. 市场结果的分化性

市场竞争严酷无情，适者生存、优胜劣汰是不以人们意志为转移的客观必然。商品和服务生产者之间不仅存在由于生产条件不同而导致的商品和服务个别价值与社会价值和国际价值的差别，而且还存在着由于市场发展程度的不同而导致的商品和服务价值实现程度的差异。有些企业在竞争中利用优势发展起来，而另外一些企业则遭受破产、淘汰的厄运，这是市场经济的正常现象，这种分化性能激励企业和经营管理者素质的提高，使整个社会经济机体充满活力。

（二）市场体制的框架

市场经济体制是对市场经济客观规律的主观运用，是一种制度安排。市场经济体制的一般框架是：

1. 自由的企业制度

作为微观经济决策主体的企业必须是自主经营、自负盈亏的真正独立的商品和服务的经营者。企业必须具有明确的独立的产权关系，硬性的预算约束，从而能够遵循以收抵支的原则，调节投入和产出，对市场变化做出灵敏的反应。

2. 完善的市场体系

在市场经济中，市场机制是资源配置的基础，因而要求有一个比较完善的市场体系，这就是价格和竞争发挥调节作用的前提条件。

3. 完备的市场法规

市场经济是一种以交换为基础的经济形式。在市场活动中，任何经济主体在经济上都是完全平等独立的。他们之间的交易是平等自由的交易，一方只有符合另一方的意志才能让渡自己的产品，占有他人的商品。因此，市场经济实际上是一种契约关系，契约自由是契约经济的一个基本特征。而这种交易的平等和自由必须由政府通过法律来加以保护，这是市场经济正常运行的基本保证。

所谓市场法规就是法制化的市场竞争关系。它要求：第一，使市场主体都能机会均等地进入市场，自主决策和经营；第二，使市场主体能够机会均等地按照统一的市场价格取得生产要素；第三，使市场主体能够平等地承担税负及其他方面的负担；第四，使市场主体在法律和经济往来中处于平等的地位。为此，必须打破封建的人身依附关系和社会地位上的等级制度，建立保卫自由竞争的法律和秩序，反对垄断、欺诈等各种不正当竞争。

4. 灵活有效的宏观调控制度

现代市场经济是在政府宏观调控下进行的，灵活、有效的宏观调控制度是现代市场经济运行的一种内在调控机制，是现代市场经济体制作用的组成部分。在现代市场经济条件下，政府宏观调控的作用和目的，一方面在于弥补市场调节的不足，对市场机制作用的方向和后果进行必要的干预和引导，而不是取消或取代市场机制的作用；另一方面在于对经济运行进行必要的宏观调节和管理。灵活有效的宏观调控应该是间接的调控和管理，承担的主要任务是：反对垄断和不公平竞争，维护市场功能；制定宏观经济政策和提供有关信息，对企业和个人的微观行为和决策予以指导和诱导，矫正市场机制的缺陷；承担公共部门和公共产业的资源配置，克服市场失灵；调控社会分配和经济总量，提供社会保障，创造稳定的社会条件；等等。

5. 完善的社会保障制度

社会保障制度是以国家为主体，通过国民收入的分配，对全体社会成员的生活权利给予社会性保障的制度。

6. 国际化、开放化的运行机制

市场经济的发展必然冲破国家、民族和地区之间的限制，使各个国家、地区的经济日益联系在一起，国内市场和国际市场日益联结成一个整体，商品、资本和劳动力在国内和国际间的流动性不断加强，形成一个开放化、国际化的大市场。这是市场经济的一个主要特征和必然要求。因此，发展市场经济，必须要建立国际化、开放化的经济运行机制，使得市场机制在更大范围内发挥资源配置的作用。

（三）市场体制在世贸组织规则中的体现

世贸组织规则和运行机制来源于市场经济体制，通过世贸组织规则加强和完善了世贸组织成员的市场经济体制。表现在以下三个方面。

1. 世贸组织规则根源于市场经济

世贸组织在实施管理的贸易协定与协议中，贯穿了一些基本原则，这些原则体现了市场经济的基本要求。这些原则如下。

（1）非歧视原则（Trade Without Discrimination）

非歧视原则要求世贸组织成员不应在其贸易伙伴之间造成歧视。他们都被平等地给予"最惠国待遇"；一个成员也不应对外国的产品、服务或人员造成歧视，要给予它们"国民待遇"。在世贸组织负责实施管理的贸易协定与协议中都包括了非歧视原则。非歧视原则是市场经济中平等性的表现。

（2）扩大贸易自由化的原则

在世贸组织负责实施管理的货物贸易与服务贸易协定与协议中，均体现了扩大贸易自由化的原则。其特点是：贸易自由化涉及所有的货物贸易领域；进一步降低关税，减少非关税措施对国际贸易的不利影响，如取消一部分非关税措施，规范一部分非关税措施，不允许重新设置非关税措施；服务贸易采取逐步扩大市场准入的办法。总之，使贸易壁垒不断减少，它体现了市场经济开放性、国际化的原则。

（3）可预见的和不断增长的市场准入程度原则

世贸组织建立起来的多边贸易体制是各成员政府想要给投资者、雇主、雇员以及消费者提供某种商业环境的一种机会。这种商业环境在鼓励市场上的可选择性和低价格的同时，也鼓励贸易、投资和工作机会的创造。这样的一种环境需要稳定和可预见性，尤其是在企业准备投资和发展时，更是如此。为此，世贸组织的贸易协定与协议要求世贸组织成员如实履行承诺的义务，对承诺的义务（包括关税、非关税措施及其他措施）不随意增加；要"约束"关税税率；采取通告制度，对紧急措施或自设的规则要及时通告所有世贸组织成员；定期审议世贸组织成员贸易政策等。

可预见的贸易条件的关键往往在于国内法律、规章与措施的透明度。许多世界贸易组织协议包括有透明度条款，要求在国家层次上进行信息披露，如通过官方杂志的出版或通过查询要点的方式，或在多边层次上通过向世贸组织进行正式通知的方式进行披露。世贸组织各机构的许多工作与审查这些通知有关。通过贸易政策评审机制对各国贸易政策所进行的日常监督为同时在国内以及在多边层次上鼓励透明度提供了进一步的方便。它体现了市场经济下市场行为规范的要求。

（4）促进公平竞争

世贸组织负责实施管理的贸易协定与协议要求世贸组织成员在竞争中受到公平待遇。非歧视规则是用来谋求公平的贸易条件的，那些关于倾销和补贴的规则也是如此。世贸组织农产品协议旨在给农业贸易提供更高的公平程度。知识产权的协议将改善涉及智力成果和发明的竞争的条件，服务贸易总协定则将改善服务贸易竞争的条件。有关政府采购的诸边协议将针对在许多国家中数以千计的政府机构的采购活动扩展竞争规则。还有许多其他世贸组织条款的例子，它们旨在促进公平的和非扭曲的竞争。此项原则体现了市场经济下平等竞争的要求。

（5）鼓励发展和经济改革

在世贸组织负责实施管理的贸易协定与协议中，对市场经济发展不足和经济转型的国家都做出了鼓励发展和经济改革的一些措施。其内容包括：对发展中国家成员给予更多的时间进行调整，具有更多的灵活性和特殊权利；对经济转型国家给予高于发达国家成员而低于发展中国家成员的一些待遇，鼓励继续改革，扩大市场化率；与此同时，对申请加入世贸组织的经济转型国家按市场经济条件提出承诺的义务。它们都体现市场经济下的自由企业制度和完善的市场体系的要求。

2. 世贸组织通过运行机制体现市场经济体制要求

在世贸组织运行机制中，程度不同地体现了市场经济体制的一些要求。

（1）世贸组织的协定与协议都是通过谈判达成的。

作为世贸组织成员在享受权利的同时，要履行相应的义务，如果不履行义务，对别的世贸组织成员构成歧视、不公平和伤害，该世贸组织成员必须以各种方式补偿；否则，另一方可通过贸易争端机制解决，在争端解决机制授权下，可进行报复等措施。它体现着市场经济下的契约关系。

（2）世贸组织成员的资格、加入与退出的方式体现了市场经济下的平等性、自由性和开放性。

首先，世贸组织成员可以自由申请加入，也可自由退出。其次，世贸组织是个开放性的国际组织，任何主权国家都可以申请加入世贸组织；同时，任何单独的关税区也可以申请加入世贸组织，只要能证明其在对外商业关系上和世贸组织规则规定的其他事项上享有充分的自主权。再次，世贸组织成员可以提出退出的要求，有自动退出的权利。

（3）世贸组织决策程序体现了市场经济下的自主性和平等性。

世贸组织在进行决策时，主要遵循"协商一致"的原则，只有在无法协商一致时才通过投票表决的方式决定。在部长级会议和总理事会上，每个世贸组织成员均有一票投票权，这是世贸组织同联合国、国际货币基金组织和世界银行决策机制的明显差别。联合国尽管实行一国一票制，但美国、中国、法国、英国和俄罗斯五大国在安理会上具有否决权。而国际货币基金组织和世界银行的决策是实行股份公司式的投票制度，即各成员的投票权数量取决于其所拥有的基金的份额。就此而言，世贸组织决策权体现了市场经济下的自主权和平等性，但未体现出市场经济下公司决策的股权性。

3. 世贸组织促进各成员方市场经济体制的发展与完善

世贸组织促进各成员市场经济的发展与完善。第一，根据《建立世贸组织协定》，世贸组织成员必须一揽子接受"乌拉圭回合"达成的所有贸易协定与协议。第二，世贸组织"每一成员应保证其法律、法规和行政程序"与世贸组织各种协定与协议的规定义务一致。第三，世贸组织成员对建立世贸组织协定的任何条款不得提出保留。对多边贸易协定与协议任何条款的保留应仅以这些协定与协议规定的程度为限。对某个诸边贸易协议条款的保留应按该协议的规定执行。第四，在新成员加入谈判中，要做出承诺，不断改革不符合世贸组织规则的国内贸易法规，以促进这些成员的市场化率不断提高。如中国在加入世贸组织议定书中，对有违于世贸组织规则的贸易法规、进出口管理措施、司法程序、国营贸易和市场价格等都做出改革的承诺。

二　有管理的自由贸易理论

自由贸易理论与贸易保护主义政策是国际贸易理论中的两大流派，两者相互交替、对照渗透、相互促进。第二次世界大战结束后，有管理的自由贸易理论逐步占据主流地位，并成为世界贸易组织的重要理论基础。

世界贸易组织秘书处在其编著的《贸易走向未来》中指出："世贸组织有时被称为'自由贸易'组织，但这并不完全准确……更确切地说，这是一个致力于开放、公平和无扭曲竞争的规则体制。"① 所谓开放，是指世贸组织成员按照世贸组织协定与议定书履行义务，相互进行货物贸易、服务贸易逐步自由化，扩大市场准入度；所谓公平，是指贸易对象在市场经济条件下，通过供求形成的实际成本进行贸易，对知识产权加强保护；所谓无扭曲，是指贸易企业不借助垄断和特权等行为进行业务经营活动。为达到此目标，必须对以 1947 年为基础的旧贸易体制下出现的不公平的竞争行为和背离现象，进行改革和赋予新的内容。

（一）有管理自由贸易的特点

世贸组织所主张的有管理的自由贸易的特点包括以下几个方面。

1. 把贸易自由化作为世贸组织的基本目标

第一，在世贸组织有关的文件中反复表明，世贸组织接受 1947 年关贸总协定所实现的贸易自由化的成果。第二，把贸易自由化作为实现世贸组织目标的重要途径。世贸组织追求的目标是"以提高生活水平、保证充分就业、保证实际收入和有效需求的大幅度增长以及扩大货物和服务贸易为目的"②。第三，有关世贸组织建立和负责实施管理的贸易协定与协议中的基本原则体现了自由贸易的思想。非歧视原则保证了贸易自由化成果在所有世贸组织成员间适用与一致；互惠性是进行贸易的基本前提，体现了贸易应具有的本性；关税保护和关税减让，非关税壁垒取消、抑制与

---

① 世界贸易组织秘书处：《贸易走向未来》，第 8 页。

② 参见《马拉喀什建立世界贸易组织协定》。

规范使贸易自由化趋势加强；不断扩大市场准入原则使贸易自由化从货物贸易延伸到投资和服务贸易；促进公平和无扭曲竞争原则使各成员的企业有平等的贸易环境等。

2. 贸易自由化范围受到局限，即与贸易有关的知识产权排除在世贸组织贸易自由化的范围

世贸组织贸易自由化的范围局限在货物与服务领域。而与贸易有关的知识产权，因是私权，不列入贸易自由化的范围。国际货物和服务贸易基本上是指跨越国界而形成的交易，而知识产权的保护受到一定的地域限制。这是因为知识产权是一种必须经过申请而获得有关国家批准方能成立的具有独占性质的私人财产权利，它只是在特定国家或区域内、特定期限内有效。世贸组织负责实施管理的"与贸易有关的知识产权协定"指出其目的是"期望减少对国际贸易的扭曲和阻碍，并考虑到需要促进对知识产权的有效和充分保护，并保证实施知识产权的措施和程序本身不成为合法贸易的障碍"。当然，货物与服务贸易自由化的程度关系到能否抓住利用国外知识的机会，这些知识包含于货物贸易和服务贸易中。

3. 世贸组织贸易自由化政策实施中要结合两大因素

第一，贸易自由化与可持续发展有机结合，即"依照可持续发展的目标，考虑对世界资源的最佳利用，寻求既保护和维护环境，又以与它们各自在不同经济发展水平的需要和关注相一致的方式，加强为此采取的措施"①。第二，防止发展中国家边缘化，在自由化过程中，还要"保证发展中国家、特别是其中的最不发达国家，在国际贸易增长中获得与其经济发展需要相当的份额"②。

4. 世贸组织允许自由贸易与正当保护贸易并存

第一，与贸易有关的知识产权排除在贸易自由化之外。第二，允许世贸组织成员按照经济发展阶段和经济发展水平，可做出不同程度的保护。即允许发展中国家成员的保护程度高于发达国家成员。第三，允许世贸组织成员根据产业发展情况和竞争能力的水平，对产业可做出不同程度的保

---

① 参见《马拉喀什建立世界贸易组织协定》。

② 同上。

护。第四，允许世贸组织成员为达到可持续发展和保护国民身体健康等原因，实施保护措施。第五，允许世贸组织成员以关税作为保护措施。第六，在世贸组织的贸易协定与协议中，保留了许多例外，这些例外涉及非歧视、最惠国待遇、国民待遇等，对诸边贸易协议可自愿接受等。第七，在因履行义务，导致进口激增，使国内产业受到严重伤害时，可采取保障措施等。

5. 贸易自由化政策的确定与途径

第一，政策要做到互惠互利，即通过对外贸易求得双赢局面。第二，贸易政策的手段，削减关税和其他贸易壁垒，消除国际贸易关系中的歧视待遇。

（二）自由贸易与比较优势理论

世贸组织贸易有管理的自由化理论是以李嘉图的比较优势学说为基础的。大卫·李嘉图（David Ricardo，1772—1823）是英国工业革命深入发展时期的经济学家和政治活动家，也是古典学派的代表人物。其代表著作是 1817 年出版的《政治经济学及赋税原理》，他在该书第七章中提出比较优势学说。

李嘉图认为每个国家不一定要生产各种商品，而应集中力量生产那些利益最大或不利较小的商品，然后通过国际交换，在资本和劳动力不变的情况下，生产总量将增加，如此形成的国际分工和贸易对贸易双方都有利。

李嘉图进一步认为，在资本与劳动力在国际间不能自由流动的情况下，按照比较优势理论进行国际分工和国际贸易，可使劳动力资源配置更合理，可增加生产总额，对贸易各国均有利。但这种贸易利益实现的多寡与自由贸易程度密切相关。他说："在商业完全自由的制度下，各国都必然把它的资本和劳动用在最有利于本国的用途上，这种个体利益的追求很好地和整体的普遍幸福结合在一起。由于鼓励勤勉，奖励智巧，并最有效地利用自然所赋予的各种特殊力量，它使劳动得到最有效和最经济的分配；同时，由于增加生产总额，它使人们都得到好处，并以利害关系和互相交往的共同纽带把文明世界各民族结合成一个统一的社会。""但最能保障整体利益的莫过于把总资本做最有利的分配，也就是实行普遍的自由贸易。"①

李嘉图的比较优势学说对国际贸易的发展起了如下的作用。

第一，它揭示了世界各国获取最大贸易利益的途径，反映了价值规律这只"无形之手"在国际贸易中的作用。它成为在国家存在的前提下，各国发展对外贸易，求得最大效益的规律性的理论。数学家斯坦尼斯劳·乌拉母曾向诺贝尔经济学奖获得者保罗·萨缪尔森提出挑战，要他"在所有社会科学中找出一个既能成立而又有意义的命题"。萨缪尔森花了几年时间终于找到答案，即比较优势学说。他指出，该理论"在逻辑上是成立的，不需在数学家面前争论；但它有意义这一点，成千上万的重要和指挥人士都进行过验证"②。

第二，随着世界经济和各国经济的发展，比较优势应用的范围在扩大，即从两个国家、两种商品（2＋2）模式向外延伸。出现了国家整体的比较优势，地区间的比较优势，产业间的比较优势，产业内产品的比较优势和人们行为的比较优势。

第三，就产业而言，比较优势是通过产品的成本、价格和非价格因素的比较来体现的。

第四，产品成本的构成基础在变化，开始是自然条件，后来是生产要素的禀赋，进而是科学技术等。因此，随着成本构成的变化，比较优势不是固定不变的，而是在不断变化，在动态中发展。为此，世界银行在《世界发展报告1998/1999》中特别指出："今天一个国家在一定的生产和贸易中对他国的优势不能再看作是静止的。以为拥有那些相对不变的，有形的要素，如劳动力、土地和自然资源就行了。一旦把知识和发掘人的知识潜力考虑进去，则动态比较优势（即一国可以自己创造出的相对优势）就是紧要的。"③ 因此，世界各国为在对外贸易中取得最大效益，要积极利用已有的比较优势；同时，要努力创造新的比较优势。

第五，比较优势成为世界各国贸易政策确立的主要理论基础；也成为世贸组织贸易协定与协议在某个时期达成，而又要不断修正的原因；也是

---

　　① ［英］彼罗·斯拉法主编：《李嘉图著作和通信集》第一卷，1992 年中译本，第113、294 页。

　　② 世界贸易组织秘书处：《贸易走向未来》，第 8 页。

　　③ 世界银行，《1998/1999 世界发展报告知识与发展》，中译本，第 24 页。

达成新协议的推动力量。

第六，多边贸易体制的建立、发展与完善取决于世界各国对比较优势学说的承认、妥协和抗拒，成为世贸组织成员矛盾的产生与解决的基础；它决定着贸易自由化的深化和广泛化的程度。

三 经济全球化理论

经济全球化推动了世贸组织的建立，世贸组织反过来又促进了经济全球化的发展。经济全球化中的矛盾和问题也困扰着世贸组织，并影响到它的进程和作用，成为世贸组织存在和发展的制约因素。

1996 年联合国贸易和发展会议秘书长鲁本斯·里库佩鲁在第九届贸发大会上指出，经济全球化是指：生产者和投资者的行为日益国际化，世界经济似由一个单一市场和生产区组成，而不是由各国经济通过贸易和投资流动连接而成，区域或国家只是分支单位而已。目前国际比较通用的经济全球化概念是 1997 年国际货币基金组织提出的概念："全球化是指跨国商品与服务交易及国际资本流动规模和形式的增加，以及技术的广泛迅速传播使世界各国经济的相互依赖性增强。"[①] 本书作者认为：经济全球化是指以市场经济为基础，以先进科技和生产力为手段，以发达国家为主导，以最大利润和经济效益为目标，通过贸易、分工、投资和跨国公司，实现世界各国市场和经济相互融合的过程。这个概念在于说明：市场经济体制的普遍实行是经济全球化的体制条件，追求资本利润最大化是经济全球化的驱动力，科学技术革命是经济全球化的基础，分工、贸易、投资和跨国公司是经济全球化的途径和载体，各国市场和世界经济的融合是经济全球化的结果。

（一）经济全球化的主要内涵

1. 贸易全球化

（1）世界货物贸易额从 1950 年的 607 亿美元增加到 2000 年的 63265 亿美元，增加了 103 倍，年均增长率达到 11%，远远高于历史上 1870—

---

① 国际货币基金组织：《世界经济展望》，中译本，第 45 页。

1900 年的 3.2% 和 1900—1913 年的 3.8%。国际服务贸易额从 1985 年的 3775 亿美元增加到 2000 年的 13306 亿美元。

（2）国际贸易结构向高科技，服务业发展。服务贸易出口额占整个世界出口贸易额的比重从 1985 年的 16.1%，提高到 2001 年的 19.6%。含有高科技的产品在国际贸易商品结构中发展最快，所占比重不断提高。在世界贸易的 17 种主要商品中，办公和电讯设备、服装和其他消费品增长最快。办公和电讯设备增长最快的原因是公司提高效率的强烈需求，消费者追求新的和改进型产品的期望。其产品多是新的和"高技术"的产品，如个人和商用电脑与相关设备（激光印刷机等）、半导体、各种电话设备、传真机、收音机、电视广播和消费电子产品。高新技术产品在制成品出口中的比重，经合组织国家从 1992 年的 30% 提高到 2000 年的 40%。

（3）世界贸易发展速度高于国内生产年均增长率，对外贸易依存度在不断提高。

（4）电子商务流行。所谓电子商务，是指通过电子信息技术、网络互联技术和现代通讯技术，使得交易双方得以借助电子方式进行联系及交易活动的处理，而无需依靠大量纸面文件、单据的人工处理与传输或直接的实物接触完成交易，从而实现全部或部分交易过程电子化、自动化的一种商务形式。其核心是应用先进的信息技术，提高交易伙伴之间商务联系的效率，进而提高企业整体的经营管理效率。电子商务在货物贸易、信息和服务业得到广泛运用。被称为是一场商业"革命"。

（5）出现国际物流"革命"。国际物流（International logistics，IL）是指不同国家之间的商品流动，它是国内物流的延伸和进一步扩展。国际物流是国际贸易的重要环节，世界各国之间的贸易是通过国际物流来实现的。20 世纪 90 年代以后，互联网、卫星定位在国际物流中的应用极大地提高了物流的信息化和物流服务水平，出现了国际物流"革命"。其核心是以交通运输枢纽为依托，建立起运转良好的货物集散场所。物流中心要做到物流、商流、资金流、信息流的有机统一。通过设计、引导、支配物流，形成科学、合理、低成本的网络运营体系；构建起具有集货、储货、转运、配货、物贸等多重功能的全国和全球性物流的连接网络。

2. 生产全球化

生产活动全球化主要表现为传统的国际分工正在演变成为以新技术为

基础世界性的分工。

（1）国际分工从传统的以自然资源为基础的分工逐步发展成为以现代工艺、技术为基础的分工；从产业各部门间的分工发展到各个产业部门内部的分工，发展到以产品专业化为基础的分工；从沿着产品界限所进行的分工发展到沿着生产要素界限所进行的分工；从生产领域分工向服务部门分工发展。

（2）国际分工的形成机制在变化。即由市场自发力量所决定的分工，向由企业，主要是由跨国公司所经营的分工和由地区经贸集团成员内所组织的分工发展，出现了协议性分工。

（3）水平型分工成为国际分工的主要形式，其内容为产品型号的分工；产品零部件的分工和产品工艺流程的分工。

（4）形成了世界性的生产网络。

（5）世界性的国际分工使世界各国成为世界生产流程的一部分，成为世界商品价值链中的一个环节。

3. 金融全球化

（1）金融国际化进程加快。20 世纪 90 年代以来，西方国家的大银行根据《巴塞尔协议》的要求，开始了大规模合并、收购活动，以提高效益。

（2）地区性经贸集团的金融业出现一体化趋势。欧盟统一大市场建立后，银行、证券公司和投资基金等金融机构可在欧盟内经营不受国界限制的保险和投资业务；美国和日本的银行则可通过收购、兼并等形式加紧渗透欧洲市场，欧洲的金融市场将演变为真正的国际金融市场。20 世纪 90 年代以来，韩国及东盟一些国家也加快了金融国际化步伐，不仅解除了对银行利率的限制，还放宽了对外国银行在本国经营的限制。

（3）金融市场迅猛扩大。到 1995 年，外汇交易额已上升为同年世界贸易额的 60 倍，全球外汇日交易额已超过 1.2 万亿美元，即不到 5 天的交易额就超过当年世界货物和服务贸易额（50070 亿美元）；随着科学技术的进步，特别是国际信息的网络化，外汇市场的资金交易正以"光的速度"从一个市场转移到另一个市场。

4. 投资全球化

（1）投资成为经济发展和增长新支点。国际直接投资额年均额与年均国际贸易额的比例在缩小，国际直接投资额年均增长率高于国际贸易年均增长率。

（2）国际对外直接投资与吸收外国直接投资主体多元化。20世纪80年代以后，随着一些发展中国家和地区经济的迅速增长，发展中国家的对外投资也迅速扩大，世界上越来越多的国家加入对外投资的行列，改变了发达国家是国际直接投资的唯一承当者的局面。

（3）对外直接投资与吸收外国直接投资并行，一些发达国家和发展中国家与地区成为吸收外国直接投资的主要对象。发达国家中主要对外直接投资的国家同时也是吸收外国直接投资的主要国家。

（4）国际借贷资金流动量增长很快，证券股权投资在迅速发展。进入20世纪90年代，国际金融市场借贷资金流动量增长很快。

（5）投资自由化成为各国国际直接投资政策的目标，国际直接投资规范安排提上日程。

5. 企业经营全球化

企业活动全球化表现为跨国公司的作用进一步加强。

（1）跨国公司数目剧增。跨国公司总数从1993年的35000家增加到1996年的44508家，2001年进一步增加到65000家，在全球的子公司达到850000家。国外子公司的职工从1990年的2400万人增加到2001年的5400万人。

（2）跨国公司在世界生产、贸易和投资中居于主要地位。跨国公司子公司生产总值2001年达到34950亿美元，占当年世界国内生产总值的1/10。国外子公司的销售额为185170亿美元，相当于当年世界出口贸易额的两倍。2001年跨国公司子公司出口额为26000亿美元，相当于当年世界出口贸易额的1/3。跨国公司对外直接投资从1990年的17000亿美元增加到2001年的65820亿美元。

（3）跨国公司开始结成新型的"战略联盟"，以提高竞争力。首先，跨国公司通过兼并与收购在国外建立自己的生产网络，以保护、巩固和增加自己的竞争能力。跨国兼并与收购活动最为活跃的行业为能源、经销、电讯、医药和金融服务。其次，一些跨国公司以协定（股份和非股份）方式加强联合。从1990年以来，跨国公司之间在核心技术（信息和生物）上也加强了战略性研究与开发的合作。跨国公司结盟的动机各不相同，美国公司的目标是地域扩张；加拿大和墨西哥公司最关心的是市场份额；欧洲公司是二者兼顾。

（4）跨国公司在一些国家出口中占有重要地位。跨国公司在所有产业出口中的比重，加拿大 1995 年为 44%；法国 1998 年为 21%；美国 1999 年为 15%；阿根廷 2000 年为 20%；智利 2000 年为 28%；马来西亚 1995 年为 45%；墨西哥 2000 年为 31%；匈牙利 1999 年为 80%；波兰 2000 年为 56%。

（5）跨国公司通过把发展中国家和经济转型国家纳入其全球生产和营销体系，帮助它们提高出口竞争力。跨国公司在上述国家的食品加工业和园艺等部门基于资源出口的发展中做出了贡献。在制造业，通过使这些国家的产品进入跨国公司的生产和营销网络扩大了市场。

（6）出现了无国界企业。在企业逐渐全球化的背景下，跨国公司的业务早已跨出本国的国界，而国家和公司之间的所谓利益一致的纽带在削弱。对于新兴跨国公司来说，总部设在哪里已经不再重要，甚至不必设在本公司大多数股东所在的国家。跨国公司全球网络的管理者们，越来越多地来自不同的国家和地区，如国际商用机器公司的最高级职员拥有五种不同的国籍；尤尼来佛公司的董事会的董事们拥有四种国籍；壳牌石油公司董事会的董事们有三种国籍。

6. 经贸文化、观念和人才的全球化

（1）世界各国和各民族在民族主义和民族文化复兴的同时，也在经济贸易文化上出现趋同的现象。英语、世界语、汉语越来越成为全球通用的语言；西服、牛仔服、时装越来越成为全球共同的"包装"；可口可乐和茶日益成为全球共同的饮料；中国菜、美国快餐日益成为全球共同的食品；迪斯科、摇滚音乐、华尔兹，卡拉 OK 日益成为全球年青人的共同娱乐。此外，IBM 和 Internet 正在努力试图将全球一"网"打尽，而美国通用汽车、日本丰田汽车、德国奔驰汽车也正在努力试图掌握全球的方向盘，波音和欧洲空中客车则已经开始了垄断全球天空的尝试，迪士尼和好莱坞则准备教全球人如何娱乐。

（2）国际人开始走俏。为了在经济竞争中取胜，国际人正在成为各个国家、各大公司的首选目标，培养国际人、寻找国际人已成为世界性的人才战略潮流。日本公司率先提出国际人战略。它们认为，国际人应具备以下 10 个基本条件。即积极肯干，但是不蛮干；人际关系融洽，不以自我为中心；兴趣广泛，知识丰富；外语出色，愿意结交外国人；行动迅速，快食、快眠、快便；能迅速适应并爱上异国他乡，思乡意识不很强；意志刚强，富有忍耐性；深谋远虑，但不优柔寡断；能够安排、处理好家庭生活关系；身体健康，精神焕发。

（3）国际经贸观念在趋同化。首先，出现了大国际贸易概念。在经济全球化下，一国对外经济交往合作中，不能只考虑货物贸易，还要把货物贸易与直接投资、金融、服务、技术统一综合考虑。其次，将大国际贸易概念与本国经济的调整与优化、改革与开放密切地结合起来；变"贸易立国""贸易为本"为"经济接轨"和"市场融合"。再次，经贸单边制裁变为求得"双赢"。

（二）经济全球化与多边贸易体制

经济全球化需要更有作为的多边贸易体制的建立，这是因为：

1. 经济全球化是一个历史进程

经济全球化的产生与发展根源于资本主义生产方式深入发展的内在要求。早在 150 多年以前，马克思在《共产党宣言》中揭示资本主义的发展和扩张时指出："资产阶级，由于开拓了世界市场，使一切国家的生产和消费都变成世界性的了……过去那种地方的和民族的自给自足和闭关自守状态，被各民族的各个方面的互相往来和各方面的互相依赖所代替了。物质的生产如此，精神的生产也是如此。各民族的精神产品成了公共的财产。民族的片面性和局限性日益成为不可能，于是，许多民族的地方的文学形成了一种世界性的文学。由于一切生产工具的迅速改进，由于交通的极其便利，资产阶级把一切民族甚至最野蛮的民族都卷到文明中来了……它迫使一切民族——如果它们不想灭亡的话，采用资产阶级的生活方式；它迫使它们推行所谓的文明，即变成资产者。一句话，它按照自己的面貌为自己创造出一个世界。"[①] 1492 年哥伦布发现新大陆，是经济全球化的源头。随着资本主义生产方式的确立、发展与挫折，经济全球化进程时断时续，在不稳定中前进。20 世纪 90 年代，冷战的结束为资本主义生产方

---

① 《马克思恩格斯选集》第 1 卷，人民出版社 1972 年版，第 254—255 页。

式深入发展提供了新的历史发展机遇，以美国为首的发达市场经济国家成为经济全球化的推动者，出现经济全球化的新一轮高潮。一方面，在世界范围内，它促使各国、各地区的经济相互交织和相互影响，融合为统一的整体，"计划经济"消失，生产要素在世界范围内可以比较自由地流通和合理配置，形成"全球统一市场"，促进世界生产力的发展；另一方面，生产力的发展要求在世界范围内建立规范经济和贸易行为的规则，这种规则要囊括世界各类国家和所有的交易对象。而 1947 年的关贸总协定缔约方不够广泛，包括的交易对象只是货物，不能适应这种趋势。

2. 经济全球化是市场经济体系的全球化

世界经济体系是在市场经济体系下演变的。它沿着社会化—市场化的方向发展，走的是市场化—地区经济一体化—全球经济一体化—全球化的道路。社会化是社会分工决定的生产的社会化，它包括劳动的社会化、商品的社会化、财产的社会化、人的社会化等。而市场化则是社会化的主要途径和方式。在世界范围内，市场化表现为一国国内、区域内和世界范围的逐级演进，最终促成一体化的全球经济。经济全球化是世界经济形成一个整体的自然发展过程，而经济一体化则是为经济全球化而实行的制度安排。因此，市场经济是推动经济全球化的基础，是推动经济全球化的原动力。经济全球化要求加速世界各国市场化的速度，要求一个更有权威性的国际贸易组织出现，加速各国市场的发展，以全面融入经济全球化。

3. 经济全球化要求世界范围内经济运行规则的规范化，趋同化

当今世界各国，虽然都不同程度地进入经济全球化的行列，但都有各国本身的特色，市场经济体制与模式并不完全相同。在经济全球化的作用下，世界各国的经贸法规不断向国际标准靠拢，出现趋同化。经贸集团成员间相互遵守的经贸法规也在不断制定。但在国家存在的前提下，各国本身仍然有意地保留了各自具有特色的经贸政策与措施。为了使世界各国的经济活动走向国际化和规范化，需要加速已有经贸政策的趋同化和规范化，扩大全球性的经贸政策的制定来引导和规范各国的经贸行为，而1947 年的关贸总协定管辖的贸易协议不是一揽子接受，协议中存在"灰区措施"，对缔约方内部的经贸政策缺乏约束力。

4. 经济全球化是全球利益结构重新调整的过程

以市场经济为基础的经济全球化，首先促进了世界经济的发展。

（1）在经济全球化条件下，生产资源得以在全球范围内有效配置。这样，作为全球经济组成部分的各个国家有可能在全球经济密切交往中实现优势互补，从而促进各国和全世界经济的发展与经济效益的提高。

（2）世界市场进一步统一。在全球化条件下，世界市场不断扩大和趋于统一，各国与全球市场的联系更紧密、更直接，这就使各国及其企业在更大程度上摆脱本国市场狭小的限制，更充分发挥本身的优势，根据全球市场的需求，扩大生产规模，增大生产能力，实行规模经营，收到规模经济的实效。与此同时，各国和各种企业都参与世界市场竞争。这种强有力的市场机制，迫使企业改进经营管理，提高生产效率，降低生产成本，积极开发新产品，从而促进生产的更大发展。

（3）带动科学技术的国际传播。现代科学技术的研究和开发需要大量资金，许多高科技项目的完成，需要多种专业人才的共同参与，科技研究与开发已不是个别企业或个别国家的事，它越来越需要广泛的国际参与和多国合作，因而科技研究与开发也将随着经济的全球化而实现全球化。这必将促进科技更快的发展，科技成果在全球更快的传播，从而促进全球生产力的更快发展。

（4）催化国际服务贸易的发展。在经济全球化推动下，各国普遍在产业结构调整中大力发展服务业，使服务业在国民经济中的份额和就业人员的比重也大幅度提高。服务业在国内生产总值中的比重，发达市场经济国家从1980年的59%提高到1999年的71%，同期，发展中国家和地区服务业在国内生产总值中的比重从41%提高到51%。在跨国公司全球经营和发展的过程中，许多跨国公司深感服务业对其获取竞争优势的重要性，这就加速了服务业国际化的速度。跨国公司在金融、信息和专业服务上都是重要的供应者，其中许多跨国公司迅速扩大，向全球出售服务。在经济全球化推动下，国际经济合作方式多样化，也为国际服务合作的扩大创造了条件。

（5）经济全球化为世界各国提供了加快经济发展的历史机遇。特别是当今世界为数众多的发展中国家，生产力水平低下，经济落后。在全球化条件下，它们有可能通过对外开放，加强与他国的合作，扩大对外贸易，引进外国资本和先进技术，学习和借鉴他国的先进管理经验，从而有可能实现其"后发优势"，加快其经济发展和现代化进程。然而，经济全球化也给世界各国带来一些不利影响。这是因为，经济全球化根源于资本主义生产方式的新的发展，因此，资本主义生产方式的内在规律，首先是获取最大利润的规律，必会有更充分的表现；资本主义发展不平衡规律的作用必将更为突出；资本主义的固有矛盾以及由此引发的摩擦、冲突、震荡和危机，也必然更为广泛和深刻。

上述经济全球化的两重性，给世界经贸发展带来两大矛盾需要解决。一是如何解决全球化的推进与处理风险机制之间的矛盾；二是发达国家加速经济全球化的需要与发展中国家快速融入经济全球化可能性之间的矛盾。从贸易层次上，经济发达国家与发展中国家存在的差距与矛盾，1947年关贸总协定逐渐予以关注，但面不宽，内容不具体，需要更能有所作为的国际贸易组织解决经济全球化中的矛盾。世贸组织各种协定与协议中对发展中国家均给予了各种特殊待遇，在一定程度上可以缓解经济全球化的这些矛盾。

四 可持续发展理论

对可持续发展的定义，人们有许多不同的看法。世界环境与发展委员会认为："需要一种新的发展途径，这种发展途径使人类进步不局限于区区几处，寥寥几年，而是要将整个星球持续到遥远的未来。"它把可持续发展定义为："满足当代人类的需求，又不损害子孙后代满足其自身需求的能力。"① 1991 年，世界环境保护联盟等机构在《保护地球》一书中把可持续发展进一步定义为："在支持生态系统的负担能力范围内，提高人类生活的质量"，是必须在经济、人类、环境和技术等许多方面取得全球进展的一个过程。② 环境与发展之间是一种相互依存、相互促进而又相互制约的辩证关系，实现持续发展就是促使两者协调和谐，并共同取得进步。

（一）可持续发展理编基本内容
由于历史、经济和文化等差异性的存在，各国达到持续发展的具体方

---

①　世界环境和发展委员会：《我们共同的未来》，牛津大学出版社 1987 年英文版，第 4、8 页。

②　世界环境保护委员会、联合国环境规划署：《保护地球》，1991 年英文版，第 10 页。

法有所不同，但共同之处都是在转变观念，打破旧的增长模式，实施可持续发展战略。其途径如下。

1. 建立国家持续发展能力

能力建设意味着发展一国的国民的、科学的、技术的、组织的、机构的和资源的能力，积极开发环境无害技术。

2. 把发展人而非改造人作为发展的中心

"人类处于普受关注的可持续发展问题中心。他们应享有与自然相和谐的方式过上健康而富有物质成果的生活的权利。"① 通过满足人类的根本需要来摆脱贫困，同时保护和促进人类的健康。

3. 改变现有的经济发展和增长战略

不再盲目追求经济发展的高速度，而是追求考虑协调生态环境的适度增长，寻求适当的生产和消费模式。

4. 实行为可持续发展服务的环境和资源管理

各国注意把环境管理重点由放在环境后果上的环境管理转到放在产生这些后果的根源上；由排污口管理转向生产过程管理和产品生命周期管理，向绿色企业管理转变；由治理环境污染转变到减少环境污染，直至杜绝环境污染；注意改变导致生态环境保护与经济社会发展相分离的组织机构体系，把环境政策放到国家机构的关键部位中；建立促进可持续发展的综合决策机构和协调管理机制，建立可持续发展委员会。

5. 建立与可持续发展相适应的环境与发展方面的法规体系

国家应逐步建立起与可持续发展相适应的环境与政策、法规体系。

6. 建立新的、公正的全球伙伴关系②

为此，国际社会应做好以下几点。

（1）应树立全球环境意识，克服片面追求本民族和国家利益，不顾它国和全球环境利益的行为。

（2）应妥善处理资金与环境技术转让问题。为了可持续发展，所有的国家需要获得保护和保护环境的技术及其使用这些技术的能力。考虑

---

① 中国环境报社编译：《迈向21世纪——联合国环境与发展大会文件汇编》，中国环境科学出版社1992年版，第29页。

② 同上书，第9—10页。

"污染者付费"的原则，发达国家帮助发展中国家实现持续发展的能力，既是对人类共同利益的贡献，同时也是对自身利益的一种投资。发达国家与发展中国家都应增加对环境保护的投入。

（3）应妥善处理好环境保护与经济发展的关系，两者应该是辩证统一的，而不是对立的。

（4）它只有在整个国际社会都在积极、有效地参与下才有意义。因此，必须充分考虑发展中国家的特殊情况，特别是在经济发展方面的特殊需要，并且对主要危害发展中国家的环境问题予以足够的重视。

（5）联合国等国际组织必须发挥其在环境与发展方面应有的作用，如达成国际多边协议，以推动国际可持续发展的实现。

（6）要考虑世界各国国家之间政策的协调，建立和实施国与国之间实施可持续发展的行动准则，加强并建立有关可持续发展方面的国际协议，共同合作维护全球共有的财富。

7. 各国应执行的政策内容与含义

（1）在经济政策上，对资源要赋予适当的定价，确定资源的享有权。

（2）在有关国民政策的制定上，要明确优先关注的领域，加大对人类发展的投资。如提供更多、更好的教育、卫生保健和有关的社会服务，提高人类素质是实现可持续发展的根本。

（3）在环境政策制定上，要稳定和改良气候，使农业发展有持续能力，保护生物的多样性。

（4）创造可持续发展的系统。鼓励对减少污染和废物利用的做法，积极进行技术开放与合作。

（二）可持续发展与多边贸易体制

世界贸易组织成立后，可持续发展理论开始被纳入多边贸易体制。

1. 环境保护逐渐为 1947 年关贸总协定重视

（1）1947 年关贸总协定对生态保护有了逐步认识。在 1947 年关贸总协定创立时，环境问题还未提上国际社会的议事日程。1971 年联合国为准备第一次人类环境大会，要求关贸总协定秘书处提交一份书面报告，秘书处准备了一份题目为"工业污染控制和国际贸易"的报告，开始关注生态环境问题。

（2）成立组织，进行专门研究。1971年，关贸总协定设立了"环境措施与国际贸易小组"，但没有真正开展活动。随着环境保护主义者不断批评关贸总协定的规则没有把环境保护问题考虑进去，特别是根据1992年环境与发展大会准备工作的需要，关贸总协定缔约方全体在1991年底开始考虑贸易与环境同关贸总协定体系的内在联系，于是从1991年11月起，该小组开始工作，研究三个议题：同关贸总协定原则和条款相对的多边环境协定中的贸易条款；对贸易可能产生影响的国家环保法规的透明度问题；旨在保护环境的新的包装、标签要求对贸易的影响。此后该小组已召开了十几次环境与贸易方面的研究会。

（3）与1992年的环境与发展大会在处理环境与贸易的关系方面达成了一些共识，其内容如下。

①全力支持《里约环境与发展宣言》《21世纪议程》等。

②环境与贸易密切相关，为了真正实现关贸总协定的宗旨，应努力促使环保、贸易与可持续发展三者相互促进。为此，各国应合作促进一个持续性和开放性的国际经济制度，这个制度将会导致所有国家实现可持续的发展。环境必须成为关贸总协定的一部分。

③每个国家都有权利采取有效的环境措施，以保护本国的环境免受来自自产或进口产品消费和处置造成的损害。但这些措施应遵守关贸总协定的基本原则：非歧视原则、市场开放原则和公平竞争原则。

④为环境目的而采取的贸易政策措施不应成为国际贸易中的一种任意和无理歧视的手段或伪装的限制，应避免在进口国家管辖范围以外单方面采取对付环境挑战的行动。解决跨越国界或全球性环境问题的环境和贸易措施应尽可能以国际协调一致为基础，加强国际合作。

⑤考虑到污染者原则上应该承担污染费用的观点，国家当局应努力促使内部负担环境成本，并且适当照顾到公众利益，而不扭曲国际贸易和投资。

⑥应通过形成一种机制，如特殊的过渡时期、适当的技术和财政援助等鼓励参与多边环境协定的发展中国家。

⑦与贸易有关的环保措施特别是强制性措施应力求透明，为此，关贸总协定应设立"中央通报登记处"（Central Registryon Notification）。

2. 可持续发展正式纳入世贸组织下的多边贸易体制

（1）世贸组织协议序言承认保护环境和持续发展的必要性

在"建立世界贸易组织的马拉喀什协议"中，世贸组织规定了其宗旨，其内容为："本协议各成员，承认其贸易和经济关系的发展，应旨在提高生活水平，保证充分就业和大幅度稳步提高实际收入和有效需求，扩大货物与服务的生产和贸易，为可持续发展之目的最合理地利用世界资源，保护和维护环境，并以符合不同经济发展水平下各自需要的方式，加强采取相应的措施。"

（2）世贸组织实施管理的协议中体现出可持续发展的要求

①《1994 年关贸总协定》与协议中有关环境保护规定

在《1994 年关贸总协定》第 20 条"一般例外"条款中，规定任何成员有权采取"保障人类、动植物的生命或健康所必须的措施"以及"与国内限制生产与消费的措施相配合，为有效保护可能用竭的天然资源的有关措施"。这成为了世贸组织其他协议中环保规范的根据或样板。

"农产品协议"中的相关规定

该协议附录二对某些可以免除削减义务的国内支持进行了规定，在符合一定条件的基础上，包括政府对与环境项目有关的研究和与环保项目有关的基础建设工作提供的服务与支持（附录二第 3 条），以及环保计划下的支付（附录二第 12 条）。

"实施动植物检疫措施的协议"中的有关规定

该协议一开始即"重申不应阻止各成员采纳或实施为保护人类、动物或植物的生命或健康所必须的措施"。但这些措施的实施不应该违反非歧视原则，也不能构成变相的限制。各成员采取的措施应"以科学原理为依据，如无充分的科学依据则不再实施"（第 2 条第 2 款），但可以实施预防措施，即在有关科学依据不足时，根据现有的有关信息，"临时采取某些动植物卫生检疫措施"（第 5 条第 7 款）。

"技术性贸易壁垒协议"中的有关规定

在前言中，该协议也规定了各国可以在其认为适当的程度内采取必要措施，以"保护人类、动物或植物的生命或健康以及保护环境"，只要其对贸易的限制不超过为实现—合法目标所必需的程度（第 2 条第 2 款）。环境保护问题可能构成紧急问题，成为成员采取较为简便的程序以公开或通知其技术规章和标准的理由（第 2 条第 10 款），还可能构成成员认为有关国际标准指南或建议不适用于有关成员的理由（第 5 条第 4 款）。

"补贴与反补贴措施协议"中的相关内容

对于为改造现有设施（新的环境标准提出以前已经使用了两年以上的设施）使之适应法律和/或规章所提出的新的环境要求而提供的资助，在符合一定条件的情况下，即使具有特定性，也可以作为不可申诉的补贴（第 8 条第 2 款 C 项）。这实际上在一定范围内为因环境问题而提供的补贴开了绿灯。

② 《服务贸易总协定》中的有关内容

第 14 条一般例外基本上沿用了关贸总协定一般例外的规定，在第 1 款 b 项中设定了为保护人类、动物或植物的生命或健康而必需的例外。"关于服务贸易和环境的决定"承认为保护环境所采取的必要措施可能与本协定条款相冲突，并要求贸易与环境委员会审查和报告服务贸易与环境之间的关系，包括可持续发展问题，并提出可能的建议，以确定是否需要修改第 14 条。

③ 《与贸易有关的知识产权协定》中的相关内容

如果为了维护公共秩序或道德，包括为了保护人类、动物或植物的生命或健康或避免严重损害环境，必须在其境内组织对这些发明的商业性利用，则各成员可以不授予这些发明以专利权，只要这种行为并不仅仅因为这种利用为其法律所禁止（第 27 条第 2 款）。对于人和动物的诊断、治疗和外科手术方法可以不授予专利。对于除微生物以外的动植物，除了非生物和微生物工艺以外的基本上属于生物工艺的产生的动物或植物的工艺，也可以不授予专利权。对于植物品种，各成员应该提供专利保护或一种专门有效的制度保护或将两者综合予以保护（第 27 条第 3 款）。

④ "政府采购协议"中的有关内容

规定有类似于关贸总协定一般例外的条款（第 23 条第 2 款）。

（3）世贸组织正式成立贸易与环境委员会

1995 年初，世界贸易组织总理事会正式成立了一个贸易与环境委员会。

该委员会广泛的职责范围包括多边贸易体系的所有领域——货物、服务和知识产权。它的目标是：为促进持续发展而明确贸易措施和环境措施之间的关系，为多边贸易体系的规定是否应该修改提供适当的建议。两个重要的前提指导着委员会的工作：一是，世界贸易组织在该领域的政策协调的职权仅限于贸易；二是，如果政策协调中出现的问题是通过世贸组织的工作认定的话，它们必须在支持和保障多边贸易体系的基础上加以解决。委员会在 1996 年年底向世界贸易组织部长级会议的第一次会议提交一个工作报告。

该委员会在工作计划中首先考虑如下 7 个主要问题。

①多边贸易体系条款与为达到环境目标的贸易措施（包括那些依据多边环境协定制定的措施）之间的关系。

②与贸易有关的环境政策和产生重大贸易影响的环境措施与多边贸易体系条款的关系。

③多边贸易体系条款与下列问题的关心：为达到环境目的的收费和税收；为达到环境目的而与产品的有关要求，包括标准与技术规定、包装、标签和循环使用。

④多边贸易体系条款与那些用于环境目的和对贸易产生重大影响的环境措施和要求的透明度的关系。

⑤多边贸易体系中的争端解决机制与多边环境协定中的争端解决机制的关系。

⑥环境措施对市场准入，特别是对发展中国家，尤其是对其中的最不发达国家的影响，以及消除贸易限制和扭曲所带来的环境利益。

⑦国内禁止产品的出口问题。该委员会认为，服务贸易和环境决议制定出的工作计划同与贸易有关的条款是其工作中不可分割的一部分。

浅论"世界政治和经济"的研究对象[*]

中共中央关于改革学校思想品德和政治理论课程教学的通知中指出："应向学生介绍当代世界政治经济的基本状况，国际关系的基础知识，帮助学生开阔视野，使他们在对外开放的环境下有坚定的立场和较强的适应力。"① 根据文件精神，国家教育部把"世界政治和经济"作为一门独立课程列入高校政治理论课，作为政治理论课改革的重要内容。与此相应，中央有关部门在干部教育中也加强了关于国际问题方面的教学，在教育计划中列入"世界政治和经济"的课程。这是改革开放大背景的要求，是干部教育中的一项改革。

"世界政治和经济"要成为一门区别于其他学科的独立的学科课程，必须要有独立的、具有特殊的矛盾性的、不同于其他学科的研究对象。毛泽东同志指出，科学学科的区分，就是根据具有特殊的矛盾性的不同研究对象。② 因此，有没有独立的研究对象，是"世界政治和经济"能不能成为一门独立课程的前提。

一　研究对象

我们知道，与"世界政治和经济"相近的学科有世界经济学、国际政治学、国际关系学等。我们这门"世界政治和经济"的课程，不是上述三门课程简单的相加，而是上述三门课程有机组合而形成的一门交叉学

＊ 本文为《世界政治和经济概论》（中国财经出版社 1995 年版）一书的绪论。收入本书时作了个别文字调整。

①　中发〔1985〕18 号文件 1985 年 8 月 1 日。

②　参见《毛泽东选集》一卷本，1964 年版，284 页。

科。作为一门独立学科课程，它具有特定的研究对象。它比这三门学科具有更高的概括性和抽象层次。

我们这门学科的研究对象是什么呢？这门课的研究对象，就是国际社会的行为主体与国际社会整体之间的相互关系及其发展规律。具体地说，就是研究国际社会中的个别与整体之间的关系。所谓个别，是指国际社会中具有国际行为能力的行为主体。所谓整体，即作为有机整体的国际社会。在研究过程中，我们势必要涉及国际社会行为主体（即个别）和国际社会整体（即一般）。但是，我们主要不是分别、单独地研究这两方面的问题，而是研究使这两个方面相互联结、相互影响、相互融通的内在机制和发展规律。从研究思路来讲，无非是两条：一是从个别到一般的过程，即研究各个行为主体是怎样相互联系、相互作用而形成国际社会整体的。各类行为主体之间力量对比的变化又是如何推动国际社会发展的；另一个则是从一般到个别的过程，即研究作为整体的国际社会，它的独立的运动规律和全球利益又是怎样影响各类行为主体的相互关系和发展变化的。联系个别来研究整体，从整体出发来研究个别，便是这门学科研究对象和方法论的基本特点，是它区别于其他学科的特殊性。

从研究层次来讲，这门学科要涉及国际社会行为主体、国际社会行为主体之间的相互关系、作为整体的国际社会这三个层次的内容。

第一，各类国际社会行为主体的地位和作用。

国际社会行为主体包括主权国家、国际组织、跨国组织等。其中主权国家是组成国际社会的基本单位，是国际社会中主要的行为主体。作为国际社会的行为主体，必须具备三个条件：必须具备独立参加国际活动的能力；必须具有承担国际义务和权力的能力；必须是有组织机构的集合体，不是单个的自然人，也不是公司的法人代表。国际社会行为主体是组成国际社会的细胞，对行为主体的研究，是对整个国际社会研究的起点。但是，应该注意的是，我们在这里是把国际社会行为主体作为国际社会的细胞，作为有机组成部分来研究的。我们侧重于研究它们在国际社会中的地位与作用，研究不同类型的行为主体在参与国际活动中的共性和差别，而不是研究这些行为主体内部的制度、构成、性质等问题。这与国别经济学、国别政治学、国际组织学等学科是不同的。

第二，国际社会行为主体之间的相互关系。

国际社会行为主体之间的相互关系，其中尤其是主权国家之间的相互关系，是国际社会活动的主要内容，也是"世界政治和经济"这门学科研究的主要内容。世界上各个主权国家是通过各种经济、政治、文化等相互关系的纽带连接起来的，通过这些纽带，它们构成了有机结合的国际社会整体。

国际社会行为主体之间的相互关系林林总总、错综复杂。我们不是要把这所有的国际关系都列入我们研究的视野。我们这门学科所要研究的，是直接关联到世界政治经济总体格局的国际关系。这些国际关系一般具有以下特点。

1. 直接与这个时期的世界的基本矛盾问题相联系；

2. 一般指发生在不同类型的国家之间的相互关系，以及同一类型国家之间相互关系中的主要部分；

3. 往往直接影响着世界重要政治经济力量对比的变化，影响面和波及的范围较广。

从上述内容可以看出，"世界政治与经济"这门学科与国际关系学是有区别的。

第三，作为有机整体的国际社会的性质、特征及发展规律。

作为有机整体的国际社会，它的性质与特征取决于国际社会中各种行为主体的性质以及它们之间的力量对比。一般来说，一些占主导地位的国家的性质往往要起决定性的作用。除此之外，还有一些因素不是对单个的国家发生作用，而是对整个国际社会发生作用的，这些因素对整个国际社会的性质、特征、发展变化起着重要作用。例如，新科学技术的发明和推广，政治文化意识的变化，种族与民族问题，世界南北关系，等等。还有一些重要的发展规律，如世界政治经济发展不平衡规律、世界政治与世界经济的辩证关系的规律、在世界范围内社会主义必然取代资本主义的规律，也在整个国际社会发展中发挥支配作用或重要作用。

"世界政治与经济"这门学科研究对象中三层次的内容是相互联系、相互结合、相互渗透的，三者不可或缺，也不可把它们相互隔离。因为：

首先，对国际行为主体的研究是这门学科研究的基础。如果没有对主权国家和其他行为主体的研究，就不可能真正了解国际社会整体。一个国家的内部制度与它的对外关系之间是根与叶、源与流的关系，一个国家的对外政策实质上就是它的社会制度的对外延伸。有的非国家行为主体，如国际组织，它本身就是国家之间相互关系发展到一定阶段上的产物。国际组织内部的力量对比的变化、组织制度的更新，本身就是国家之间相互关系发展变化的反映和结果。

其次，对行为主体之间相互关系的研究，是本学科研究的主体部分和主要内容。国际社会就是国际关系的总和，离开对国际行为主体之间相互关系的研究，就无从研究国际社会整体。对主权国家来讲，国际关系又是它们生存、发展的外部环境。在当今历史条件下，任何国家如果不考虑自身的外部环境，就无法迅速发展本国的经济和政治。所以，不研究国际关系，对主权国家的研究是残缺不全的。

最后，对国际社会整体的研究，是这门学科全部研究的最后总结。只有了解国际社会整体的发展规律，才能以高屋建瓴之势，通观世界全局，把握国际社会以及各类主权国家发展变化的主要脉络。才不致产生那种拘泥于眼前的、局部的事变，把握不住国际社会发展变化大趋势的现象。

在"世界政治与经济"这门学科研究对象的问题上，国内理论界存在不同的看法。国内学者的观点主要有以下几种：（1）认为研究对象是国际社会整体；（2）认为研究对象是"世界格局"，即国际社会各种主要力量对比所形成的均衡态势；（3）认为主要研究国际关系，包括国际政治关系、国际经济关系、国际文化关系等；（4）认为本学科是国别政治学、国别经济学两门学科的相加，或者是世界经济学与国际政治学的相加。以上各种观点都有自己的特色，有许多观点确有独到之处，能给人以启迪，使人耳目一新。不必讳言，上述观点也有各自的缺陷或不足之处。当然，关于这门学科的研究对象问题，还有待于理论界的进一步探讨与研究，在不同观点的争论中，这门新兴学科必然会进一步发展和成熟。

二　这门学科的地位

"世界政治与经济"这门学科，是以马克思主义为指导的一门社会科学学科，是马克思主义理论的一个组成部分。

马克思、恩格斯等革命导师对国际社会、国家体系等国际问题的论述十分丰富。马克思、恩格斯在《共产主义原理》《共产党宣言》《哥达纲领批判》等著作中多次讲到国际社会产生的必然性。他们讲到"大工业便把世界各国人民互相联系起来，把所有地方性的小市场联合成为一个世界市场，到处为文明的进步准备好地盘，使各文明国家里发生的一切必然影响到其余各国"。① 在这种条件下，民族国家在经济上"处在'世界市场的范围内'，而在政治上则处在'国家体系的范围内'"②。

列宁对这一问题进行了更深入的阐述，他指出，"我们不仅生活在单个的国家中，而且生活在一定的国家体系中"③。我们必须研究整个国际社会，"应当在欧洲各国的经济和政治关系中把握整个欧洲国家体系的全部政治"④。

列宁进一步阐述了无产阶级的国际原则。他先后提出的有关原则主要有：和平和民主的原则，即反对一切帝国主义战争，大小国家和各民族在保证主权和领土完整的基础上一律平等；和平共处原则，即不同社会制度的国家应在和平的基础上，发展经济合作和相互来往；互不干涉内政原则，相互尊重主权完整和互不干涉内政是不同社会制度国家和平共处的政治基础，要反对一切殖民主义、霸权主义和民族沙文主义。

由上述内容可以看出，问题不是马克思主义有没有关于国际问题的理论的问题，而是这一理论的内容十分丰富，我们应该如何学习和应用这些理论的问题。马克思主义的有关理论，是我们学习这门课程的指导思想和理论武器，是须臾不能离开的精神支柱。除了这一根本特点以外，这门学科还具有以下特色：

第一，综合性极强。它不仅涉及到世界经济、国际政治、国际关系等课程的内容，还涉及其他许多学科的内容，它是多个学科交叉形成的边缘学科，涉猎面很广。

第二，理论性很强。这门学科不是国际形势报告或国外情况介绍，而

---

① 《马克思、恩格斯选集》第 1 卷，第 214 页。
② 《马克思、恩格斯选集》第 3 卷，第 15 页。
③ 《列宁全集》第 47 卷，第 523 页，人民出版社 1990 年版。
④ 《列宁全集》（俄文版）第 32 卷，第 80 页。

是要对国际社会进行全面的、综合性的理论分析，探讨国际社会发展变化的内在规律和发展趋势，这就需要我们真正能掌握马克思主义的立场、观点和方法，具有较高的理论修养。

第三，对理论联系实际的要求较高。学习这门课程，不仅要把握马克思主义的基本理论，掌握马克思主义的立场、观点和方法，还要密切注视国际社会各种事态的发展变化，从大量的、复杂的事变中抓住事物的本质。我们须时刻把马克思主义的基本理论和国际社会的实际相结合。只有这样，才能使研究工作卓有成效。

第四，政策性很强。学习和研究这门学科，要坚持无产阶级的阶级立场和党性原则，要坚持把爱国主义和国际主义结合起来的原则，要大胆地介绍国外的有关情况和值得我们借鉴的经验，又要防止哗众取宠、信口开河，脱离健康的研究轨道。使我们的学习和研究工作，紧紧围绕建设有中国特色的社会主义这个中心，服务于我国的改革和开放。

在作了上述说明之后，还要解决这样一个问题："世界政治和经济"这门学科与其他社会科学的关系如何？这门学科与世界经济学、国际政治学与科学社会主义三门学科的关系比较紧密。因此，我们着重把它们之间的关系作简要的说明。

"世界政治和经济"与世界经济学、国际政治学之间的关系如何呢？

一般来说，世界经济学研究的是由各国国民经济通过它们之间的相互联系而形成的世界经济体系，国际政治学的研究对象则是由国家与国家、国际组织与国际组织之间的相互关系，其中主要是政治关系所构成的世界政治体系。"世界政治和经济"这门学科所研究的则是由世界经济体系和世界政治体系通过有机组合而形成的统一的国际社会内整体与局部的关系。显然，对世界经济与国际政治的研究，是研究统一的国际社会的发展规律的基础。在研究统一的国际社会时，要运用世界经济学和国际政治学的方法论以及它们所揭示的原理。对世界经济与国际政治研究的深化，必然促进对统一的国际社会的研究。然而，要真正了解整个国际社会，仅仅分别地研究世界经济和国际政治是不够的。因为这样做尚不能解决以下问题：

第一，世界经济体系与世界政治体系的相互关系。一般来说，世界经济体系是世界政治体系的基础，世界经济体系发展的方向决定世界政治体系发展的方向，世界经济格局的变革是世界政治格局变革的最终原因。而世界政治体系则是世界经济体系的集中表现，它又反作用于世界经济体系，对世界经济体系发生较大的调节作用，在一定条件下还会发挥决定性的作用。

第二，从经济关系与政治关系的结合上，总体考察各种国家的国际地位及它们的相互关系。由于各国的对外经济关系和对外政治关系已经不可分割，这种结合性研究十分必要。

第三，对世界政治经济总体格局的研究。如果我们在研究国内问题时，仅仅分别研究了社会的经济基础与上层建筑，仍然不能全面地了解整个社会制度。必须在上述研究的基础上，把经济基础与上层建筑联系起来，完整地研究整个社会形态，才能全面地、完整地把握整个社会制度。对国际问题的研究也是如此，必须把世界上的经济关系与政治关系结合起来作总体研究，才能全面地、系统地把握整个国际社会中的社会关系和总体格局。

第四，对作为整体的国际社会发展规律的研究。世界经济学和国际政治学分别研究了整个国际社会的经济运动规律与政治关系发展的规律，这些运动规律是整个国际社会发展规律的重要组成部分。但是，一些跨越政治和经济领域的理论问题，如关于时代及时代发展规律的问题，关于科学技术促进国际社会发展作用的问题，等等。在国际问题研究中，对这些问题的研究属于较高的层次，应该是"世界政治和经济"这门学科所要解决的问题。可见，"世界政治和经济"的研究对象具有它本身的独立性和特殊性，世界经济学和国际政治学是不能越俎代庖的。而且，由于"世界政治和经济"是对世界政治经济问题的总体研究，它对于世界经济学，国际政治学等关于国际问题的学科研究也有某种提纲挈领的推动作用。

也许有人会问：能不能把世界经济学与国际政治学统统包容在"世界政治和经济"这门学科里面，以"世界政治和经济"取代这两门学科呢？我们认为不能这样做。因为，世界经济学和国际政治学都有它们各自独立的研究对象，"世界政治和经济"是不能被它们取而代之的。例如，世界经济学要研究世界市场、国际货币体系、国际经济调节等问题，国际政治学则要研究各类国家对外关系的战略、外交关系的演变等问题，由于世界政治和经济研究的是世界政治经济关系的总体，它不可能把这些比较具体的国际关系统统纳入自己的研究对象。"世界政治和经济"绝对不是把所有国际问题统统都包容进来的包罗万象的学科。世界上并不存在某种包罗万象的科学体系，如果有，那只能是某种伪科学或宗教教义。

"世界政治和经济"与科学社会主义之间的关系如何呢？

大家知道，科学社会主义是一门把经济基础和上层建筑结合起来研究社会发展规律的学科。"世界政治和经济"是把经济基础和上层建筑结合起来研究国际社会发展规律的学科，它与科学社会主义之间有着密切的联系。简言之，"世界政治和经济"是科学社会主义的分支学科，是科学社会主义理论在国际问题方面的具体运用。科学社会主义中关于时代的学说、关于当代阶级结构的学说等，既是"世界政治和经济"的理论前提，又是它的重要组成部分。科学社会主义研究人类社会发展规律，当然也涉及国际社会的发展问题。但是，它与"世界政治和经济"对国际社会的研究有区别。这种区别主要有：

第一，科学社会主义研究的对象是社会制度的发展规律，不仅包括一个国家范围内社会制度的发展规律，也包括世界范围内社会制度的发展规律。它在涉及国际社会时，是把国际社会视作不同社会制度的总体，科学社会主义并不涉及具体的国际关系等问题。而"世界政治和经济"是把世界作为不同国家的政治与经济的有机结合来研究的，它要研究不同社会制度并存的情况下国际社会发展变化的规律，不同类型国家的国际地位与作用以及国家之间的关系。因此，科学社会主义的抽象层次较高，"世界政治和经济"抽象层次较低。

第二，科学社会主义研究的是社会主义制度取代资本主义制度的规律，也就是由资本主义时代过渡到社会主义时代的时代变更的规律，而"世界政治和经济"研究在特定时代条件下世界政治经济格局的演变规律，研究对象的时间跨度比科学社会主义要短。

三　学习目的和方法

通过对这门课程的学习，要达到以下目的：

第一，掌握正确分析世界政治经济形势的基本理论。

国际问题十分复杂，形势动荡不安，风云变幻无穷，国际关系盘根错节，常常令人眼花缭乱，无所适从。我们要通过这门课的学习，学会运用唯物史观和阶级观点来分析世界形势，善于分析世界的主要矛盾和进步力量，了解世界政治经济的总体格局，从总体上把握世界各种力量的对比及其发展变化的规律，在错综复杂的国际形势中能够保持清醒的头脑，坚定社会主义必然在全世界取代资本主义的信念。

第二，更好地实行对外开放的方针。

对外开放已成为我国的既定方针。在当前，我国的国民经济与世界经济日益紧密地联系在一起，我国的政治生活和其他社会生活，也与整个世界的形势密切相关。因此，我们必须了解世界政治经济关系发展的总趋势，了解我国在世界政治经济总体格局中的地位和作用，才能够正确地选择和执行开展对外关系的政策与措施，促进我国与其他国家友好往来，形成一个有利于社会主义事业发展的国际环境。

第三，借鉴国外经验，促进我国的社会主义建设事业。

每个国家和民族，都有自己的长处。我们必须善于学习和吸取其他国家与民族的长处，洋为中用，促进我国的社会主义建设事业。我国是社会主义国家，其他社会主义国家发展生产资料公有制、实行经济体制与政治体制改革、提高生产力水平的经验值得我们借鉴。我国又是发展中国家，生产力水平比较低下，在经济水平上与其他发展中国家具有共同点，因而，其他发展中国家发展国民经济、实现经济起飞的经验对我国也有借鉴意义。例如，他们在发展生产力、企业管理、社会管理、环境治理等方面都具有较高的水平。我们只有广采众家之长，才能促进我国社会主义建设事业更快地向前发展。

学习"世界政治和经济"最根本的方法是理论联系实际，一定要从实际出发，掌握大量的实际材料，实事求是地研究世界政治经济格局及其演变，探索世界发展的规律。而不是从抽象的范畴、定理或主观臆想出发来推断世界形势。除此之外，在学习中我们还必须运用以下科学方法：

第一，历史唯物主义方法。

历史唯物主义方法是我们学习和研究关于国际问题的理论的主要方法。历史唯物主义是从人类社会的总体上来揭示社会的本质及其发展的一般规律的。研究世界政治经济离不开人类社会发展的总进程和总规律。运用这个方法来学习和研究世界政治经济，必须树立以下观点：

1. 历史的观点。马克思曾经指出，"我的观点是：社会经济形态的发展是一种自然历史过程。不管个人在主观上怎样超脱各种关系，他在社会意义上总是这些关系的产物"。① 这就是说，人类社会的发展，是一个不以人的意志为转移的历史过程。世界政治经济格局也是这样。它是一个历史范畴。它是人类社会发展到一定阶段上的产物，并且随着生产方式的发展从较低的形式发展到较高级的形式，这是一个不以人的意志为转移的过程。

2. 生产力是人类社会发展最终动力的观点。世界政治经济格局，是生产力和生产关系、经济基础与上层建筑有机结合而形成的。因此，必须从生产力与生产关系、经济基础与上层建筑的辩证关系来研究世界政治经济关系。一方面要看到生产力对生产关系、经济基础对上层建筑的决定作用；另一方面也要看到生产关系对生产力、上层建筑对经济基础的反作用。

3. 事物是矛盾对立统一体的观点。世界政治经济格局是个矛盾的对立统一体。这有两重含义：一方面，世界政治经济格局是各国政治经济体系的有机统一体；另一方面，它又是世界经济关系与国际政治关系的有机的统一体。我们既要看到它的统一性，要看到各国之间、世界经济关系与国际政治关系之间相互联系和渗透，相互统一和融合的一面，同时也要看到这个统一体内充满着各种各样的矛盾，不同的矛盾方面相互对立、相互斗争、相互制约的一面。看不到世界政治经济关系的统一性，就不能正确地分析和研究世界发展的规律；只看到统一性，看不到世界政治经济的矛盾性，认为世界已经"一体化"，已是十分和谐的整体，就会看不到社会主义制度与资本主义制度、世界进步力量与反动力量之间的斗争，在处理对外事务的工作中必然会丧失应有的警惕和迷失方向。

4. 阶级的观点。世界政治经济关系的主要行为主体是国家，国家是有阶级性的。国家之间的关系，究其本质来说，仍是阶级之间的关系。在世界范围内，无产阶级与资产阶级的矛盾主要表现为两种社会制度与两种意识形态之间的斗争。当前，国际之间的阶级关系日益复杂，它不仅表现

---

① 《马克思恩格斯全集》第 23 卷，人民出版社 1973 年版，第 12 页。

在国家关系中，也表现在民族关系、地区之间的关系、国际组织内部的关系、宗教关系等诸方面。阶级观点作为马克思主义的基本观点，仍然是我们观察和分析错综复杂的国际问题的重要方法论。

5. 民族的观点。民族划分是国际社会中的一个主要区分。在国际社会中，任何国家在代表统治阶级的利益的同时，也必然代表某种民族利益。马克思主义者历来重视民族问题在国际社会生活中的重要作用。我们不仅要承认不同制度的国家之间存在着民族利益的矛盾，也要承认相同制度的国家之间的民族利益的矛盾。甚至在社会主义国家之间，如果不能正确处理民族矛盾的话，也会发生侵犯和损害他国利益的情况。马克思主义还认为，进步的民族运动能够促进世界历史发展的进程。例如，当代的民族独立运动就有力地促进帝国主义殖民体系分崩离析，加速了帝国主义走向灭亡的进程。然而，落后的、反动的民族沙文主义却是世界历史前进的绊脚石，必须加以清除。作为马克思主义者，在观察分析国际形势时，也必须重视民族利益的问题，把民族利益与阶级利益结合起来，把爱国主义和国际主义结合起来，反对民族沙文主义，正确处理国际关系。

第二，系统分析的方法。

所谓系统分析的方法，就是要把握事物之间的联系。既要掌握不同事物之间的横向联系，也要掌握每一事物的历史和现状的纵向联系。也就是说，在分析当前世界格局时，既要看到不同国家之间，政治、经济、文化诸因素之间的联系，又要看到这种世界格局的历史演变过程，只有这样，才能从总体上把握整个世界政治经济的结构，找到它的发展规律。必须树立全球的观点。也就是说，世界上除了阶级利益、民族利益之外，还有全人类的共同利益，即全球利益。全球利益体现了无产阶级的长远的和全局的利益。因为，无产阶级只有解放全人类，才能最后解放无产阶级自己。从这一点来说，全球利益又具有阶级性。全球利益是超越一切国家利益与民族利益的，它集中地表现在不同国家、不同民族之间相互依存、共同繁荣的关系之中。例如，我们整个国际社会都有权从全球利益出发，要求和促成超级大国之间达成关于销毁中程导弹以致消灭一切核武器的协议。树立了全球观点，才能正确地分析和处置各种国家利益与民族利益，把它们有机地统一起来。

第三，比较分析的方法。

　　毛泽东同志曾经说过："有比较才有鉴别，有鉴别，有斗争，才能发展。"① 世界上的现象千差万别，各个国家、各个民族的生产力发展水平、社会制度、文化传统、地理环境等都各不相同。必须对它们进行比较分析、分门归类，才能看清国际社会的基本结构和本质的联系。当然，进行比较分析，必须以马克思主义的基本立场、观点和方法为基础。没有正确的立场与观点，就难以找到比较和分类的正确标准，难以得出科学的结论。

---

① 《毛泽东选集》第 3 卷，人民出版社 1977 年版，第 416 页。

中国特色对外开放理论的形成与发展[*]

新中国成立之后，中国人民在中国共产党的领导下，把马克思主义理论和中国社会主义建设的实践相结合，形成了有中国特色的对外开放理论。有中国特色的对外开放理论的发展大体上可以划分为毛泽东对外开放的思想、邓小平对外开放理论等若干阶段。每一个发展阶段的理论都是当时党的主要领导人和党中央的集体智慧的结晶，是党中央领导下全党和全国人民共同实践和探索的理论概括。

第一节　毛泽东关于对外开放的理论

一　毛泽东对外开放思想的形成与发展

毛泽东对外开放理论的发展，可以划分为三个阶段，即探索形成的阶段，以新中国成立前党的七大上的政治报告《论联合政府》为标志；丰富发展阶段，以《论十大关系》一文为标志；曲折发展阶段，以"三个世界理论"的提出为标志。

（一）《论联合政府》中提出利用外资发展战后经济的思想

党的"七大"前，毛泽东对战后中国经济进行了认真的分析，他认为："中国战后最急需的是发展经济。"要实现工业化，光靠自己是不够的，必须把目光投向国外，并提出争取外援主要是利用外资的思想。

毛泽东把有可能对中国援助的国家进行了比较，得出美国是战后援助中国经济建设的"最适合"仅有的国家的结论。他说："美国不仅是援助

---

　　* 本文为《互利共赢：完善开放型经济体系的新思维》（浙江人民出版社 2009 年版）第二章的内容。

中国发展经济的最适合的国家，它也是能够充分参加中国经济的仅有的国家。"① 他认为苏联"在战争期间损失惨重，战后会忙于自己的重建工作"。其他国家也有战后重建的任务，而美国没有因战争破坏而引起的国内重建问题，其拥有投资资金和必需的技术人员，资本可以大量输出，海上交通又比苏联方便，苏联在援助中国战后经济重建上不如美国有能力。就美国自身利益来讲："美国要为战时庞大的生产力寻求市场，中国也是最有吸引力的地方之一。"毛泽东说："就国家而言，美苏英与中国关系最大，尤以美为最密切，要求全党应特别做好英美，尤其是美国的工作。"② 在此基础上，毛泽东提出了对美开放的基本思想。

1945 年 4 月，中共七大正式把发展与西方国家的经济关系，重点是利用外资作为战后中国的一项重要政策。毛泽东在大会的政治报告中具体阐述了这一政策。他说："为着发展工业，需要大批资本。从什么地方来呢？不外两个方面，主要地依靠中国人民自己积累资本，同时借助于外援。在服从中国法令，有利于中国经济的条件下，外国投资是我们所欢迎的。"③ 毛泽东批评了一些人的模糊认识，说："有些人不了解共产党人为什么不但不怕资本主义，反而在一定的条件下提倡它的发展。我们的回答是这样简单，拿资本主义的某种发展去代替外国帝国主义和本国封建主义的压迫，不但是一个进步，而且是一个不可避免的过程。它不但有利于资产阶级，同时也有利于无产阶级，或者说更有利于无产阶级。"④

党的"七大"前后，毛泽东有关对美开放思想及一系列利用外资的政策、规定，说明了中共对外开放的意志和信心，表现了毛泽东和中国共产党人利用外资的思想已达到相当成熟的阶段。

（二）《论十大关系》中，提出"向外国学习"的思想

1956 年 4 月，毛泽东《论十大关系》等文章的发表，提出："向外国学习"的思想，他指出："我们的方针是，一切民族，一切国家的长处都要学，政治、经济、科学、技术、文化、艺术的一切真正好的东西都要学。但是，必须有分析有批判地学，不能盲目地学，不能一切照抄、机械

① 选自《在中国失掉的机会》，第 327、260 页。
② 选自《中共中央文件选集》第 12 册，第 573 页。
③ 选自《毛泽东思想发展史》，第 8 页。
④ 选自《中共中央文件选集》第 15 册，第 264 页。

搬运。"① 这一观点，纠正了党内外在对外开放过程中的"左"或右的糊涂观念，扩大了对外开放的范围和领域，标志着毛泽东对外开放思想的成熟。

毛泽东说"我们提出向外国学习的口号，我想是提得对的"。"每一个民族都有它的长处，不然它为什么能存在？为什么能发展？同时，每个民族也都有它的短处。有人认为社会主义就了不起，一点缺点也没有了。哪有这个事，应当承认，总是有优点和缺点这两点。"② 毛泽东特别指出："外国资产阶级的一切腐败制度和思想作风，我们要坚决抵制和批判，但是并不是妨碍我们去学习资本主义国家的先进的科学技术和企业管理方法中合乎科学的方面。工业发达国家的企业，用人少，效率高，会做生意，这些都应当有原则地好好学过来，以利于改进我们的工作。"③ 向西方国家学习，就是学习西方国家先进的科学技术和企业管理的经验，包括政治、经济、文化方面进步的东西都可以学。毛泽东说："要在中国的基础上面吸收外国的东西"。"吸收外国的东西，要把它改变，变成中国的。"④ "外国有用的东西都要学到，用来改进和发扬中国的东西，创造中国独特的新东西。"毛泽东提出向资本主义国家学习问题，特别是提出学习西方资本主义国家政治文化中的先进思想，是十分大胆和难能可贵的。

在强调学习资本主义国家的先进东西的同时，毛泽东也强调要发展与资本主义国家的经济关系。毛泽东说："西方国家发展了资本主义，在历史上是起了作用的。"⑤ 发展与资本主义国家的经济关系，首先是发展贸易关系。此外，毛泽东还提出了利用资本主义国家外资的思想。1956 年，毛泽东到广东视察时对陶铸说："敞开大门，引进外资，这个想法很好。"⑥ 他要求广东省委写个报告，以便中央研究。同年 12 月 27 日，毛泽东在与民主建国会全国工商联负责人谈话时进一步明确指出要利用华侨投资。他说："华侨投资 20 年、100 年不要没收，可以开投资公司，还本

① 选自《毛泽东著作选读》（下册），人民出版社 1986 年版，第 740 页。

② 同上书，第 753 页。

③ 同上书，第 747 页。

④ 同上书，第 740 页。

⑤ 选自《毛泽东、邓小平与对外开放》，第 118 页。

⑥ 选自《毛泽东著作选读》（下册），人民出版社 1986 年版，第 753、747 页。

付息，可以消灭资本主义，又搞点资本主义。"①

毛泽东《论十大关系》等重要文章的发表，使党内外思想上、政治上摆脱了发展与资本主义国家经济文化关系的束缚，它不仅反映了毛泽东和中国共产党人一方面主张发展苏联、东欧国家的经济文化关系；另一方面又强调大力发展与资本主义国家经济文化关系的全面对外开放思想的形成，更重要的是中国共产党提出了反映中国客观经济规律，适合中国发展的自己的建设路线，这是我们社会主义建设认识史上的一个历史性的转折。

（三）"三个世界划分"理论，提出向西方国家开放的思想

进入 20 世纪 70 年代，随着世界格局的变化，毛泽东提出了著名的"三个世界划分"的论断。1973 年 6 月 22 日，毛泽东在会见马里国家元首特拉奥雷时指出："我们都是叫第三世界，就是叫做发展中国家。"② 毛泽东把处于美苏两个超级大国和发展中国家的资本主义发达国家称为"中间派"，可以争取的力量。他说："要争取他们，如英国、法国、西德等。"毛泽东划分三个世界的战略，作为中国制定和调整对外政策的指导思想，顺应了当时历史发展的客观需要。1973 年 6 月，毛泽东说："无论怎么样，这些西方资本主义国家是创造了文化，创造了科学、创造了工作。现在我们第三世界可以利用他们的科学、工业、文化、包括语言一切好的部分。"③

1975 年 8 月，中共中央转发了《关于科技工作的几个问题》的文件，文件指出："我们的基点是放在自力更生上，但讲自力更生，不能变成闭关自守，变成排外，""我们的科学技术同世界先进水平比，还有不少差距，什么都是外国的好，这是错误的，不敢介绍外国的长处，不去正视差距，也是不对的。承认差距是为了加紧努力，消灭差距。""要学鲁迅先生说'拿来主义'把外国的先进技术拿来为我所用。"文件还指出："为了争取时间，争取速度，我们有必要从国外引进一些先进技术，先进设备。引进是为了借鉴，为了促进我们自己的创造，而不是代替我们自己的

---

①　选自《毛泽东经济年谱》，第 124 页。

②　选自《毛泽东思想发展史》，第 840 页。

③　选自《中国共产党执政四十年》，中央党史资料出版社，第 363 页。

创造。"

二　对外开放理论的主要内容

(一) 要吸收利用外国资金

毛泽东阐述了利用外资的重要性。1945 年 3 月 13 日，毛泽东同美国军事观察组成员谢伟思谈话时又指出："中国战后的最大需要是发展经济。但中国缺乏独立完成这一任务的必要的资本主义的基础。中国的生活水平这么低，不能采用进一步降低生活水平的办法来筹措所需要的资金。"所以，"战争结束后，恰当地对待资本是一件互利的事情。这不但适用中国的资本，而且也适用于外国资本。私人资本必须得到广泛、自由发展的机会"①。"应该看到，中国是一个经济落后的国家，因而它必须经历漫长的民主管理的私人企业时期。"② 这样，毛泽东就从党利用资本主义发展经济的基本政策上，深刻地阐明了我国必须大规模利用外资的历史必然性和必要性。

毛泽东认为利用外资是一个相当长时期内发展经济的好途径。在中共"七大"上，毛泽东指出：阻碍中国社会进步和经济发展的是帝国主义和封建主义，而不是资本主义。要发展中国经济，必须利用本国资本和外国资本。毛泽东进一步指出：为着发展工业，需要大批资本。从什么地方来呢？不外两方面：主要地依靠中国人民自己积累资本，同时借助于外援。在服从中国法令，有益中国经济的条件之下，外国投资是我们所欢迎的。③

毛泽东还阐述了利用外资应遵循的原则和方式。1946 年 5 月 3 日，毛泽东和中共中央根据当时的国内外条件，发出了《关于解放区外交方面的指示》，指出我们应采取和美国及英、法各国实行通商及经济合作的方针。"在两利的原则下，我们政府及商业机关应和外国商人以及外国政府直接订阅一些经济契约，吸收外资来开发山东的富源，建立工厂，发展交通，进行海外贸易与提高农业和手工业。"④ "在解放区美国经济事业的

---

① 《若干重大决策与事件回顾》，第 42 页。
② 选自《中共中央文件选集》(1949 年)。
③ 《毛泽东选集》第 4 卷，第 1435 页。
④ 同上书，第 1473 页。

发展，须由我们的同意和赞成。"①"在订立契约时，只要避免不致因此而受垄断、受控制及受外界政治上的攻击"，"即应放手订立，允许外国人来经商开矿及建立工厂，或与中国人合作来经营工矿"。②

（二）主张发展对外经贸关系

在中华人民共和国即将成立的前夕，毛泽东在中共七届二中全会上明确阐述了新中国对外贸易的政策："关于同外国人做生意，那是没有问题的，有生意就得做，并且现在已经开始做，几个资本主义国家的商人正在互相竞争。我们必须尽可能地首先同社会主义国家和人民民主国家做生意，同时也要同资本主义国家做生意。"③ 1954 年 8 月，毛泽东在会见英国工党代表团时指出："我们和你们也可以合作。""我们这类国家，如中国和苏联，主要依靠国内市场，而不是国外市场。这并不是说不要国外联系，不做生意，不需要联系，需要做生意，不要孤立。有两个基本条件使我们完全可以合作，一、都要和平，不愿打仗；二、各人搞自己的建设，因此也要做生意。和平、通商，这总是可以取得同意的。"④

（三）主张学习外国先进科学技术和管理经验

毛泽东在 1956 年的《中共中央政治局扩大会议上的总结讲话》《论十大关系》《同音乐工作者的谈话》《中国共产党第八次代表大会开幕词》等讲话和报告中，连续阐述向外国学习的重要性。他认为，新中国诞生后，中国才真正开始现代化建设，但与工业发达国家的水平相距甚远。中华民族要弥补失去的岁月，迎接历史的挑战，必须努力向一切民族、一切国家学习。他特别强调四点：一是既要重视向外国学习科学的原理，也要重视学习具体的科学技术知识。他还列举了如医学，细菌学、生物化学、解剖学、病理学等学科，这些都要学。二是既要学习西方的科学技术，也要学习他们的管理方法。他指出："外国资产阶级的一切腐朽制度和思想作风，我们要坚决抵制和批判。但是，这并不妨碍我们去学习资本主义国家的先进的科学技术和企业管理方法中合乎科学的方面。工业发达国家的企业，用人少，效率高，会做生意，这些都应当有原则地好好学过来，以

① 《毛泽东思想发展史》，第 544 页。
② 《建国以来毛泽东文稿》第一册，第 218 页。
③ 《毛泽东著作选读》（下册），第 740 页。
④ 同上书，第 742 页。

利于改进我们的工作。"① 这就是说，我国经济文化落后，要尽快改变这种状况，就必须选择捷径，学习别国现成的先进科学技术和管理经验。三是对那些我们尚没有的科学技术要先搬过来，照着办，然后去消化。他说："在技术方面，我看大部分先要照办，因为那些我们现在还没有，还不懂，学了比较有利。"② 这充分反映了毛泽东要尽快发展我国科学技术的迫切心情，也反映了他具体分析的科学态度。四是"已经清楚的那一部分，就不要事事照办了"。③ 毛泽东这样做的根本目的是要"我国人民应当努力工作，努力学习苏联和各兄弟国家的先进经验，老老实实，勤勤恳恳，互勉互助，力戒任何的虚夸和骄傲，准备在几个五年计划之内，将我们现在这样一个经济文化上落后的国家，建设成为一个工业化的有高度现代文化程度的伟大国家"④。

三　简要评析

（一）对外开放理论的深远影响

毛泽东对外开放理论，有力促进了中国社会主义革命和建设的发展，其影响是巨大的，具体说来有三点。

1. 对外开放是快速发展经济的重要途径。在经济水平落后情况下，努力学习和引进先进技术与经验，大胆利用外资，是我国经济快速发展的重要途径。中华人民共和国成立初期，我们靠对苏联和东欧开放，引进了大批资金、技术、设备和项目，在旧中国遗留下来的一穷二白的基础上，迅速兴建了一批新兴的工业基础，促进了国民经济的恢复和快速发展，进入 20 世纪六七十年代，大胆引进西方资本主义国家的成套设备、先进技术和科学管理经验，促进了我国的技术更新、设备更新、管理更新、劳动生产率大幅度提高，科学技术迅猛发展。实践证明：在独立自主，有利于我国经济发展的原则下，积极扩大对外开放，不但不会影响国家主权和独立，而且可以促进我国经济发展和现代化水平的提高，缩小与国外的差距。

---

① 《毛泽东经济年谱》，第 492 页。

② 《毛泽东、邓小平与对外开放》，第 114 页。

③ 同上书，第 119 页。

④ 《毛泽东思想发展史》，第 840 页。

2. 初步探索出适合中国国情的对外开放和经济建设的路径。在对外开放中，毛泽东强调要从中国实际出发，批判性地借鉴外国经验。如从中国是一个农业大国的实际出发，制定了中国的工业化道路要遵循农、轻、重的发展顺序的原则；针对中国地区广大，经济发展不平衡的现实，制定了发展沿海地区进而带动内地发展的方针；根据中国政权领导体制和多民族国家的实际，制定了发挥中央和地方两个积极性，给地方更多的权力和独立性的方针以及处理好汉族和少数民族的关系的方针，等等。

3. 奠定了我国对外开放的理论基础。毛泽东关于对外开放的一系列论述和实践，为今天的全面对外开放提供了宝贵的经验。如在对外开放中，坚持以自力更生为基点的观点，坚持批判地吸收外国经验的观点，至今仍有非常重要的现实指导意义。特别是中华人民共和国成立初期利用外资兴办中外合资企业，和以后为学习资本主义的先进技术和经验，而采取的大胆引进西方资本主义国家先进设备、先进技术、先进管理等一系列措施，给我们新时期的对外开放和社会主义建设从理论和实践的结合上提供了方法论基础。

（二）毛泽东对外开放理论的历史局限性

毛泽东对外开放理论对社会主义革命和建设起了十分重要的推动作用，但在对外开放上，还具有很大的局限性。主要表现在：

一是在建设对外开放格局上强调从政治上着眼。毛泽东认为，"对外经济工作是一项严肃的政治任务"。因此过分强调对外经济关系要服从政治斗争、外交斗争。由于过分强调对外经济关系服从政治外交斗争，每当中国与外国政治外交上出现问题时，随之而来的就是经济关系的减少。建国初期，美国等西方国家对中国实行封锁、禁运政策时，毛泽东就提出今后对资本主义国家的贸易"以少作为原则"。1960 年，中苏关系恶化后，中国对苏联采取的对策也是如此，即"把对苏联的贸易额降了下来"。随着中苏对立进一步发展，中苏经济关系进一步缩减，过分强调对外经济关系服从政治外交斗争是一个重要原因。

二是在对外开放内容上比较单一。毛泽东对外开放的内容前期大量的是做生意接受外国贷款，进行技术交流等；后期则主要是从经济上无偿援助第三发展世界中国家。他虽然主张学习"一切民族、一切国家的长处"，"政治、经济、科学、技术、文化艺术的一切真正好的东西"。但是他对资本主义国家的开放大量是强调在自然科学方面，学习"资本主义国家先进的科学技术和企业管理方法中合乎科学的方面"，学习"工业发达国家的企业用人少、效率高，会做生意"等，几乎没明确说过借鉴西方资本主义的社会科学的先进之处。致使对外开放的实践中没有真正放开。

三是在处理开放与自力更生关系上，过多地偏重后者。毛泽东说："自力更生为主，争取外援为辅。"到底对外经济中占多大比例才是"为辅"，在具体执行过程中不易操作。特别是 20 世纪 60 年代中苏关系恶化后，毛泽东突出了对自力更生的强调，对外开放的地位越来越低，"文革"中甚至中断。其实，自力更生和对外开放是相辅相成、互相促进的，二者是统一的，而不是对立的。对外开放是增强自力更生的手段，为自力更生创造条件，坚持自力更生。是实行对外开放的基本点。

第二节　邓小平关于对外开放的理论

改革开放以来，以邓小平为核心的第二代中央领导人继承和发展了毛泽东对外开放理论，使中国的对外开放事业进入了一个崭新的历史阶段。

一　邓小平经济全球化理论产生的时代背景

（一）新科技革命推动世界经济迅速发展

邓小平洞察了 20 世纪 60 年代以来新技术革命对西方发达国家经济发展的巨大推动作用，并从中找出了我国的差距。他指出："中国 60 年代初期同世界上有差距，但不太大，60 年代末期到 70 年代这一二十年，我们同世界的差距拉得太大了。这十多年，正是世界蓬勃发展的时期，世界经济和科技的进步，不是按年来计算，甚至于不是按月来计算，而是按天来计算。"[①] 时代背景客观上为中国的改革开放和现代化建设提供了有利的条件和深刻的教训。它要求我们重新认识世界，重新认识资本主义和社会主义，它要求我们打开国门，大胆吸收和利用世界各国包括资本主义发达国家所创造的一切先进文明成果来发展生产力，建设社会主义。

---

① 《邓小平文选》第二卷，人民出版社 1989 年 5 月版，第 251—252 页。

邓小平的对外开放理论，就是在这样一种世界大势和时代要求的背景下应运而生的。邓小平以历史唯物主义和辩证唯物主义为基础，运用和发挥了马克思经济全球化学说，系统回答和阐明了在经济全球化趋势下中国为什么要开放的问题，从而为中国的改革开放和现代化建设提供了理论基础。

第一，他提出和平与发展是当今世界的两大主题，从世界大势的认识上为中国的对外开放提供了依据，为我国实现对外开放提供了可能性。

第二，他提出科学技术是第一生产力，揭示了经济全球化的最深层面的动力。

第三，他提出社会主义也可以搞市场经济的论断，为中国融入经济全球化体系提供了理论依据。邓小平认为，世界经济全球化的趋势和市场经济的本质要求我国必须实行对外开放。

第四，他提出中国的发展离不开世界，从总结自身的历史经验上为中国的改革开放提供了依据。邓小平借鉴国际国内正反两方面的经验教训，深刻说明了我国实行对外开放的必要性。开放的世界客观上要求各国实行对外开放。

第五，他提出向资本主义学习，大胆吸收它的一切先进成就，从思维方式的转变上为中国的改革开放提供了依据。

第六，他认为，社会主义初级阶段的基本国情决定我们必须把对外开放作为一项基本国策。我国正处于社会主义初级阶段，我们是在经济相当落后的条件下建设社会主义的，这是中国的基本国情，也是走社会主义现代化道路的历史前提。从建立和完善社会主义市场经济体制看，必须实行对外开放；从自然资源看，我国的国土面积虽大，但可耕地并不多，人均耕地面积很少；从人力资源看，我国虽人口众多，但在经济发展中能起关键性作用的高素质人才却又十分缺乏，而人才的培养和国民素质的提高也离不开对外开放和国际交流。

（二）经济全球化的迅速发展

邓小平的全球化思想是对马克思主义"世界历史"理论的继承与发展。

马克思最早分析了经济全球化产生的根源，科学地揭示了经济全球化的发展趋势；而邓小平则站在世界历史发展的高度，鲜明地提出"现在的世界是开放的世界"。科学地分析了中国和世界的发展问题，阐述了他的经济全球化思想。可以说，邓小平的对外开放观，从广阔的世界背景中揭示了世界历史发展和人类社会的开放趋势，恢复了马克思主义关于社会主义是世界文明发展必然产物的理论的权威，重新把社会主义置于世界文明发展的大潮之中，使社会主义真正成为"世界历史性"的存在。这使我们对于当代世界历史中的社会主义与整个世界的关系，经济全球化与社会主义的开放性有了全新的深刻认识。邓小平的现代开放观，无疑是对马克思经济全球化学说的丰富和发展。邓小平的对外开放理论同马克思的经济全球化思想本质上是一致的，是对马克思经济全球化学说的发展，也是当代马克思主义的经济全球化理论。

第一，他坚持用马克思主义的宽广眼界观察世界历史，把时间分析上的深远性和空间分析上的辽阔性结合起来，指明了世界历史新阶段上的全球性时代主题和国际格局；

第二，明确指出"现在的世界是开放的世界"，是各民族之间在市场经济全球化基础上相互依赖、相互作用的统一世界；

第三，对全球化世界的内在结构关系进行深刻的矛盾分析，把握了这个矛盾体系的内涵及其发展主流。

二　邓小平对外开放理论的内涵及其意义

邓小平创立了一个比较完备的对外开放思想体系，这一体系内容丰富，是马克思主义对外开放思想在当代的新发展，成为中国开放型外经贸理论和政策的基石。

（一）对外开放是长期的、根本的战略决策

邓小平从中国社会主义市场经济的发展与国际经济接轨这个大趋势出发，提出中国的对外开放政策不是一时的，不是仅仅为了摆脱困境的权宜之计。

1. 邓小平指出对外经贸在中国社会主义建设中的战略地位，对外开放是根本的战略方针。邓小平把外经贸地位与作用纳入对外开放的理论框架中来考察，从历史经验和世界经济发展规律的高度加以分析，阐明发展外经贸关系到中国"四化"大业的成败，关系到中国国际经贸和政治环境的改善，关系到能否对世界作出贡献的战略高度上。外经贸作为中国引

进资金和技术的渠道，作为沟通中国与世界经济的桥梁，是中国建立外向型经济的物质前提，在中国社会主义建设中居于战略地位。中国外经贸应当从国家统制下的保护贸易转向对外开放型的贸易。

2. 它是必须长期坚持的方针。中国要摆脱贫困落后的状况，实现小康社会以及追赶发达国家社会经济水平，对外开放必须要长期坚持；中国经济和社会在获得了一定发展之后，对外开放政策仍然不会改变，因为那时，中国社会主义市场经济制度更加完善，与世界各国经济联系更加紧密，中国同其他国家的社会政治、文化、科技与对外交往也更加频繁，在这种情况下，中国要想孤立于世界之外而获得发展，是完全不现实和不可能的。

3. 邓小平创造性地开拓了社会主义中国外经贸发展的战略。邓小平指出自力更生绝不是要建立一个自给自足的封闭式社会。他论证了世界各国在经济上相互联系和依存的加强是世界经济发展的普遍规律，故独立自主的社会主义经济发展必然是与经济生活国际化相适应、相联系的开放型经济，中国社会主义的对外经贸战略自然要为这样的开放经济服务。在邓小平对外开放理论中，把中国外贸的内涵从货物延伸到投资、技术与服务；把中国外经贸发展的基础拓展到经济特区的建立与整体对外开放上；把中国外经贸发展与世界经贸发展的结合点从计划经济体制转向了市场经济体制，解决了中国与世界经济贸易互补互接的经济结构错位上的问题。

（二）实行全方位的对外开放

1. 从国家地域上看，是对世界所有国家实行开放，不仅对社会主义国家开放，而且对资本主义国家开放；不仅对发达国家开放，而且对发展中国家开放。实行这种地域上的全方位开放，是由我国目前所处的国际环境所决定的。在当前国际政治经济体系中，资本主义国家占有数量和实力上的优势，不以这些国家为主要开放对象，中国经济和社会就无法真正走向世界；在资本主义世界经济体系中，发达国家占据主导地位，拥有充足的资金、先进的技术和高水平的管理经验，而这正是中国经济发展所必须的，只有对这些国家实行开放，才能获得我们所需要的东西；广大发展中国家，由于其经济社会发展水平与我国接近，政治地位和立场与我国有很多一致的地方，因此，它们既是我们经济上的伙伴，也是我们政治上依靠的力量，这些国家都有自己的特点和长处，同广大发展中国家开展交流与合作符合我们的原则和利益；社会主义国家虽然当前在数量上处于劣势，但同我国在社会制度、经济体制、政治体制以及意识形态等众多方面存在共同点，更是我国对外开放的对象。

2. 从层次上看，开放不仅包括对外开放，利用国外的资源和市场，也包括对内开放，利用国内的资源和市场；开放不仅涉及沿海地区，而且涉及沿边地区和内陆地区；开放不仅要引进国外资金、资源、技术和管理经验，而且也要通过扩大出口，开拓国际市场，发展跨国经营等途径，使中国走向世界经济舞台。只有这样，中国才能真正将自己融入到世界经济体系中，对外开放才能上升到新的水平，现代化建设才有成功的希望。

3. 从领域上看，对外开放，不仅表现在经济领域，也表现在科技、教育、文化和对外交往等众多领域，因为，我国社会主义现代化战略目标，不仅要实现经济的现代化，也要实现社会政治、文化、教育、科技等其他各个领域的全面发展，从这一需要出发，世界其他国家以及全部人类文明成果我们都应借鉴。

（三）对外开放是和独立自主、自力更生相统一的

实行对外开放，并不意味着放弃独立自主、自力更生的方针。我们吸引资本主义国家资金、技术，为的是发展社会主义生产力。这是我们实行对外开放的根本目的，它同坚持独立自主、自力更生并不矛盾。独立自主，自力更生，无论过去、现在还是将来，都是我们的立足点，不坚持独立自主、自力更生，对外开放就会失去根基，就会丧失中国特色，甚至会使中国成为他国的附庸。

（四）实行对外开放，不会导致资本主义

开放会有风险，那就是会带来一些资产阶级腐朽的东西和消极的影响，西方一些不健康的思想文化和生活方式会腐蚀某些人的灵魂。在坚持对外开放，发展经济合作，利用外资和借鉴外国经验的同时，必须始终保持清醒的头脑，决不可忘掉把国家的主权和安全放在第一位，决不可放弃维护国家和人民的利益，决不可放任各种腐朽的、有害于人民的东西自由泛滥。要教育我们的人民坚持四项基本原则。在抓物质文明建设的同时，也要抓精神文明建设，要坚持两手抓，两手都要硬。邓小平从经济、政治、思想文化各个方面分析了社会主义公有制为主体，社会主义经济基础不会动摇，政权在手，有国家的有力干预，又有正确的政策，所以在权衡

利弊后指出对外开放归根到底是有利于社会主义的。

（五）对外开放要大胆，要敢闯

中国的对外开放道路是试出来的、闯出来的。邓小平曾经用"杀出一条血路来"来鼓励创办经济特区。这其中既包含着创办经济特区的艰难，也体现着邓小平作为改革开放总设计师的胆略和气魄。敢闯敢"冒"，大胆实践，勇于探索，敢于试验，是邓小平对外开放思想的重要环节。

（六）吸收和借鉴世界上一切有益的文明成果

科学技术是人类共同创造的财富。任何一个民族、一个国家，都需要学习别的民族，别的国家的长处，学习人家的先进科学技术。因此，我们必须学习资本主义国家所拥有的一切能促进生产力发展的经验，为我所用，完善自己。同时，发挥社会主义国家的自身优势，使我国经济和社会发展赶上并超过西方发达国家的水平，真正体现出社会主义制度的优越性，最终战胜资本主义。

第三节　江泽民关于对外开放的理论

在邓小平理论指导下，江泽民在新的历史背景下进一步发展了对外开放的理论，并就对外开放的战略思路作了全面阐述。

一　江泽民对外开放理论的背景

作为当今世界经济发展的一个突出特征和客观趋势，经济全球化正在对世界各国经济发展产生重大影响。在此背景下，江泽民提出了关于经济全球化的理论体系，如图 1 所示。以下作具体阐述。

（一）经济全球化的内涵及动因

经济全球化是当今世界的一个基本经济特征。江泽民在审视经济全球化现象时，首先从分析全球化的本质内涵和根本动因入手揭示全球化的实质。

1. 经济全球化的本质内涵

江泽民对经济全球化趋势作了深入的思考，从社会生产力发展的角度揭示出其本质内涵。1998 年 8 月，江泽民在第九次驻外使节会议上指出：

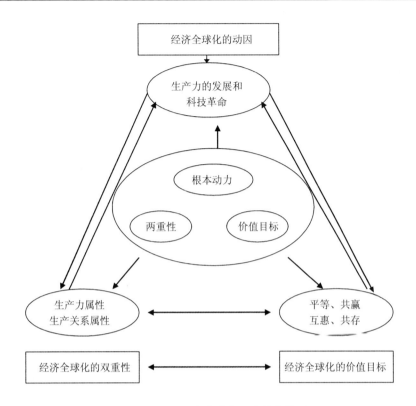

图1　江泽民经济全球化理论结构体系

"经济全球化一个最基本的特征，就是商品、技术、信息，特别是资本在全球范围内自由流动和配置，造成一种包括发达国家和发展中国家在内的各国经济你中有我、我中有你的相互交织的复杂局面。"① 一句话，经济全球化的主要特征是生产、交换、分配和消费的全球化，它的出现不是偶然的，是社会生产力发展的客观要求和必然结果。

2. 经济全球化趋势的根本动因

江泽民认为，生产力的发展和科技革命是经济全球化的根本动力。他着重从四个方面对此进行了具体分析。一是世界局势总体上趋向缓和，各国都把发展经济作为首要任务，积极走向国际市场，相互的协调和竞争不断加强。二是以信息科技、生命科技为主要标志的新科技革命有力地推动了世界经济的发展，空前加深了各国的经济联系。三是全球和地区贸易和

① 《江泽民文选》第2卷，人民出版社2006年版，第198页。

投资自由化进程加快。特别是国际金融市场加速扩展，金融工具不断创新，资金交易的规模和速度前所未有。西方发达国家的金融资产总额已达到 30 多万亿美元，全球外汇市场日成交量达到 15000 亿美元，年成交量达到 400 万亿—500 万亿美元。① 从这个角度讲，经济全球化实际上是全球经济市场化的过程。在经济全球化进程中，世界各国、各地区通过市场这个纽带，逐步推动国内市场向全球市场过渡，最终形成规范各经济实体、经济行为的全球统一规则，并建立起全球经济运行机制，从而极大地促进了全球产业结构的新一轮调整，加速全球经济的增长。② 四是跨国公司的规模不断扩大，成为经济全球化的主要载体。跨国公司已有 53000 多家，它们控制了全世界生产的 40%，贸易的 50%—60%，技术贸易的60%—70%，对外直接投资的 70%，专利的 80%。一些发展中国家的主要产业甚至整个经济命脉，已经被发达国家的跨国公司所控制。③ 因此，跨国公司是推动经济全球化的重要动力。

（二）经济全球化的两重性

在审视经济全球化的本质属性时，江泽民明确指出："经济全球化作为一个客观过程，具有两重性。"④ 经济全球化的两性是指经济全球化的生产力属性和生产关系属性。马克思主义认为，社会生产方式是社会生活中最基本、最重要的因素。江泽民对经济全球化属性的认识就是从唯物史观的这一基本原则出发的，首先从生产力和生产关系两个层面，对经济全球化的本质属性进行了科学考察。

1. 经济全球化的生产力属性

经济全球化的生产力属性是经济全球化进程中所体现的生产力发展的特性。江泽民指出："经济全球化是随同社会生产力发展而产生的一种客观趋势。现代科技的进步，先进的交通工具和通讯手段的产生，为经济全球化的发展创造了条件。特别是近十年来，信息技术的迅猛发展极大地推

---

① 《江泽民文选》第 2 卷，人民出版社 2006 年版，第 198 页。
② 中华人民共和国外交部：《"三个代表"重要思想外交理论学习纲要》，世界知识出版社2004 年版，第 37 页。
③ 《江泽民文选》第 2 卷，人民出版社 2006 年版，第 198—199 页。
④ 江泽民：《论"三个代表"》，中央文献出版社 2001 年版，第 28 页。

动了经济全球化的进程。"① 也就是说，经济全球化作为一个客观进程，首先体现为社会生产力的发展。没有社会生产力的进步，就不会有经济全球化的发展。近代经济全球化的发展是机器大工业产生和发展的结果；今天，正是生产力的发展，尤其是科技进步推动了经济全球化新高潮的来临。因此，经济全球化的生产力属性是全球化的共性，反映了经济全球化的自然属性。无论是公平的全球化还是非公平的全球化，无论是资本主义全球化还是未来共产主义全球化，其生产力属性都是一致的，只是发展水平不同而已。②

生产力是人类社会的共同财富，它本身不具有阶级性，没有意识形态色彩，但是，在人类历史发展的不同阶段，生产力的发展是与特定生产关系结合在一起的，只有弄清隐藏在生产力背后的生产关系的性质，才能揭示出某种特定社会历史现象的本质。因此，考察经济全球化不能离开生产关系。

2. 经济全球化的生产关系属性

经济全球化生产关系属性是指经济全球化进程中所体现的特定的社会生产关系。经济全球化不仅是生产要素的跨国界流动，也是各国生产关系的相互碰撞和交融。江泽民深刻地指出，从历史和现实看，"经济全球化，是由发达资本主义国家首先推动起来的，而且他们在其中一直起着主导作用。因此，目前的这种经济全球化，一方面是社会生产力和科学技术发展的表现，一方面又是资本主义生产方式和资本主义市场经济在全球范围内的延伸。这是现代资本主义发展中出现的一个新现象"③。江泽民还以世界经济的不公平现实对此作了说明，他认为，"经济全球化，由于发达国家的主导，使各国各地区在全球发展中的地位和水平进一步出现差异"。"在发达国家尽享全球化'红利'的同时，广大发展中国家却仍饱受贫穷落后之苦。"④ 因此，经济全球化的生产关系属性体现了经济全球化的个性，反映了经济全球化的社会属性或阶级属性。在现实生活中，生

---

① 江泽民：《关于经济全球化问题》，《人民日报》2000 年 9 月 8 日，第 1 版。

② 毛德松：《论经济全球化的两重性——学习江泽民经济全球化论述的体会》，《社会主义研究》2003 年第 1 期，第 62 页。

③ 《江泽民文选》第 2 卷，人民出版社 2006 年版，第 199 页。

④ 江泽民：《关于全球化问题的发言》，《人民日报》2000 年 9 月 8 日，第 1 版。

产力属性和生产关系属性即自然属性和阶级属性是有机地结合在一起的。

（三）经济全球化的价值目标及对策

在对经济全球化两重性作了透彻剖析的基础上，江泽民又对经济全球化的价值目标进行了积极的探索，并就经济全球化的消极作用提出了应对之策。

1. 经济全球化的价值目标

江泽民明确指出，经济全球化可以有两种发展趋势。"一种是，推动它们（经济全球化）朝着合理的方向发展，促进有效而公正地配置世界资源，促进各国生产力的发展，促进全球多边贸易体制和公正合理的国际经济新秩序的建立，从而造福各国人民。一种是，任凭它们按照不合理的规则运行，进一步加剧世界资源不合理配置和经济发展的不平衡，继续扩大南北发展差距，加剧贫富分化和环境恶化。"他明确要求，"我们应选择并推进前一种趋势，警惕并控制后一种趋势"[1]。这体现了江泽民对经济全球化价值目标的关注。

在联合国千年首脑会议上，江泽民对经济全球化的价值目标进行了集中阐发，"我们需要世界各国'共赢'的经济全球化，所有国家，无论南方还是北方，不管是大国还是小国，都应是全球化的受益者；我们需要世界各国平等的经济全球化，少数国家的富裕不应该也不能够建立在广大南方国家的贫困之上；我们需要世界各国公平的经济全球化，世界的贫富差距应逐步缩小，而不是不断扩大，否则人类将会为此付出沉重的代价；我们需要世界各国共存的经济全球化，只有相互尊重，相互促进，保持经济发展模式、文化和价值观念的多样性，世界文明才能生机盎然地发展"[2]。

2. 经济全球化消极影响的应对之策

那么，如何才能在经济全球化进程中趋利避害、促进人类的共同发展呢？江泽民认为，关键在于建立公正合理的国际经济新秩序。为此，他主张，联合国在这方面理应发挥自己的作用，尽可能使各国都有权平等参与世界经济的决策和规则的制定，建立新的合理的国际金融和贸易体制，减少发展中国家在经济全球化中面临的风险。他特别强调，在科学技术飞速

① 江泽民：《合作发展，共创辉煌》，《人民日报》2001年10月19日，第1版。

② 江泽民：《关于全球化问题的发言》，《人民日报》2000年9月8日，第1版。

发展的今天，联合国还特别应致力于推动国际社会在人力资源开发和科技领域向发展中国家提供帮助，使其赶上新一轮技术进步的浪潮。① 他主张，在推动经济全球化的过程中，应充分考虑经济发展处于"弱者"地位的国家和人民的利益。要通过国际社会的共同努力，在各国充分参与和民主协商的基础上制定行之有效的国际规则，对资本的跨国流动加强有效监管和合理规范，使经济全球化的进程能够得到正确引导和管理；应允许各国根据自己的国情选择发展道路，并确定开放的方式和速度。各国在扩大开放时，应根据本国的具体条件，循序渐进，注意提高防范和抵御风险的能力；② 要弘扬合作发展精神，大力加强经济技术合作，赋予经济全球化和贸易自由化以互利合作的内涵，促使其健康发展。③ 总之，为了正确引导经济全球化，促进各国实现共同发展，江泽民强烈呼吁，"国际社会应共同努力，趋利弊害，实现共赢共存，使经济全球化朝着有利于世界经济平衡、稳定和可持续发展的方向前进，以缩小南北差距，防止'贫者愈贫，富者愈富'现象继续发展"。

二 江泽民对外开放理论的基本内容及其意义

（一）明确对外开放是一项基本国策。在新的历史条件下，依据新的发展需要，也为了统一人们的认识，江泽民在十五大报告中要求：努力提高对外开放水平，对外开放是一项长期的基本国策。面对经济、科技全球化趋势，我们要以更加积极的姿态走向世界，完善全方位、多层次、宽领域的对外开放格局，发展开放型经济，增强国际竞争力，促进经济结构优化和国民经济素质提高。

（二）全面提高对外开放水平，积极参与国际分工。"全面提高对外开放水平"，这是江泽民在"5·31"讲话中对全党提出的要求。提高对外开放水平的具体途径是继续"完善全方位、多层次、宽领域的对外开放格局"，从而使对外开放进一步向"均衡""双向""纵深"发展。在

① 江泽民：《关于全球化问题的发言》，《人民日报》2000年9月8日，第1版。

② 江泽民：《在亚太经合组织第八次领导人非正式会议上的讲话》，《人民日报》2000年11月17日，第1版。

③ 江泽民：《合作发展，共创辉煌——在二〇〇一年亚太经合组织工商领导人峰会上的演讲》，《人民日报》2001年10月19日，第1版。

加强东部地区对外开放的同时，进一步加快中西部地区对外开放的步伐。

江泽民在党的十四大报告中深刻指出，"对外开放的地域要扩大，形成多层次、多渠道、全方位开放的格局。继续办好经济特区、沿海开放城市和沿海经济开放区。扩大开放沿边地区，加快内陆省、自治区对外开放的步伐。以上海浦东开发开放为龙头，进一步开放长江沿岸城市，尽快把上海建成国际经济、金融、贸易中心之一，带动长江三角洲和整个长江流域地区经济的新飞跃。加速广东、福建、海南、环渤海湾地区的开放和开发。力争经过二十年的努力，使广东及其他有条件的地方成为我国基本实现现代化的地区"①。这一论述深刻阐述了江泽民同志完善我国对外开放格局的思路。

（三）以提高效益为中心，努力扩大商品和服务的对外贸易，优化进出口结构；积极合理有效地利用外资，提高利用外资的质量。

（四）平等互利、友好合作，共同发展，为对外开放创造良好的外部环境和条件。江泽民特别重视对外开放的良好国际环境的建立，要求积极发展同世界各国在和平共处五项基本原则基础上的外交关系。要坚持平等互利的原则，同世界各国和地区广泛开展贸易往来、经济技术合作和科学文化交流，促进共同发展。

（五）实施双向开放，坚持"引进来"和"走出去"相结合的开放战略。江泽民同志多次强调我们要积极利用国内外两个市场、两种资源，坚持"引进来"和"走出去"相结合的方针。2002 年 11 月，江泽民在党的十六大报告中，进一步强调了实施"引进来"和"走出去"相结合，全面提高对外开放水平的战略方针，他深刻指出，要"进一步吸引外商直接投资，提高利用外资的质量和水平。逐步推进服务领域开放。通过多种方式利用中长期国外投资，把利用外资与国内经济结构调整，国有企业改组改造结合起来，鼓励跨国公司投资农业、制造业和高新技术产业。大力引进海外各类专业人才和智力。改善投资环境，对外商投资实行国民待遇，提高法规和政策透明度。实施'走出去'战略是对外开放新阶段的重大举措。鼓励和支持有比较优势的各种所有制企业对外投资，带动商品

---

① 中共中央文献研究室编：《十四大以来重要文献选编》（上），人民出版社 1996 年版，第 22 页。

和劳务出口,形成一批有实力的跨国企业和著名品牌。积极参与区域经济交流和合作。在扩大对外开放中,要十分注意维护国家经济安全"①。

从"引进来"为主到把"引进来"与"走出去"结合起来,强调"走出去"的战略意义,反映了我国改革开放的发展历程和对外开放的思想水平不断提高,这是以江泽民为核心的第三代领导集体对邓小平对外开放思想的创新与发展,极大地推动了建设有中国特色社会主义事业的快速健康发展。

第四节　胡锦涛关于对外开放理论的新探索

中共中央总书记胡锦涛在中共中央政治局 2003 年 1 月 28 日第二次集体学习中强调指出,要注重学习世界经济知识和分析世界经济形势,不断提高在对外开放条件下推动我国经济发展的规律性认识。全面认识世界经济发展变化带来的有利条件和不利因素,善于趋利避害,继续推动我国经济持续快速健康发展。他强调,我们要始终坚持对外开放的基本国策,促进世界各国共同发展繁荣。

一　胡锦涛关于对外开放理论探索的背景

胡锦涛在 2005 年 9 月 15 日联合国成立 60 周年首脑会议上发表的题为《努力建立持久和平、共同繁荣的和谐世界》的讲话,提出了构建一个持久和平、共同繁荣的"和谐世界"思想。这是中国首次在代表世界最高权威的讲坛上,以国家最高领导人的名义,向全世界提出从中国当代内政中演绎出来的政治、经济、社会和文化精华——"和谐"理论,对世界来说,这是一份弥足珍贵的"和谐"宣言书。这一思想的提出有着重大的理论创新价值,是新时代继续对外开放的理论基础。

（一）胡锦涛"和谐世界"思想的提出

胡锦涛"和谐世界"思想是在新世纪、新阶段,对国际、国内形势进行科学分析得出的正确判断,他在不同时间不同场合,多次提出"和

---

① 江泽民:"全面建设小康社会,开创中国特色社会主义事业新局面——在中国共产党第十六次全国代表大会上的报告",《新华月报》2002 年第 12 期,第 19 页。

谐世界"的思想，为形成其"和谐世界"思想初步奠定了基础。

中国在对内倡导科学发展观，努力构建和谐社会的同时，也对外发出了共建和谐世界的呼唤。2005年4月22日，胡锦涛在雅加达的亚非峰会上发表演讲时说，要倡导开放包容精神，尊重文明、宗教、价值思想的多样性，尊重各国选择社会制度和发展模式的自主权，推动不同文明友好相处、平等对话、发展繁荣，共同构建一个和谐世界。这是胡锦涛首次明确提出"和谐世界"这一思想。

中国将坚定不移地走和平发展道路，中俄"两国人民永远友好下去，同世界各国人民一道努力，共同建立一个持久和平、普遍繁荣的和谐世界，共同开创人类社会更加美好的未来"。前往莫斯科出席纪念卫国战争胜利60周年庆典的中国国家主席胡锦涛2005年5月8日会见俄罗斯老战士代表时讲了这样一席话。胡锦涛再次强调了"和谐世界"这一思想。

胡锦涛在联合国成立60周年首脑会议期间发表了4个重要讲话，虽就不同专题阐述了中国政府的立场和看法，鲜明地表达了中国将致力于维护世界和平、促进共同发展的坚定决心，表明了中国维护联合国地位、推进联合国改革的真诚愿望，并向世界庄严宣布："中国将始终不渝地把自身的发展与人类共同进步联系在一起。"在联合国成立60周年首脑会议全体会议上发表题为《努力建设持久和平、共同繁荣的和谐世界》的重要讲话，全面阐述中国对当前国际形势及重大国际问题的看法和立场，对加强联合国作用、推动联合国改革、促进国际发展合作等问题提出了具体主张。并就"和谐世界"思想进行了精辟的论述。2006年的新年前夕，胡锦涛在新年贺词中又一次表达了"中国人民殷切希望同世界各国人民一道，加强团结，密切合作，携手建设一个持久和平、共同繁荣的和谐世界"的强烈愿望。

（二）胡锦涛"和谐世界"思想的内涵

胡锦涛"和谐世界"思想内容丰富，内涵深刻，充分反映了新一代中央领导集体的内政外交理念。

1. 坚持多边主义，实现共同安全和和平，是胡锦涛"和谐世界"思想的基础

"和平是人类社会实现发展目标的根本前提。"没有和平，不仅新的建设无以推进，而且以往的发展成果也会因战乱而毁灭。无论对于小国弱

国还是大国强国，战争和冲突都是灾难。世界上每一个国家都应该携起手来，共同应对全球安全威胁。摒弃冷战思维，树立互信、互利、平等、协作的新安全思想，建立公平、有效的集体安全机制，共同防止冲突和战争，维护世界和平与安全。

联合国作为集体安全机制的核心，在保障全球安全的国际合作中发挥着不可替代的作用。其作用只能加强，不能削弱。联合同宪章确定的宗旨和原则，对维护世界和平与安全发挥着举足轻重的作用，已经成为公认的国际关系基本准则，必须得到切实遵循。安理会作为联合国维护世界和平与安全的专门机构，共同维护世界和平与安全的权威必须得到切实维护。

以和平方式，通过协商、谈判解决国际争端或冲突，共同反对侵犯别国主权的行径，反对强行干涉一国内政，反对任意使用武力或以武力相威胁；加强反恐合作，坚持标本兼治，重在消除根源，坚决打击恐怖主义；按照公正、合理、全面、均衡的原则，实现有效裁军和军备控制，防止核扩散，积极推进国际核裁军进程，维护全球战略稳定。

2. 坚持互利合作和发展，实现共同繁荣，是胡锦涛"和谐世界"思想的核心

"发展事关各国人民的切身利益，也事关消除全球安全威胁的根源。"没有普遍发展和共同繁荣，世界难享太平，更谈不上和谐世界的形成。经济全球化趋势地深入发展，使各国利益相互交织、各国发展与全球发展日益密不可分。经济全球化应该使各国特别是广大发展中国家普遍受益，而不应造成贫者愈贫、富者愈富的两极分化。联合国应该采取切实措施，落实千年发展目标，特别是要大力推动发展中国家加快发展，使21世纪真正成为"人人享有发展的世纪"。

积极推动建立健全开放、公平、非歧视的多边贸易体制，进一步完善国际金融体制，为世界经济增长营造健康有序的贸易环境和稳定高效的金融环境；加强全球能源对话和合作，共同维护能源安全和能源市场稳定，为世界经济增长营造充足、安全、经济、清洁的能源环境；积极促进和保障人权，努力普及全民教育，实现男女平等，加强公共卫生能力建设，使人人享有平等追求全面发展的机会和权利。

发达国家应为实现全球普遍、协调、均衡发展承担更多责任，进一步对发展中国家特别是重债穷国和最不发达国家开放市场，转让技术，增加

援助，减免债务。发展中国家要充分利用自身优势推动发展，广泛开展南南合作，推动社会全面进步。中国作为发展中的大国，为推动世界各国之间的和谐、繁荣和共同发展作出积极贡献。

3. 坚持包容精神，共建和谐世界，是胡锦涛"和谐世界"思想的最终目标

"文明多样性是人类社会的基本特征，也是人类文明进步的重要动力。"在人类历史上，各种文明都以自己的方式为人类文明进步作出了积极贡献。存在差异，各种文明才能相互借鉴、共同提高；强求一律，只会导致人类文明失去动力、僵化衰落。各种文明有历史长短之分，无高低优劣之别。历史文化、社会制度和发展模式的差异不应成为各国交流的障碍，更不应成为相互对抗的理由。

尊重各国自主选择社会制度和发展道路的权利，相互借鉴而不是刻意排斥，取长补短而不是定于一尊，推动各国根据本国国情实现振兴和发展；应该加强不同文明的对话和交流，在竞争比较中取长补短，在求同存异中共同发展，努力消除相互的疑虑和隔阂，使人类更加和睦，让世界更加丰富多彩；应该以平等开放的精神，维护文明的多样性，促进国际关系民主化，协力构建各种文明兼容并蓄的和谐世界。

二　胡锦涛对外开放理论探索的成果

党的十六届三中全会提出了"统筹国内发展和对外开放"这一新的理论，并把它作为科学发展观的基本内容之一，它构成了胡锦涛对外开放理论的核心。在党的十七大报告中，用"内外联动""互利共赢""安全高效"三个词来定位我国新型的开放型经济体系，是我党关于对外开放理论的又一重大发展。关于对外开放理论的新发展主要体现在以下十个方面。

（一）精辟概括了当前对外开放环境的新变化。当前对外开放的内、外条件的新变化主要是：经济全球化又有了新发展，中国在世界格局中的地位空前提高；由于持续推行对外开放政策，我国已经实现了"从封闭半封闭到全方位开放的伟大历史转折"，开放型经济体系已经形成；我国提出构建"和谐世界"的思想，对外战略发生重大的发展。因此，"中国同世界的关系发生了历史性变化，中国的前途命运日益紧密地同世界的前

途命运联系在一起"。

（二）明确提出了对外开放的新任务。在新的条件下，对外开放面临的主要任务，已经不再仅仅是单纯的扩大对外开放的广度和深度，而是在此基础上，完善有中国特色的开放型经济体系，形成参与国际竞争的新优势。必须加快转变涉外经济的增长方式，提升外贸产品的技术含量、品牌档次，促进对外经济由数量增加为主向以全面质量提高为主转变，提高涉外经济的质量与效益。

（三）首次提出了"开放型经济体系"的理论范畴。党的十六大和党的十六大以前提对外开放，主要从政策的层面和发展战略的角度来讲的，而"开放型经济体系"这个理论范畴，反映的是一种客观的经济运行方式和市场制度。党的十七大报告还用"内外联动""互利共赢""安全高效"三个词来定位我国开放型经济体系。"内外联动"，指的是经济的运行机制；"互利共赢"，指的是涉外经济的利益机制；"安全高效"，则侧重于涉外经济的保障机制。三者的有机结合，既高度概括了我国开放型经济体系的本质特征，又充分体现了完善开放型经济体系的主要内容和发展趋势，是科学发展观在对外开放领域中的具体表现。

（四）首次提出的"内外联动"，是对涉外经济模式的创新。十六届三中全会提出的"内外统筹"，主要侧重于战略的层面，"内外联动"则是新的经济模式，在理论上又深化了一步。"内外联动"的含义是：一方面要充分利用国际社会的各种资源来推动国内经济发展方式的转变，同时，又通过我国的对外经济活动来推动世界经济的发展，实现国内经济和涉外经济之间的良性循环。它是涉外经济发展模式的重大创新。传统的涉外经济模式一般有"出口导向"和"进口替代"两种，它们都要应用贸易壁垒政策，在一定程度上使国内市场与国际市场相脱节；它们也都以单向的经济流向为特征。而"内外联动"要求国内外两个市场相互融合，以双向的经济流向为特征。

（五）进一步明确了"互利共赢"是发展开放型经济的目的。党的十七大以前，曾多次提出"双赢"的方针。与"双赢"相比，"共赢"不仅涵盖了贸易的双方的利益，而且也是指双方的贸易行为不能损害其他国家的利益，要促进国际社会的"共赢"。这是国际贸易长盛不衰、长期发展的原因之一。我们要实现开放型经济的可持续发展，推动和谐世界的构建的必不可少的条件。

就我国而言，通过涉外经济获取的利益可以分为两个层次。第一层次是直接的经济利益，包括贸易创汇，国外资金与技术的引进等。这种利益是基础性的。第二层次是长远的战略性利益，即为国家创新能力的提升创造外部条件。国家创新能力主要取决于国民素质、制度环境以及知识的规模与质量等三个要素。这些要素的培育，必须主要依靠自身的努力。但是，对外开放过程中的国际合作，是不可缺少的外部条件。

（六）全面提出"安全高效"的涉外经济的保障机制。有效的国家经济安全体制，是开放型经济体系的根本保障。经济全球化具有两重性，机遇和风险并存。同时，国际社会中一些反共、反华的力量，还可能运用各种经济工具，遏制社会主义中国的崛起。因此，维护我国经济安全，保障经济发展的自主权，具有十分重要的作用。与以前相比，党的十七大报告中对国家经济安全机制的提法更加全面，同时更加强调安全体制的有效性，以保证我国对国民经济重要企业和关键领域的控制力与主导权。

（七）明确提出创新对外经济的合作方式，把开放和创新有机地结合起来。对外经济合作方式的创新有两层含义：一个是对原有经济体制的改革的继续深化；二是新体制建立以后，要随市场的变化而不断进行的发展和完善。合作方式的创新的核心是体制创新，保证国内、外两个市场制度的同一性和发展的同步性。把推动对外开放的动力，从主要依靠政府的优惠政策，转变为主要依靠经济体制的创新。这样，也使对内的改革与对外的开放相互促进，使改革与开放"两位一体"化了。

（八）明确提出实行国际收支基本平衡的战略。要实现互利双赢的目的，我们应在涉外经济中逐步实行国际收支大体平衡的均衡战略。作为发展中国家，出口创汇是必要的。但是，也不可把它极端化，去片面地追求贸易顺差的最大化。目前条件下，国际贸易的规模、结构常常是国际分工的结果，贸易顺差并不一定能代表国家竞争力的提升和国民财富的增殖。过度的贸易顺差还会引起国际摩擦和争端，反过来又影响我国的对外贸易。

（九）在对外经济战略中，首次提出自由贸易区战略。当前世界经济同时存在经济全球化和经济区域化发展的两种趋势。自由贸易区是经济区域化发展的重要的组织形式。自由贸易区内的国家在地域上相邻、经济上互补、文化上相通，又由于近年来区域性的产业集聚和区域性跨国公司的迅速发展，区域内贸易和经济合作已经成为国际经济关系的主要部分。

（十）提出对内开放和对外开放相互促进的方针，优化对外开放的布局。打破国内各个地区、各个行业、各个部门的利益分割的局势，推动它们之间的相互开放，是实现对外开放的基础和前提。

经济体制的含义及结构[*]

一　"体制"概念的由来

我国古代就有"体制"一词，主要指的是文学体裁或艺术风格。但也有用以指规定组织的机构和运行的纲领的，如《宋书》孝武纪孝建元年诏："承朗列曹，局司有在，而顷事无巨细，悉归令仆，非所以众材成构，群能济业者也。可更明体制，咸责厥成。"大意是：尽管有助手部属和职能部门，但事情不论大小都由行政长官处理，这不是依靠大家的能力办成事业的做法。可以进一步健全体制，普遍明确各自的职权，问题就能解决。这里的"体制"一词与我们今天所说的体制的含义大体相似。

西方比较经济体制学中的体制一词，主要来自英文的"system"，它包括制度、体制、体系、系统等多种含义。有的学者侧重从"制度"的意义上使用它，他们的定义中不仅包括具体制度，也包括根本制度；有的学者侧重从"体系"的意义上使用它，他们的定义比较强调系统性和整体性；更多的学者则用它来表述有别于根本制度的具体制度。他们对"体制"这个概念的外延又有不同看法。多数学者肯定这个概念中主要包括社会组织的构成和行为规范。而有的学者则除了这两个内容以外，还把社会关系、社会发展目标、意识形态、文化传统等列入体制的范畴，使体制几乎成了一个包罗万象的概念。

在苏联和东欧，"体制"概念出现于 20 世纪 50 年代。例如，1956 年12 月，匈牙利建立了一个由 200 多名经济学家组成的委员会，其任务是

---

　　[*] 本文为《现代市场经济体制国际比较》（杭州大学出版社 1997 年版）一书的内容，收入本书时有个别的文字修改。

提供"改革经济体制"的决议。波兰经济委员会1957年6月制定的《关于改变经济模式方向问题的提纲》中也使用过"经济体制"或"经济管理体制"等概念。

在我国，1956年5—8月国务院召开全国体制会议，提出了改进国家行政体制的决议草案。确定了划分中央和地方行政管理职权的几项原则。1957年陈云同志为国务院起草了《关于改进工业管理体制的规定》《关于改进商业管理体制的规定》和《关于改进财政体制的规定》三个文件，经中共八届三中全会基本通过，国务院全体会议通过，全国人大常委会原则批准，从1958年起施行。① 这可能是中国共产党的文件中最早出现的"体制"概念。刘少奇同志代表中共中央向八大二次会议所作的工作报告中，也提到了管理体制的问题。这些文件中使用的都是"管理体制"一词，其含义主要是中央、各级地方和企业的管理权限划分问题。

中国共产党在十一届三中全会公报中提出了改革经济管理体制的任务，其内容仍是管理权限的划分。但党的十二大报告中所说的改革和完善国家的政治体制和领导体制的内容就扩展到社会管理的各个方面。十二届三中全会通过的《中共中央关于经济体制改革的决定》也把经济体制的内涵拓宽到管理的机制、手段、方法和经济组织形式等方面。此后，"体制"这一概念在党的文件和报刊上、社会科学论著中频繁出现。

二　市场经济体制的含义

对于"经济体制"这一概念的定义，理论界普遍认为主要是生产关系的具体形式。但对于它的具体内涵则有不同看法。有的认为经济体制是指一个国家组织和管理社会经济活动的制度和形式。是社会经济活动的规范。② 有的认为经济体制是对生产、流通、分配和消费进行决策权限划分和经济利益调节的一系列管理机制和组织机构的总和，它包括决策、动力、协调三个基本结构。③ 有的认为经济体制是对社会经济活动进行组织

---

① 参阅《陈云文选》（1956—1985年），第66—68、78—95页。
② 林文益、于君：《经济体制、经济机制、经济杠杆》，《经济体制改革》1984年第5期。
③ 江春泽：《关于社会主义经济体制的分类和比较》，《世界经济文汇》1985年第5期，第56页。

和管理的具体制度、方法和机构的整个体系。① 还有的学者把社会主义经济体制分为狭义的理解和广义的理解：前者是社会主义国有制经济中国家与企业、个人之间，国家管理机构中中央和地方、职能管理机关和部门管理机关之间以及企业之间的经济关系；后者是几种社会主义所有制经济之间的关系和它们的内部关系。② 还有人把经济体制与经济管理体制区分开来，认为前者是生产关系的具体形式、外在形式，其核心问题是劳动者如何同生产资料相结合；后者是国民经济的组织形式和组织方法，其中心问题是机构设置和权限划分。③ 表述最详细的是《中国大百科全书》上的定义："国民经济体制：在一定的社会经济制度下，生产关系的具体形式以及组织、管理和调节国民经济的制度、方式、方法的总称。简称经济体制。它包含的内容主要有：国家管理国民经济的基本原则、方针和政策；生产资料所有制具体形式与机构；经济组织形式；管理权限的划分；管理制度、管理方法。"④ 上述看法能给人以启迪。当然，它们并未终结人们的理论研究，必然带有时代的局限性。我们在研究上述诸种看法时，至少应注意以下两点：

第一，不能单纯从管理职能，即经济体制对经济活动的组织、管理、调节的功能和作用的角度来阐述经济体制的内涵。只要有生产活动，就会有经济管理，经济体制运行的内在机制和原则要通过经济管理活动来实现。但是，经济管理活动是多种多样的，有大小之别，轻重之分。有的经济管理活动涉及社会资源的配置问题，它的改变，影响到经济运行的内在机制和管理原则的变革，而有的经济管理活动不涉及社会资源的配置问题，它的改变只关系到经济运行的枝节问题。撇开经济运行的内在机制，把经济体制归结为单纯的经济管理是欠妥的。

第二，不能单纯从所有制基础的角度来阐述经济体制的内涵，把经济体制视作所有制的表现形式，认为两者之间是形式和内容的关系。生产资料所有制是人们在生产资料占有方面的相互关系，它是其他一切生产关系的基础，当然也是经济体制这种生产关系形式的基础。以生产资料所有制

---

① 龙善德：《经济体制比较研究》，西安交大出版社，第 2 页。

② 于光远：《政治经济学社会主义部分探索》（二），人民出版社，第 376 页。

③ 李东浦：《关于社会主义经济体制的几个问题》，《理论学刊》1985 年第 2 期，第 10 页。

④ 《中国大百科全书，经济学 2》，第 278—279 页。

为核心的基本经济制度，所涉及的问题主要是不同阶级之间的经济利益关系，它决定了经济运行是以什么样的阶级或阶层的利益为中心，决定了当前的经济运行是属于社会主义性质的还是属于资本主义性质的。而经济体制的核心问题是国民经济的均衡发展。研究经济体制，就是要了解经济体制中的主要参与者的性质，使参与者们相互协调，促进国民经济的均衡发展。当均衡没有实现时，就可以在体制中找到失衡的主要原因，并采取调节、改革的措施，消除失衡产生的因素。经济体制的背景也是人们的利益关系。但这种利益关系大量的不是人们的阶级利益关系，而是人们由于劳动的社会分工所形成的不同职能，不同"角色"之间的利益关系，如生产者与消费者之间、劳动者与管理者之间的利益关系等。

从上面可以看出，经济体制和生产资料所有制涉及的不是同一个领域的问题，两者之间不存在形式和内容的关系。经济体制作为一种生产关系形式，生产资料所有制同样也是它的重要基础之一，并决定了它的社会性质。但仅仅以所有制为依据，不能准确说明经济体制究竟是一种什么样的生产关系，不能揭示经济体制的真实内容，难以准确、全面地阐述经济体制的内涵。

我们认为，经济体制是与国民经济的均衡发展相联系的经济范畴。为了达到国民经济均衡发展的目的，必须合理地配置社会资源。在不同的社会条件下，社会资源配置的主要机制和方式可能是不同的。为了使社会资源配置的机制和方式得以贯彻和实现，必须建立相应的经济运行的基本的协调系统，特别是要求在经济主体、经济网络、宏观调控、社会保障等方面建立相应的组织体系和各类组织的活动规范。这样就形成一种包括国民经济的组织方式、管理方式调节方式和运行方式的社会系统。这个社会系统就是经济体制。简言之，经济体制是资源配置的具体形式，是为了合理地配置社会资源而建立的组织体系和运行规范的总和。

为了进一步阐明经济体制的涵义，还须说明以下两点。

经济体制以按一定原则建立的经济组织为基础，但是，经济体制并不等于组织机构本身。各种经济组织单纯的数量增减、扩大缩小、成员更新等实体上的变化，只要机构的职能、行为方式不变，就不涉及经济体制的改变。经济体制所涉及的，不是经济组织的物质载体，而是各种经济组织的结构、职能和行为方式所体现的经济关系。正是由于具有这种经济关系，才使经济组织成为经济体制有机整体的组成部分。

经济体制的运行要遵循客观的经济规律，有一定的运行方式。但不能把经济体制单纯地归结为经济行为方式和经济活动的规范。经济组织规范性的行为方式是经济体制的具体表现形式之一，是经济体制的动态表现，其本质仍是一定经济关系。而行为规范则是规范性行为在法律上的反映，它属于上层建筑，它只能反映、确认和保护经济体制，不能取代经济体制。经济体制的改革和完善需要通过立法等方式加以确认和巩固，但是经济体制本身并不等于法律规范，它不能单纯靠立法等规定行为规范的方法来建立，它需要在实际经济生活中形成或改变。

在作了上述说明之后，我们对经济体制这个范畴有了一般的了解。这还不够，因为我们还没有说明现代市场经济条件下的经济体制，即现代市场经济体制的含义。经济体制是个历史范畴，必须对经济体制的特定的历史背景进行考察，才能对现代市场经济体制有深刻的理解。

在不同的历史时期，由于生产力发展水平等经济环境的差异，资源配置的原则和方式是不同的。作为资源配置具体形式的经济体制，也具有不同的性质。

在自然经济条件下，人们经济活动的范围狭小，自给自足，又相互隔绝。自然经济的经济体制的特点是：经济组织结构单纯、布局分散，相互封闭；多年沿袭不变的传统和习惯、超经济强制是经济体制运行的主要依据；商品交换十分稀少，以实物经济为主。

在小商品生产条件下，人们的劳动分工虽有发展，但分工的范围仍然狭小，通常为附近人们所熟悉的市场生产。市场规模小，产品品种简单，生产者和消费者相互熟悉，供求关系简单明了。小商品生产基础上的经济体制的特点主要是：经济组织规模小、布局分散；经济体制运行的主要依据是经验等，价值规律也起一定作用；商品交换有所发展，市场分散又相互隔绝。

产业革命以后，商品生产和商品交换迅猛发展。商品生产和商品交换成为社会最普遍的生产方式后，人类社会发展到市场经济阶段。众所周知，国民经济最主要的内容有两个：生产和分配。在市场经济条件下，生产和分配具有两个显著特征，以市场经济为基础的经济体制的性质也随之发生变化。

第一，为卖而生产。生产者生产的产品，不是用于自身消费，而是为他人服务。但这种生产又是为了自身利益，是为了与别人交换自己所需要的产品。生产要顺利发展下去，必须使"为他人服务"和"为自身利益"这双重目的协调一致，这就必须具备两个条件：一是生产过程必须符合整个社会分工的要求，产品才能符合社会的需要，生产产品所耗费的个别劳动才能转化为社会劳动的组成部分；二是厂商必须合理地使用资本、劳动力及其他资源，保持较高的劳动生产率和较低的生产成本，才能保持较高的市场竞争力，提高自身的经济效益。所以，市场经济条件下的社会劳动在各产业部门的分配，不是单纯的生产要素数量上调配，也是通过市场协调各种社会利益的过程。各种市场利的协调是资源有效配置的基础。经济体制就是通过协调各种市场主体利益来实行资源配置的主要的形式。

第二，社会产品的分配主要通过市场实现。广义的分配关系，既包括对生产资料等生产要素的分配，也包括对消费品的分配。其中，生产资料的分配关系，在相当大程度上决定着各个市场主体之间在资源配置中的地位和作用，决定了资源配置活动的性质。在一个现实社会内，社会产品分配的原则和形式可能是多种多样的。但在市场经济条件下，各种分配形式，都要通过市场来实现，都渗透了市场经济的原则。这种通过市场来实现社会产品分配的制度，也构成了经济体制的一个基本内容。从这种意义上讲，经济体制又是通过市场实行社会产品分配的主要的形式。

从上述内容可以看出，市场经济的基本特征，是国民经济中的生产和分配以市场的存在为条件，资源配置和产品分配通过市场间接地实现，受价值规律、价格规律、竞争规律等多个市场经济规律的支配，受到市场、货币、价格等多种因素的影响。撇开现代市场经济关系，继续沿用自然经济和小商品经济的经济体制，或者采取直接计算和直接分配资源的方法管理国民经济是不行的。必须建立一个新的、有效的社会体系，它能够使市场经济客观规律得以具体表现，能够使市场机制充分发挥作用，具有有效地协调人们的经济利益的机制，使国民经济均衡发展。这个社会体系，就是市场经济体制。

市场经济体制以社会化的大商品生产为基础，与以往的经济体制相比，具有新的性质和特征，主要表现在：

以现代化的经济组织体系为基础。在市场经济发展过程中，直接生产部门的社会分工日益细密，经济组织的职能不断分化，其中某些职能独立化并从母组织中分离出来，成为建立新的经济组织的基础。例如，从直接生产部门中分化独立出来的产品销售、技术服务、信息服务等专门机构；由于同一生产部门内不同产品、不同零部件、不同工艺流程的生产专业化的发展，导致组织结构不断分解，衍生出新的生产性企业。与此同时，随着商品交换的拓展，大批各种类型的市场中介机构出现，如各种行业协会、会计事务所、审计事务所、律师事务所、经济仲裁机构、证券交易所等。它们成为市场经济中必不可少的组成部分，保证了市场交换活动的正常、有序、高效地进行。更为重要的是，政府对经济生活的全面介入。政府不再仅仅在社会经济活动的外围充当"守夜人"，而是对整个社会再生产过程，包括生产、交换、分配、消费等各个环节施加必要的影响；不再仅仅作为上层建筑的组成部分来对经济基础起反作用，而是直接占有或控制某些生产资料，直接从事某些生产活动，成为全社会最重要的经济实体之一。这样，社会经济组织可划分为厂商、中介机构、某些政府机构三种类型，每一种类型内的经济组织又千差万别，它们之间分工细密又相互联系、相互渗透，形成多类型、多层次、庞大而复杂的组织群体。小商品生产条件下的那种比较单纯、划一的经济组织结构，根本无法与之相比。

以市场为中心的经济网络，成为市场经济体制的基本框架。商品交换的发展提高了市场在国民经济中的地位，使它成为国民经济联系的枢纽。在自然经济条件下，市场仅仅是商品交换的场所，它存在于再生产流程的尽头，在社会经济活动中起补充作用。商品交换的拓展促进市场体系迅速扩大和健全，市场体系从原来比较单一的商品市场，发展为拥有商品市场、生产资料市场、资金市场、技术市场、劳动力市场等十分完整的体系；市场规模巨大，市场幅射面广阔，不但有国内市场，国际市场也迅速发展；市场功能的发展有重大突破，市场不仅是一般的意义上商品交换的场所，而且已成为把各个生产者、消费者联结成为一个有机整体的经济枢纽，市场上的各种经济参数成为经济关系发展变化的显示器，市场上的各种经济杠杆成为经济调节的主要工具。由于上述变化，市场在国民经济中的地位得到根本改变。在现代市场经济条件下，市场作用贯穿于社会再生产流程的始终，市场成为各种经济组织相互联系的枢纽、企业经营和国家经济调节所关注的中心。以市场为中心的经济网络的形成，为经济体制的产生准备了基本框架。

市场经济的客观经济规律，成为市场经济体制运行机制的核心。小商品经济发展到市场经济阶段后，商品货币关系在社会经济关系中成为占主导地位或统治地位的生产关系，价值规律成为基本的社会经济规律之一。商品货币关系仿佛是"普照之光"，对社会经济关系的其他部分，如所有制关系、消费品分配关系等产生渗透、改造作用，给它们打上了"市场经济"的烙印，致使整个社会经济关系发生了根本性变化，并被纳入了市场经济的轨道。这为国民经济统一的运行机制和运转秩序的形成奠定了基础。在生产资料所有制方面，市场竞争促进了资本集中和生产资料占有方式的社会化，这种社会化主要是通过商品货币关系实现的。在建立股份制过程中的股票发行和上市交易，生产资料、产权、经营权的转让和交易，都是通过市场实现的，商品货币关系成为实现生产资料占有方式社会化的必不可少的前提条件；在分配方面，消费品的分配也采取商品的形式，通过商品交换来实现，货币、价格等价值形式成为影响分配关系的重要经济杠杆，个人消费品的分配过程被纳入了市场经济的轨道；在劳动就业方面，劳动力的商品化和劳动力市场的存在是现代市场经济的重要特征之一，这是不言而喻的。在价值规律成为基本社会经济规律的基础上，货币、价格、利息率等价值范畴成为调节国民经济的主要经济杠杆，使人们自觉调节社会经济的活动成为可能。

总之，市场经济体制是某个国家在特定的历史条件下，为运用市场机制实现资源配置而建立的经济组织体系和运行规范的总和。它是庞大而复杂的社会系统，它所反映的，不是其他什么生产关系，而是以社会化大生产为基础的市场经济关系，它是市场经济内在规律的表现形式和具体的实现形式，它与市场经济之间是形式和内容的辩证关系。

第二次世界大战结束以后，某些国家曾经出现过否定市场经济的"计划经济"时期，出现过以高度行政集权为特征的经济体制。这种体制，经济调节的权力首先来自经济之外，主要来自国家政权的力量；以行政联系割裂、取代经济联系；把政治行为、军事行为中的强制性手段施加于经济生活之中。这实际上是"政治统治经济"的结果，是政治体制或军事体制在经济生活中的延伸。这种经济体制常常出现在战争时期或革命胜利后的一段时期。在历史发展的某些特殊阶段上，这种体制具有合理性和一定的历史进步意义。但是它并不反映实际生活中的市场经济关系，不是根植于市场经济的客观经济规律基础上的，缺乏长远、坚实的经济基础。在市场经济条件下，它不是经济体制的常态，在完成其历史使命之后，必然会退出历史舞台。

三　经济体制在社会结构中的地位

经济行为仅是所有社会行为的一个方面，经济体制也是整个社会结构中的一个子系统。必须把经济体制置于更广阔的社会—政治环境中进行考察，研究经济体制这个子系统是如何与其他子系统联系在一起的，它们相互依存的性质是什么，它们如何相互发生作用，才能更全面地了解经济体制的内涵。西方学者对此有较多的论述。英国学者艾登姆和维尔蒂指出，经济制度是在一个广阔的社会—政治环境中活动的，这个社会—政治环境包括政治制度、意识形态、历史、发展水平、地理位置、自然资源和开放程度。图示如下。

社会—政治环境略图

上图旨在向我们展示经济制度存在和发展的大环境，但没有说明大环境中各个子系统的相互关系。

纽伯格和达菲提出了在社会结构中影响经济活动的主要变量。它们是：（1）环境。包括经济技术发展水平和潜力，国家规模和位置，社会政治制度，历史传统和国民的偏好等。显然，这是一个十分庞杂的概念。（2）政府政策。包括政府规定的目标及达到该目标的方式。（3）经济活动的结果。包括生产出来的产品和服务。（4）评价经济活动的标准。（5）经济体制。

上述学者的论述是卓越而耐人寻味的。当然，不可避免地带有西方学者常常有的"通病"。这主要是：几乎无视生产资料所有制对经济体制的影响，而所有制对经济体制的影响具有决定性意义；过分强调人们心理上的偏好、价值标准的作用，甚至把它列为社会环境内容之一，看不到它是客观经济关系、社会关系在人们头脑中的反应；关于经济、技术进步对经济体制产生的影响的论述尚不充分，而科学技术进步正是所谓"信息社会"的主要基础之一，它对经济体制所产生的影响与日俱增。

我们认为，社会环境中对经济体制有较大影响的因素主要是：国民经济发展状况，生产资料所有制，国民的科学文化基础，政治制度和民族传统，经济政策。

国民经济发展状况包括经济、技术水平和经济规模等，它对经济体制的影响是很大的。如果国民经济发展状况一成不变，那么，经济决策等活动就会变成沿袭不变的例行程序和习惯，那么，经济体制、经济决策等问题也就无关紧要，甚至没有存在的必要。经济、技术的不断发展是绝对的。随着经济、技术水平的不断提高，导致社会劳动分工日益细化，生产专业化和协作的水平不断提高，也要求市场不断扩大，信息量不断增加，经济体制势必要随之而改变。20 世纪 60 年代，前苏联东欧国家国民经济的发展由外延扩大再生产为主开始向内含性扩大再生产为主转变，随之而出现了社会主义国家经济改革的一个高潮，就是明显的例证。

经济发展水平不同，市场经济中的经济关系、经济矛盾以及解决矛盾的方式与途径都有悬殊的差别，经济体制也不同。以小生产为基础的市场经济，主要是小生产者之间的经济关系，市场辐射的范围、市场机制调节作用都比较有限。这种条件下的经济管理除了发挥调节小商品生产的功能之外，还担负着使国民经济现代化、使小商品经济发展为大商品经济的双重历史使命。以社会化大生产为基础的市场经济则不同。这时的市场机制比较成熟，功能比较齐全，已经成为社会经济调节的基础。这个条件下的经济体制的两个重要特征，就是国家机构的参与以及对外经济功能的强化。

市场经济不是一种可以脱离生产资料所有制而独立存在的生产关系，

经济体制同样也可以脱离生产资料所有制而独立存在。生产资料所有制性质对经济体制的影响是决定性的。一般来说，谁拥有生产资料，谁就能独立地或运用外来劳动力进行生产和再生产，决定产品在不同成员之间的分配比例。因此，它规定了经济体制的运转是以什么人的利益为中心的，也就决定了市场经济体制的性质。以生产资料所有制为核心的社会经济制度是经济体制运行的基础和大环境，它规定了经济体制运行的目标和中心。同样是市场经济，它在社会主义条件下与在资本主义条件下所具有的性质是截然不同的，运行的规律也有明显差别。

但是经济体制与以生产资料所有制为核心的基本经济制度之间有明显差别。这主要是：

基本经济制度的核心问题是不同阶级之间的经济利益关系，而经济体制的核心问题是国民经济的均衡发展。研究经济体制，就是要了解经济体制中的主要参与者的性质，使参与者们相互协调，促进国民经济的均衡发展。当均衡没有实现时，就可以在体制中找到失衡的主要原因，并采取调节、改革的措施，消除失衡产生的因素。经济体制的背景也是人们的利益关系。但这种利益关系大量的不是人们的阶级利益关系，而是人们由于劳动的社会分工所形成的不同职能，不同"角色"之间的利益关系，如生产者与消费者之间、劳动者与管理者之间的利益关系等。

基本经济制度是与社会经济形态相联系的范畴，它是普遍地、长期地存在的。而经济体制则是在特定的国家、特定的发展时期存在的某种生产关系，它是与某个国家市场经济发展水平和国民经济的具体状况相联系的范畴。相同类型的基本经济制度，可以有多种多样的经济体制。它是具体的、特殊的。不从时间和地点两个方面来说明经济体制，经济体制就不存在。

经济体制是多变的，它受多种因素的影响，除了基本经济制度之外，还受技术进步、政治环境、历史传统等的影响。当这些因素发生变化时，经济体制迟早也会随之变化。因此，体制是灵活的、多变的，而基本经济制度则是相对稳定的。

国民的科学文化基础，包括科学文化知识的水平、规模以及知识增长的速度，对经济体制的影响与日俱增。科学文化知识的增加，决定了生产设备的技术水平、劳动力和国民素质水平的提高，促进了经济管理手段现代化，它本身又构成社会信息主要内容和基础之一。它对国民经济的发展和经济体制的改革、完善发挥了难以估量的巨大作用。

政治制度、民族文化传统和意识形态等对经济体制也有较大的影响。政治制度对经济体制的影响主要是通过国家在经济生活中的作用来施加的。国家通过经济手段、行政手段、立法手段，建立和维持市场经济框架和秩序，干预经济过程。国家本身还作为投资主体和消费主体直接进入经济过程，成为重要的经济实体。政党制度是政治制度中的重要组成部分。执政党会把本党的宗旨、路线通过党组织、党员以及国家政权机关贯彻到经济体制中去。

一定的社会意识形态作为上层建筑的一部分，会对经济基础产生强大的反作用。尤其是社会主导的意志形态会通过执政党所奉行的执政纲领、国家的法律文件以及人们的行为规范等对经济过程发生作用。意识形态对经济体制的作用常常难以鉴别。因为，社会中不可能只存在单一的意识形态，而是多种意识形态并存，它们对经济体制作用的方向、大小是不同的，它们会形成一种"合力"来影响经济体制，就出现了难以鉴别的状况。意识形态的作用又是潜移默化的，它对经济体制以"渗透"的方式发挥作用，人们难以觉察。另外，意识形态的变化与经济体制的改变之间常常是不同步的，意识形态的变化有时走在体制改革的前面，有时又落后于经济体制改革，这种"时间差"有时也使人们看不清这两种变化之间的有机联系。

所谓经济政策，"是国家和政党为指导、影响经济活动所规定并付诸实施的准则和措施"[①]。或者说，是"政府以对经济生活施加影响为目的而采取的行动"[②]。就内容而言，主要包括政策目标和政策手段。

经济政策是影响经济体制的一个重要因素。经济政策规定了经济体制运行所要达到的社会目标。一个国家在制定了国民经济发展的战略目标之后，就必须通过制定经济政策目标的手段使战略目标具体化、系统化、指数化。在现代社会中，发展战略的目标具有极广泛的内容，包括国民经济增长、就业率、经济和社会稳定、环境保护以及其他多项目标，这些目标

---

① 许涤新主编：《政治经济学辞典》上册，第104页。
② 转引自〔日〕守谷基明《现代经济政策论》，第8—9页。

可以有多种不同的组合，有的目标之间由于相互矛盾又需加以协调。经济政策的制定者，必须根据本国国情进行多目标的分类、协调、重要程度的排列，制定出目标政策。这目标政策就为经济体制的运行或体制改革规定了运行的方向和应围绕的核心。而经济体制本身只解决经济运行的方式，不规定经济运行的目标和任务。

经济政策能补充经济体制功能方面的某些不足。特别在某些宏观经济领域，经济政策发挥广泛的作用，如通过制定产业政策、投资政策、收入政策等方式，确定积累基金与消费基金的比例，实现产业结构的合理化和高级化，促进整个国民经济的健康发展。

经济政策为经济体制创造了正常运行的社会环境。例如，国家关于反对垄断、促进竞争和维持市场秩序等方面的政策又为经济组织提供了良好的外部环境，增强了微观经济领域内活力。国家关于人口、环境等方面的政策，改善了整个社会环境，也为国民经济和经济体制的正常发展，提供了基础条件。

另外，经济体制也为经济政策的制定和实施提供了组织保证和社会基础。经济体制规定了各种经济组织的结构及其活动的规则，形成了庞大的、完整的有机系统。政府在制定政策时，必须尊重这个系统中经济组织的意向，最后，又必须通过这个系统来贯彻、落实政策措施。因此，经济政策和经济体制所进行的经济调节活动的性质和方向必须一致。

从上述内容可以看出，经济体制与经济政策是调节经济活动的两个最重要的手段，它们的核心都是力求实现国民经济的均衡发展。在实际经济活动中，它们两者是相辅相成的。

当然，两者之间有明显的区别。

两者的"主体"不同。制定经济政策的主体一般是政府。经济政策是政府调节社会经济关系、干预经济活动的主要形式，尽管经济政策必须反映客观的经济环境，尊重经济规律，但它毕竟是国家发挥经济职能的一种方式，它是上层建筑的组成部分。经济体制的主体则由企业、家庭、某些政府机构共同组成。在这里，政府机构主要不是作为上层建筑的组成部分，而是作为一个重要的投资者、生产者和消费者，即作为重要的经济实体参与的。

两者调节的范围也有差异。经济体制主要是调节经济活动和人们的经济利益。而经济政策所涉及的范围比较广泛，既包括纯经济目标，如国民经济增长速度、就业率、物价稳定等；也包括许多非经济目标，如社会治安、文化教育、国防、环境保护等，呈现多层次性。

两者调节的方式也不同。经济体制借以形成和运行的基础，主要是人们的经济利益和经济杠杆。经济政策作为上层建筑内容之一，主要通过政府的行政系统、采取行政方式由上而下地发挥作用，这种调节带有明显的行政强制的性质。当然，这种以行政方式实行的调节活动，也不能背离经济规律的要求。

四　经济体制的内部结构

（一）"DIM" 方法及其局限

如果要讨论经济体制的内部结构，那么，我们不能不首先提到 E. 纽伯格的 "DIM" 方法。纽伯格等认为，经济体制是以决策结构为中心的，它主要由决策结构、信息结构和动力结构组成。

经济体制中最重要的是决策结构。所谓决策，是在若干可供选择的方案中作出抉择。在不同体制中，解决同一类问题往往采用不同的方案。经济决策权按决策的内容可以分为生产决策（如何、何时和何地生产）和同目标有关的决策（生产什么和为谁生产）。按决策方式可划分为直接决策权和间接决策权（通过对当事人的影响来达到自己的目的）。

决策权在社会成员之间的分配形成了决策结构。可分为两大类型，即集权形式和分权形式。集权形式主要以上级与下级之间的权力分配的不平等为特点，上级可以决定下级的行为，而下级没有影响上级的能力。集权的程度主要通过计划集中的程度来体现。一般地讲，计划的时间越短，计划的范围越广，计划指标越细密，集权的程度则越高。

集权体制与分权体制有各自的长处和短处。集权体制的优点主要是：能较好地实现整个社会的共同目标，体现社会整体利益；有效地改善经济结构；能顾及长远利益；可以集中力量解决国民经济的薄弱环节的问题。分权体制的长处主要是：能较好地保护个人自由；可以避免中央决策失误带来的损害；有较大的灵活性；经济决策可以更好地考虑经济因素，减少政治的影响。

信息结构主要包括收集、传递、处理、储存、取出和分析数据的机制和渠道。决策者为了缩小他的预测和现实之间的差距，必须依赖于信息结构的品质和当事人进行信息估价的技能。信息不能保证预期的经济效果，只是增加预期的效用。信息结构要做到以下三点：保证信息的准确性，准确的信息才有价值；信息流必须具有灵活性，能控制信息的主题，减少冗长和无关的信息的数量；决策者使用信息要有较高的素质和明智程度。

动力结构是当事人借以贯彻自己决策的机制，即让其他人服从于自己愿望的方式和途径。动力结构可以分为四个方面：借助于传统和法定义务；诉诸利己主义考虑；求助于团结的要求；通过各种强制。刺激结构是动力结构的重要组成部分。又可分为四类，即正面的物质刺激，包括由价格、税收、补贴、工资等杠杆的变化而引起的利润水平和收入水平的变化；正面的精神鼓励，如授予某种荣誉和称号；反面的物质刺激，如撤销某些物质利益；反面的精神刺激，如撤销某些荣誉等。

DIM 方法在学术界具有重要的地位，以致某些学者把它看作现代体制经济学的代名词。理论随着实践的发展而发展，任何重要的理论都具有时代的局限性。随着时间的推移，DIM 方法也暴露出一些不足之处，需要加以补充或修正。

第一，DIM 方法最主要的局限在于，它所涉及的，主要是国民经济中的产品和劳务的生产问题，即资源的运营问题，没有探讨资源的占有问题。众所周知，国民经济最主要的内容有两个：生产和分配。产品和劳务生产出来之后，还须通过某种方式把产品和劳务交给消费者，这就是分配问题。为分配而建立的组织体系及其运行规范，可以称之为"资源占有结构"，也应是经济体制的构成部分。广义的分配关系，可以划分为生产要素的分配和消费品的分配，也可以划分为收入（流量）分配和财产（存量）分配。其中，生产资料的分配关系，决定着各个市场主体在资源配置中的地位和作用，决定了资源配置活动的性质。在一个经济组织内部，生产资料的分配关系主要通过产权制度来实现。

第二，DIM 方法仅涉及单个经济组织内部的体制结构，未涉及宏观经济体制结构的问题。DIM 方法指出每一个经济组织的经济体制都包含决策、信息、动力三个方面的内容。如果以决策结构为中心，那么，我们可以把信息结构视作决策结构的前提，把动力结构视作决策后的实现机制，而决策实施之后的结果，又构成信息的来源之一。那么，某个经济组织体制运行的流程可看成这样一个无限往复的过程：

信息 → 决策 → 动力 → 信息→……

这个流程是围绕资源的实际运用进行的，它是否高效、通畅，是经济体制生命力的表现。我们把围绕资源的实际运用所建立的组织体系及其运行规范，称为"资源营运结构"。

如果把单个组织的流程置于整个社会经济范围中，可以发现，一个组织的决策行为可能成为其他组织的信息结构或动力结构的组成部分，而其他组织的决策行为又构成这个组织的信息结构或动力结构的组成部分，各个经济组织体制运行流程是相互联系、互为条件的。

我们以政府为例来加以说明。政府在作出关于发展消费品生产的决策之前，必须收集信息，其中最重要的是关于市场需求状况的信息，这种信息主要是千百万家庭的消费决策共同形成的结果。政府作出决策之后，最重要的是调动企业的积极性和主动性来实现决策目的，这对政府来讲是属于动力结构的问题，对企业来讲则属于决策结构的问题。依此类推，在整个社会经济活动中，社会各级经济组织的决策、信息、动力结构是相互联系、相互交叉、互为因果、相互制约的，并形成了以决策结构为核心的冗长而复杂的因果链。这个因果链所形成的合力，才是推动国民经济发展的真正动力。这就产生了各个经济组织体制结构之间的相互协调问题。因为，这个因果链合力的作用方向和大小，在很大程度上取决于各个经济组织的体制结构之间的相互磨合的程度。

我们不可能也没有必要对社会上的各种经济组织之间的关系逐一进行研究。要研究这个问题，必须对经济主体进行分类。按经济职能和组织形式划分，经济主体通常被分为三类：政府、企业、家庭。在不同的体制下，三类主体在资源配置中的地位和作用有很大的区别。我们认为，造成上述差别的主要原因，是它们在社会资源占有中的地位和作用方面的差别。而这是由国家对社会资源的占有体制决定的。

第三，忽视了社会制度等环境条件的影响。在不同的社会制度等环境条件中，相类似的资源配置结构和资源占有结构会产生出不同的结果。在不同社会制度中，从事经济活动的各个社会行为主体的性质是不同的，它们的资源占有和资源配置结构社会性质也互不相同。例如，同样是股份制，在私有制条件下和公有制条件下它们的社会性质是对立的。同样是集中型的决策结构，因社会制度不同，也会有差别，不能一概而论。由于这个问题涉及面较广，下面我们将不再讨论这个问题。

（二） 对 DIM 方法的补充——资源占有结构

笔者认为，由于上述原因，我们需要对 DIM 方法进行补充，在经济体制结构中增加资源占有结构。这样，经济体制应由六个主要要素构成：产权制度、国家对资源占有的制度、收入分配制度、决策结构、动力结构和信息结构。如下图：

资源占有结构	资源运营结构
产　权　制　度 国家对资源占有的制度 收 入 分 配 制 度	决　策　结　构 动　力　结　构 信　息　结　构

经济体制结构图

需要对资源占有结构进行一些解释。所谓资源占有结构，是人们在资源占有中的相互关系。如果把资源占有结构的社会性质问题，即所有制问题舍掉，资源占有结构主要包含三个内容：微观经济中的产权制度，宏观经济领域中的国家对社会资源的占有体制，以及由这两个因素决定的收入分配关系。具体分析如下。

1. 产权制度。在政治经济学中，生产资料所有制问题主要研究各阶级在生产资料所有关系中的不同地位与作用，以揭示经济制度的社会性质。企业的产权制度问题则不同，它主要研究对生产要素加以利用或处置并从中获得收益的权利，即人们对物的利用所引起的相互之间的关系，以揭示在所有制既定的条件下，特定的财产权利与经济发展动力之间的内在联系。一个完整的产权包括占有权、使用权、收益权和转让权。不管所有制的性质如何，按行使产权的主体的特征划分，产权一般可以划分为四类，即私人产权、共有产权、集体产权和国有产权。

产权制度是经济决策结构的基础之一。在西方经济学中，对稀缺的生产要素实际的占有和使用权，一直是生产决策权的基础之一。在中世纪，土地曾经是最重要的生产资料，对土地实际的占有和使用权是其他经济权力的基础。产业革命之后，对资本实际的占有和使用权又成为决策权的主要来源。在信息社会中，对特殊的生产资源——信息的支配，具有至关重要的地位。

2. 国家对资源的占有体制。如果说产权制度构成经济体制的微观经济基础的话，那么，在宏观经济领域中，国家对经济资源的占有体制，则是构成经济体制的另一个因素。所谓国家对经济资源的占有体制，就是国家对经济资源加以利用或处置并从中获得收益的权利。不论社会制度如何，在形式上，国家都是全社会的代表。国家必须以全社会的名义，为了社会的公共利益，实行对部分社会经济资源的占有。国家对资源的占有主要包括：

占有有形资源，如占有原本归国家所有的资源，如河流、矿藏等，占有民间资本没有能力或不愿占有的生产资料，占有有关国计民生的特别重要的生产资料。

占有无形资源，如掌握和控制最尖端的科学和技术、最广泛最重要的社会经济信息，通过产业政策等方式在各类经济组织之间排列社会重要性的序列，等等。国家在无形资源占有方面的强大优势和一定程度的垄断地位，是其他任何经济主体都无法与之相比的，这也是现代市场经济在资源占有结构方面的重要特点。

国家对资源实行占有的方式，主要有两种，一种是直接占有，即国家凭借对资源的所有权，直接对经济资源加以利用或处置并从中获得收益；另一种是间接占有，国家不是凭借对资源的所有权，而是凭借国家的地位和权力，通过对其他经济主体的产权进行干预和限制来实现的。

国家直接占有的方式主要有：国家直接占有、控制和分配重要的自然资源和无形资源，如土地、河流、矿产资源等重要资源，以及重要的经济信息，尖端的科学技术，等等。

国家作为实力雄厚的投资者，向重要行业和企业的投资，实行参股和控股，或者建立国家独资企业。国有企业的产权由归国家所有。由于国有企业在市场上具有重要地位和影响，又成为国家影响整个社会经济运行的重要渠道。

国家间接占有的方式主要有：

运用国家行政力量，干预产权制度的形成与发展。国家对生产资料所有制的立场，是坚持以私有制为基础，还是以生产资料公有制为基础，这是产权制度具有不同社会性质的原因。在同一类型的生产资料所有制中，不同国家或同一国家在不同时期，对产权制度的立场也各不相同，这使产权制度出现差别。在产权制度改革的过程中，国家常常承担组织者和领导者的作用。国家制定产权制度改革的目标，决定向新制度过渡的措施和步骤，解决体制过渡时期所出现的各种矛盾和问题。国家的导向作用如何，对产权制度的改革和完善起着关键作用。现实社会中的产权制度，一方面决定于各个产权主体的利益和意志；另一方面决定于国家对产权制度的立场和干预的程度和方式，它是两种力量合力作用的结果。国家对产权制度的政策，限制或扩大了经济主体对所支配的生产资料的产权的范围，实质上是对经济主体的产权的一种侵蚀和剥夺。这种干预权，也可以说是一种间接的产权，并成为资源占有结构的组成部分。

为产权主体的经济活动，即产权的具体实施过程划定活动框架和基本规范，以协调社会经济关系，保证社会经济的统一和正常运行。例如，国家关于促进市场竞争的措施，关于社会的福利政策、产业政策、关税政策以及货币政策、工资政策等。国家的这种行为，是对产权的具体运用和实施过程的限制，它也是对企业产权的一种侵蚀。

国家对国民收入实行再分配，对产权主体的收益权实行限制。国家主要通过财政税收政策、收入政策对国民收入实行再分配。有时在向企业征收税款的过程中，实行不同的税收政策和差别税率，然后把收到的部分税款用于对特定企业和特定产品的补贴。企业最后实现的纯收入，是在销售产品和劳务后的收入的基础上，经国家再次分配后的结果。因此，企业的纯收入主要决定于两个主要因素，自己的销售收入和国家的再分配政策，而且后一个因素的作用有不断增大的趋势。企业收入是企业产权的实现，国家对国民收入实行再分配，是对企业产权最终实现的限制，同样也是对企业产权的侵蚀。

3. 收入分配制度。前两个问题属存量分配，收入分配属流量分配。市场经济条件下，生产者必须有为他人消费需要进行劳动的切身利益。按形式划分，利益可以划分为物质利益、精神利益和闲暇利益。物质利益主要指对物质资料和劳务需要的满足，包括人对生存资料、享受资料、发展资料的需求的满足。精神利益是指对人的文化生活需求的满足，如社会地位、名誉、友爱、他人的尊重等。闲暇利益是人的利益的最高境界，自由支配的时间是人类全面发展的前提，是人类最高层次的利益。

经济利益是物质利益的主要组成部分。人们的经济利益主要指最大可能地获得稀缺资源，即获得产品和劳务。在市场经济条件下，获得稀缺资源的手段主要是获得货币，于是，人们的经济利益就变为主要是最大可能地获得货币。在货币收入中，最主要的是劳动和投资收入，即通过为他人的投资或劳动得到社会承认之后所得到的货币收入。

货币收入具有两重性。一方面，它是通过市场经济的行为主体相互交换自己的劳动成果而获得的，商品生产和商品交换的水平越高，各个主体所获得的经济利益也随之增加。所以，它具有社会一般利益的性质；另一方面，由于市场经济主体的地位不同，它们获得货币收入的方式也不同。劳动者获得货币收入的方式是工资，企业主获得货币收入的方式是利润，国家获得货币收入的方式主要是财政收入。在社会产品和劳务的总量既定的条件下，它们之间的收入水平有此长彼消的关系，所以，它又具有社会特殊利益的性质。各种货币收入之间这种既统一又矛盾的关系，构成了市场经济条件下社会物质利益关系的主要内容，成为资源配置结构中的动力结构的客观基础。

工资是劳动者出卖自己的劳动（或劳动力）所获得的货币收入，它是与劳动者对自己劳动力的所有权相联系的。工资收入具有两个特点，一个是工资收入水平须与劳动者所提供的劳动的数量和质量相适应，这能提高劳动者的劳动积极性和劳动效率，推动生产发展，还能促进劳动者提高自身的素质和技能，促进劳动力在不同岗位之间合理的流动；另一个是工资收入有最大化的倾向，在所提供的劳动的数量和质量既定的前提下，劳动者都力求使工资收入达到尽可能高的水平。工资收入的增长超过合理的限度，会导致社会消费基金膨胀，降低积累率，阻碍经济发展。

利润是企业出售产品获得的收入和总成本之间的差额。广义上说，它是企业这个社会组织出卖自己劳动所获得的货币收入。与工资收入不同的是，这种收入是与生产资料的所有权相联系的，它总是为生产资料的所有者所占有。利润收入也有两重性。一方面，在市场机制条件下，利润是以生产的社会效用为基础的。企业的产品要符合社会的需要，企业要通过提高生产要素的利用率，通过生产技术和产品的创新来提高利润收入水平。因此，对企业来讲，对社会的效益越大，企业的利润水平也越高，企业利益与社会利益是相互一致、相互促进的。利润利益能促进必要的企业创建、企业发展和不断创新。另一方面，利润收入也有最大化的倾向，企业所有者总是追求尽可能高的利润率，在某些情况下，企业主可以通过损害工人和社会利益来谋求高利润：如压低工资，牺牲劳动者的利益；或者通过商业垄断行为，即通过强制的垄断价格，牺牲消费者的利益。

财政收入是国家凭借行政力量，主要通过税收等途径获得的货币收入，它属于社会收入再分配的范畴。国有企业的上缴利润是国家以国有资产所有者的身份获得的，它也是财政收入的重要来源。国家作为上层建筑，是为与其相应的经济基础服务的。因此，国家财政收入和财政支出等活动，应适应经济关系的性质和发展的要求，促进国民经济的发展。但是，国家机构也有自身独立的利益，这些利益并不总是与社会经济利益一致，有时还是相互对立的。这主要是：国家机构作为高居于社会之上的最高层次的社会组织，其工作人员往往具有特殊的社会地位和社会利益，这些利益并不处处时时与人民大众的利益完全一致；国家利益的运行首先以保证政治利益为选择前提，政治利益与经济利益常有相互矛盾的现象；国家领导人集团在政府决策中具有举足轻重的作用，他们的个人意志或个人利益也会发生脱离社会利益的现象。在这种情况下，财政收入和财政支出等活动，就会损害社会经济利益。工资、利润、财政收入三者之间的关系，是市场经济条件下国家、企业、职工三类市场主体之间利益关系的集中反映。

浅议经济体制效用的评价*

所谓经济体制的效用，就是经济体制在经济活动中产生的各种效应的总和，是对国民经济发展的作用力，是我们认识、评价一种经济体制优劣的客观基础，也是我们选择改革目标、确定改革重点和途径的依据之一。关于如何评价经济体制效用的研究，应该是经济改革理论中的重要组成部分。

一 经济产出和经济体制效用

一个社会最终的经济产出是由各种经济因素共同作用的结果。经济产出最初作为一个物质财富的概念，首先来源于人类与自然界的物质交换的自然过程。人类施行和控制这种物质交换的能力，即生产力水平，是形成社会最终经济产出的最基本的、第一性的因素。

除了客观的生产力水平之外，经济制度对经济产出的形成具有比较重要且直接的作用。经济制度中最重要的有三个：生产资料所有制、经济体制和经济政策。生产资料所有制是人们在生产资料占有中的相互关系，它是社会不同阶级、阶层之间的经济利益关系的基础。它规定了社会经济运行的目标，以什么阶级、阶层的利益为中心，是经济体制和经济政策发生作用的基础。经济体制不能规定经济运行的目标或利益中心，它所解决的核心问题，是经济运行的速度和均衡。经济体制调节的也是人们的利益关系，但是这种利益关系不是在生产资料占有中的相互关系，而是社会分工中不同职能的实行者之间的利益关系。例如：生产者与消费者之间、劳动

---

* 原刊于《中共浙江省委党校学报》1995 年 4 期。收入本书时作了修改。

者与管理者之间，国家与企业、职工之间的关系等。当均衡发展未能实现的时候，就可以在经济体制中找到原因，并通过体制改革和调整来实现分工中不同职能实行者利益的均衡。① 阶级利益关系是经济利益关系中的最高的层次，社会分工不同的职能实行者之间的利益关系是经济利益关系的基础。经济政策是国家和政府调节、干预经济活动的主要形式之一，与生产资料所有制和经济体制不同，它属于上层建筑的范畴，是国家发挥经济职能的一种方式。经济政策的主要内容也是国民经济的均衡发展，并与经济体制在调节经济的活动中相互补充、相得益彰。一般来说，经济政策的目标更为广泛，政策手段带有较多的行政强制性，它能解决一些超经济问题和紧急的经济问题，弥补了经济体制功能之不足。而经济体制则是社会经济运行的组织结构和机制体系，它为经济政策的实施提供了基础和保障，它的作用比经济政策更带有基础性和长期性。

由此可见，经济体制不是影响经济发展的唯一因素，而是诸多因素中的重要因素之一，它与其他因素相互联系，共同形成影响经济发展的合力。示意图如下：

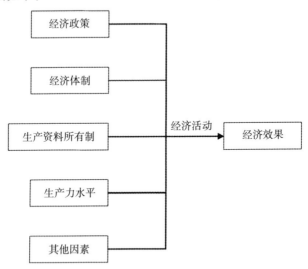

---

① 我国的股份制化等"所有制改革"，不涉及最终所有权的变革，涉及的是资本形态的变化，是不同职能资本分工关系的调整，属于体制改革的范畴。与解放初期的"剥夺剥夺者"的资本最终所有权的变革有本质区别。

明确经济体制与其他制度因素之间的关系，有助于我们在研究经济体制时，抽象掉经济活动中各种非体制因素，更客观地评价经济体制的利弊得失。必须避免把经济体制视作影响经济发展的唯一制度因素，以经济体制改革混淆于或取代经济政策调整、所有制变革等因素的倾向。

二　经济体制效用的评价

由于经济体制效用是经济体制因素对经济产出形成的作用与影响。为了研究经济体制效用，应该排除各种"非体制"因素。由于"体制"因素和"非体制"因素之间的界限并不分明，在实践中，要把"非体制"因素和"体制"因素的影响区分开来，并分别加以量化，是十分困难的，几乎不可能做到。但是，这不能妨碍我们用抽象的理论公式从不同角度来进行评价。

经济体制效用可用以下公式来表示。

1. 绝对效用公式：

$$SE = \frac{TR - PK}{SC}$$

SE 为经济体制的效用，TR 为经济过程的全部产出，即经济产出，PK 为无体制的全部产出，SC 为体制成本。

2. 相对效用公式：世界上没有一个经济体制是十全十美的，任何经济体制都有其长处，也有其缺陷。因此，世界上没有一个经济体制能使经济过程达到理想的最佳状态，我们所考虑的，只是哪一种经济体制距离理想状态更近一些而已。因此，经济体制效用一般可以用相对效用来表示：

$$SE = \frac{TR\ (A.B)}{SC}$$

A、B 分别表示两种体制。

3. 边际效用公式：经济体制是不断发展变化的，是随经济条件的变化而不断地改革和完善。当经济条件发生变化时，原有的经济体制的促进作用就下降，这时，就需要对原来的经济体制进行改革，提高经济体制的效用。为了反映这个变化，我们又可以用边际效用来表示：

$$Nse = \frac{Ntr}{Nsc}$$

Nse：边际效用，Ntr：边际产出，Nsc：边际成本。

4. 功能效用公式：如果我们把经济体制的效用分解、细化为若干个功能，又可以用下列公式表示：

SE =（Ase，Mse，Sse，Cse）

Ase：配置效率，Mse：激励效率，Sse：保险效率，Cse：约束效率。

5. 要素效用公式：上述四个公式，是从理论抽象的角度来表现经济体制运行成果的。如果从现实经济生活来看，经济体制的效用本身又可以近似地分解为若干具体指标，其中主要包括：经济增长，生产效率，收入分配，价格稳定，就业率，以及其他一些非经济目标，如社会稳定、教育水平、健康、环境保护等[①]。这些社会目标在总的成果中具有不同的地位和作用，这样，我们可以把经济体制效用看成是一系列经济社会指标的函数：

$$O=\sum_{i=1}^{k} aj\ oj$$

O：体制效用，oj：期望的（或实际的）经济目标，aj：各种成果的相对权重关系。

在上述公式中，比较重要的指标有以下几个方面。

（1）经济增长

经济增长是指某个时期内经济创造的产出量或者人均国民产值的增长幅度。它大体上能反映出在某个时点上可供消费的商品和劳务的数量。就经济体制而言，它的作用就是尽可能地充分利用一切资源，使国民经济的实际产出和潜在能力尽可能地趋向一致，如图 1 所示。

对图 1 作一些解释。潜在 GNP，是指理想状态下资源利用能力到达的产出，这仅仅是一种理论上的产出水平。实际 GNP，指实际生活中资源利用能力到达的产出水平。产出缺口，指两者之间的差额。产出缺口与体制效用之间有负相关的关系。体制效用越大，产出缺口就越小[②]。图 1 还表明，从长时期来看，实际 GNP 的平均值只能无限地接近潜在 GNP，而

---

①　前文已经说明，在具体指标中，要准确区分体制效用和非体制效用是十分困难的，因此，这些只能近似的反映经济体制运行的成果。

②　显而易见，产出缺口除了与体制效用相关外，还与经济政策、所有制等相关，它实际上是"制度缺口"。这里，把经济体制以外的因素舍象掉了。图中曲线反映的仅仅是近似值。

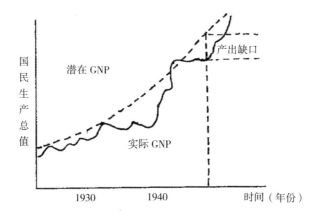

图 1　经济体制在资源利用方面的表现

不可能达到它。个别年份，实际 GNP 也有可能超越潜在 GNP，出现了"大跃进"现象，那是因为资源过度利用的结果，会导致其后年份的"大跃退"。

（2）经济稳定

经济的稳定性主要包括两个方面：不存在经济增长率的巨大波动，也不存在高通货膨胀和过高的失业率。经济增长率的巨大波动，会导致潜在产出量的损失，经济潜力的损失往往都是不可弥补的，而且这种损失会通过失业率的提高表现出来。而过高的通货膨胀率则会对各阶层的人们带来不同的经济损失，导致价格等经济信息的混乱，打击经济增长的良好势头。

（3）效率

效率是指对可获资源有效利用的程度。效率可以被划分为静态效率和动态效率两类。静态效率是指，某个特定的经济体制在特定的时点上，最有效地利用全部可获得的资源的情况下，能够生产出的生产资料和生活资料的全部可能的组合；动态效率是指，如果进行了体制改革，或者建立了新的经济体制，在不增加资本和劳务的情况下，提高了生产产品和劳务的能力，缩小了产出缺口，即提高了经济体制的动态效率。动态效率反映了经济体制自我改善、自我创新能力的指标。

动态效率可以用某个时期内投入——产出率的变动来度量。我们用（^Q）表示产出量的年均增长率，用（^L）表示就业总人数的年增长率，用（^K）表示资本的年均增长率，然后，再把（^L + ^K）作为总要素的投入，如果不考虑技术进步对劳动力素质和资本结构的影响，那么，全部要素生产率的增长即为产出总量的增长率减去生产要素的增长率。

（^Q） – （^L + ^K）

（4）公平分配

公平是随社会制度的不同和时间、地点的推移，其内涵也不断变化的社会价值判断。在资本主义条件下，公平的标准是按照对生产过程的贡献给予报酬，这种贡献既包括资本家投入的资本，也包括劳动者投入的劳动。在社会主义公有制条件下，生产资料归全民所有，劳动差别成为收入差别的主要因素。

三　经济体制效用指标的两重性

经济体制效用指标的两重性，是指任何效用指标都具有正负两个方面的效应。世界上不存在有百利而无一害的经济体制，其原因在于：经济体制效用的具体内容呈多层次性，各项具体指标之间的关系是复杂多样的。有的相互之间可以互为补充、相得益彰；有的相互之间互不影响、各自独立；有的相互之间互不相容、此长彼消，这反映了经济体制效用的内在矛盾性。由于这种两重性，任何经济体制和经济体制改革都必然利弊共存。重要问题在于我们如何尽可能地扬利弃弊。在各种内在矛盾中，充分就业和价格稳定、公平和效率两对矛盾是最主要的。

关于充分就业和价格稳定之间的关系，一般可以用菲利浦斯曲线来表示。

图 2 中，P 为通货膨胀率，V 为失业率。当失业率较高时，通货膨胀率就低（A 点）；当失业率较低时，通货膨胀率就高（C 点）。菲利浦斯曲线反映了通货膨胀和充分就业之间互为矛盾、互为替代的关系。如果 4% 的通货膨胀率和 4% 的就业率为社会可以接受的"临界点"，那么，图中阴影部分即为安全范围。

效率和公平之间也有相互矛盾、相互替代的关系。效率是指资源的有效配置，公平是指社会成员之间的收入均等化。在市场经济中，为了刺激经济增长，必须对提供和创造不同效率的人们给予有差别的报酬，由此而

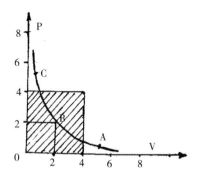

图2　菲利浦斯曲线

引起社会成员收入的不平等。其中，靠财产收入引起的不平等更加扩大，贫富分化加深。为了缩小贫富差距，实行公平原则，就要缩小社会成员的收入差距。但过多的社会福利、社会救济又会使失业者不去积极寻找工作，就业者的工作努力程度也下降，从而会影响效率，不利于经济发展。例如，瑞典等一些曾经以收入均等化为目标的福利主义国家，其经济增长速度普遍缓慢，低于其他市场经济国家。

经济体制效用诸项指标之间的关系，大体上可以归纳如下表。

各项指标 ＼ 各项指标	1	2	3	4	5	6	7	8	9	10	11
充分就业		—	+	+	0	+	+	+	+	0	+
价格稳定	—		±	—	—	0	—	—	+	+	—
生产发展	±	±		=	—	—	—	+	+	+	+
增加闲暇	0	0	=		0	0	0	0	0	0	+
收入分配	+	—	0	0		+	±	0	0	+	—
减少地区差别	+	0	+	0	+		+	0	0	0	±
产业结构	+	0	+	+	+	+		+	=	—	+
国际收支平衡	—	+	—	0	0	0	+		0	—	—
国际分工	±	0	+	0	0	—	=	+		+	±
促进国内市场	0	0	+	0	0	0	—	0	+		0

续表

各项指标　　　　各项指标	1	2	3	4	5	6	7	8	9	10	11
促进投资	+	—	+	+	—	+	—	—	+	+	

注：表中的 = 表示根本冲突；0 表示互不相关；± 表示由互补转向冲突；—表示因工具运用引起的相互冲突；+ 表示互补关系。①

上表中的各项经济指标之间的排列组合和优先顺序可以是多种多样的，这是各国经济体制效用千差万别的原因之一。我们在选择改革的目标模式时，必须充分考虑各种指标之间的各种可能的组合，使经济体制改革更具有针对性，更能切合本国、本地的实际情况。

---

① 资料来源：根据李仁鑫编译资料《Economic piliciescompared West and East》第 272 页整理。

中国经济转轨的阶段性特征与宏观调控转型[*]

一 "跳跃论"的破灭与中国"后转轨期"的界定

一位美国著名经济学家曾经提出，通过"休克疗法"，可以由计划经济"跳跃"到市场经济。只要政府全面放手，市场机制可以通过自身运行，迅速地形成市场经济体制。所谓"跳跃"，就是无过渡、无过程，在极短的时间内一步跨到市场经济。"跳跃论"曾经使一些国家的体制改革与经济发展陷入了难以克服的矛盾：市场化进程与"私有化"进程难以协调而相互脱节；经济改革与经济发展难以协调而使国民经济陷入危机；价格体系的改革与市场体系的发展难以协调而导致严重通货膨胀；削弱了国家宏观经济调控能力，加剧了社会经济的无政府状态；涉外经济超速变革削弱了本国经济的国际竞争力。[①]

在理论上，"跳跃论"的失误主要在于：

首先，忽略了经济制度的重要性和经济制度形成（或经济转轨）的复杂性、长期性。诺斯曾经指出，大多数西方经济学家具有忽视制度条件的倾向，"只有少数西方经济学家认识到创造市场所必需的制度条件，因为他们简单地视制度为当然"[②] 但是，转轨型国家就不能假定这些制度的当然存在。所谓经济转轨，就是要创造市场经济的一系列制度。我国经济学家江春泽曾经指出这种制度创新的复杂性与长期性。制度创新的内容包括：（1）形成国内统一市场，这是西方国家 15—17 世纪所做的事；（2）

---

* 此文原刊于《中共浙江省委党校学报》2007 年第 5 期。

① 参见拙著《现代市场经济体制国际比较》，第 172—177 页。

② 钱颖一：《目标与过程》，《经济社会体制比较》1999 年第 2 期。

制定社会经济运行所需的法律与规划,这是西方国家在 18—19 世纪就完成的;(3)克服"市场失效",驾驭市场化进程中的经济形势,这些手段来自 20 世纪 30 年代的凯恩斯主义;(4)对计划经济体制遗留问题作战略调整,这是西方国家一般没有遇到过的;(5)应对经济全球化趋势及其对本国经济的影响①。因此,经济转轨是一个较长的历史过程。大多数人认为,这个历史过程至少需要花费几十年的时间。

其次,"跳跃论"忽视了国家在经济转轨中的职能,陷入了"市场浪漫主义"的陷阱②。市场经济体制的形成和发展必须以市场机制的发展水平为客观基础,但是任何国家经济制度的建设,政府都是不可或缺的、最重要的行为主体之一。不能把市场经济体制的形成看成是市场自发作用的结果,忽视国家在市场制度创新过程中的作用。

再次,混淆了改革的目的和手段。波兰学者科勒德克指出,他们"有时把目的和手段混淆了"③。体制转轨是手段,让市场机制充分发挥作用是体制转轨的目的,而不是相反。

体制转轨可以划分为两个发展阶段,④ 划分阶段的标准有两个:(1)改革的内容。第一个阶段(或前转轨期)改革的主体任务主要完成价格体制、企业制度、开放与外贸、政府经济管理体制以及相应的法制改革,以确立市场经济的基本架构和基本制度;第二阶段(或后转轨期)是市场经济体制巩固和完善的阶段。这个阶段之所以需要,一是因为新的经济制度与体系确立以后,必须进行相应的调整、巩固与完善,使新制度实现"规范化"。新的经济制度须有一个与整个社会制度相互磨合的过程。(2)市场化程度。这是从改革效果的角度来考察的,一般来说,市场化程度应该达到当前市场经济国家普遍的水平。

中共十六届三中全会决定,今后 20 年内要完善社会主义市场经济体

---

① 江春泽:《转轨国家政府职能具有多阶段复合型》,《中国经济导报》1997 年 3 月 7 日。

② 参见拙著《现代市场经济体制国际比较》,第 177 页。

③ [波] C. W. 科勒德克:《从"休克疗法"到"后华盛顿共识"》,《经济社会体制比较》1999 年第 2 期。

④ 两阶段划分理论是波兰学者切斯瓦夫,贝瓦莱茨在(东欧—中欧经济转轨三年)一文中提出来的,但他以经济衰退或经济增长作为区分两阶段的特征,这是值得商榷的。中国在经济转轨的前期和后期都保持了经济的高速增长,可见,只要措施得当是完全可以避免体制转轨初期对经济发展所带来的负面影响。

制，全面建设小康社会。这说明，以中共十六大为标界，中国的经济转轨已经从前转轨期进入了以经济体制的巩固、完善为主要内容的后转轨期。对于这一判断，可以从两个方面加以理解。

第一，从经济体制改革的内容来看，经济体制改革的主体工程大体完成，今后的主要任务是改革的深化和体制的完善，主要涉及政府职能的转型、投资体制改革、垄断行业的改革和社会保障体制的改革与完善等内容。改革难度比较大，改革中各个势力的博弈会更加激烈。同时，本阶段的改革是在 WTO 的框架下展开的，改革的任务和形式具有国际化的新特点。

第二，从中国经济的市场化程度来理解，市场化程度是经济转轨进程中最重要指标之一。2003 年 8 月美国传统基金会和《华尔街日报》联合公布的《2002 年世界经济自由度指数》，从"社会总产值流量构成加权市场化""投入要素价格几何加权市场化""三次产业构成加权市场化""GDP 构成综合加权市场化""市场参数简单平均市场化"五个方面测算，2002 年中国经济总体市场化程度分别为 62.5%、62.8%、64.9%、61.1% 和 68%[①]，达到了市场经济国家普遍的水平。该项研究表明，在2003 年前后，中国经济转轨就已经进入了后转轨期。

在后转轨期，中国的改革和发展在继续深入的同时，社会经济中也出现了一些新的矛盾和特点。比如，经济发展结构的不协调、经济发展的高速度与自主创新能力的不适应、体制改革进程的不平衡、不同地区和领域对外开放程度的较大差异、居民收入差距的悬殊、社会公共物品的短缺，等等。因此，中央提出的"构建和谐社会"的思想在后转轨期中具有特别重要的意义。

二 后转轨期中国宏观调控的指导思想

在指导思想方面，要更加注重统筹与协调，以符合科学发展观和建设

---

① 人们一般认为，市场化程度在 15% 以下为非市场经济国家，市场化在 15%—30% 为弱市场经济国家，市场化在 30%—50% 为转轨中期市场经济，市场化在 50%—65% 为转轨后期市场经济，市场化在 65%—80% 为欠发达市场经济或相对成熟市场经济，市场化在 80% 以上为发达市场经济或成熟市场经济。当然，这是以 100% 作为市场化最高标准的，世界上还没有一个国家达到这个最高标准。

和谐社会的需要。具体体现为三个要求：一是符合全面发展的要求。在以经济建设为中心的同时，要全面推进经济、政治、文化、卫生等各个领域的建设，实现经济和社会的全面进步；二是符合协调发展的要求。发展过程中的主体利益关系、发展手段、发展目标等诸多方面要保持协调；三是符合可持续发展的要求。在基本满足当代经济发展需要的同时，又不影响子孙后代的继续生存和进一步发展。要充分考虑人与自然的和谐发展，处理好经济建设、人口增长与资源利用、生态环境保护等关系。

为达到上述要求，要进一步处理好以下三个关系。

一是短期经济调控与长期经济增长的关系。中国在进入后转轨期的同时，也进入了新的重化工业发展阶段。在这个发展阶段，中国经济具有长期增长趋势，同时经济与社会矛盾又处于多发期，中短期的经济波动有加剧的可能。经济的剧烈波动不利于长期的经济增长，但是适度的经济波动也有推动经济发展的积极作用。总供求的相对平衡与不平衡的矛盾运动本来就是经济发展的基本特点，经济增长就是在经济波动中实现的。由此，中国的宏观经济调控将面临着双重任务：宏观调控的首要任务是实现短期稳定，防止经济的大起大落；同时，又不能为稳定而稳定，短期的稳定政策要着眼于长远的增长和发展，为长期的经济增长创造条件。

二是经济总量调控与经济结构调整的关系。传统的宏观经济学一般把总量均衡归结为总供求均衡的全部，这暗含着一个理论分析框架：需求管理在很大程度上是对需求总量的调控，而不是对需求结构的调控。在西方发达国家，常常把结构性问题作为总量均衡之外的问题进行分析。通常认为，由于市场机制比较完善，在有效调节总供求的条件下，一般不会出现大的经济结构问题。然而，在转轨经济条件下，只从总量上来考虑供求关系是不够的，这是因为计划经济时期遗存下来的结构性矛盾比较突出（产业结构、城乡结构、区域结构等），但又缺乏有效的市场机制来传递宏观经济政策以引导微观经济行为。由于转轨期特殊的体制基础和结构性根源，仅仅以短期与总量为主体的宏观经济调控的有效性是十分有限的，因此必须把总量调控与结构调整有机地结合起来。

在转轨经济的不同阶段中，虽然总量问题与结构问题同时存在，但其侧重点有所不同。在前转轨期，计划经济体制所造成的普通短缺与通货膨胀主要表现为相对于总需求而言的总供给不足。虽然前转轨期存在结构性矛盾，但并不是首要问题。在后转轨期，短缺经济大体结束，导致有效需求不足的结构性矛盾就更为突出。因此，在后转轨期的宏观经济调控中，需求管理为主的分析与供给方面的结构分析相结合显得尤为重要，即把结构分析纳入宏观分析中与总量分析同时进行。其实，总量与结构问题的背后，更深层次的问题是市场机制和经济制度的健全和完善问题。比较完善的市场体制可以有效地缓解甚至消除结构问题，促使供求总量平衡。所以，结构问题的根本解决最终要靠市场经济体制的完善来实现。

三是保持宏观经济政策的实施与经济体制改革的协调性。一般而言，经济政策是经济发展的短期因素，而体制建设则是长期因素。政策与体制的协同性，是短期宏观经济调控与经济长期增长之间关系的一个重要方面。完善的体制条件能为宏观经济政策的有效实施提供良好的传递机制与利益机制，为平抑经济波动和经济增长提供体制基础和条件。反之，市场经济体制的运行也离不开宏观经济政策，因为市场经济体制有助于平抑经济波动，但却不能消除经济波动，因此，平抑短期经济波动仍然主要依靠合理的经济政策。在经济转轨型国家，由于经济体制的不完善与不断变革，体制环境难以稳定；又由于宏观经济政策的实施主体是国家，国家行政权的强大又常常带有向计划经济体制回归的倾向，这使得宏观经济调控政策与长远的制度建设有时会出现相悖的状况，因此宏观调控政策与体制的协同问题显得十分重要。

政策与体制协同的基础是市场化，而关键则在于政府实施宏观经济调控的途径方式：一方面要强化对形势预测的科学性，考虑宏观经济政策的不同时段与政策手段的搭配；另一方面要逐步减少行政手段的采用，更多地运用经济手段，发挥政策的市场导向作用，为政策与体制的良性互动创造更好的条件。

三 宏观调控的目标体系和调控手段的调整

第一，调控目标体系的调整要更加注重指标的宏观性和民生性。

改革开放以来，中国以市场经济体制为基础的宏观调控目标体系逐步形成。1993 年，提出了宏观调控的八大目标，即①经济增长；②固定资产投资；③金融财政；④外贸出口和外汇储备；⑤商品零售；⑥物价；⑦

经济效益；⑧人口自然增长率。1997年，为适应经济社会的新情势，八大目标调整为：①经济增长率；②固定资产投资；③价格；④财政收支差额；⑤货币发行量；⑥外贸出口总额；⑦人口自然增长率；⑧城镇登记失业率。此次调整一是首次列入了就业指标，二是将物价指标从原来的第六位提升至第三位。

中共十六大以后，宏观调控的目标体系有明显的调整。

一是将八目标归结为四目标，即经济增长、增加就业、稳定物价与保持国际收支平衡。由八目标归结为四目标，客观地反映了中国改革的进程与后转轨期经济调控的实际需要。这时期，中国市场经济体制已经形成，现代市场经济条件下的政府目标主要集中在效率、稳定和公平上，一般都将经济增长、增加就业、稳定物价和保持国际收支平衡作为基本的调控目标。进入后转轨期后，中国经济的主要矛盾发生变化，原有的一些矛盾已经解决或缓解，而增加就业、保持国际收支平衡的矛盾则更为突出，这些问题充分反映在调整后的目标体系中。由八目标归结为四目标，也反映了政府职能的转变。政府所要达到的经济目标和社会目标是多方位、多层次的，但这四大目标是第一层次的经济目标，更具有宏观性，进而可以促使政府把注意力与着眼点集中在宏观经济大局上，减少对微观经济目标的干预。

二是突出了增加就业目标的重要性。1962年，美国经济学家奥肯提出，经济增长率与失业率具有反向的对应变动关系，即著名的"奥肯法则"。但中国却出现了经济增长而失业率并不下降的"零就业增长"现象。这是因为：①进入后转轨期后，中国进入重化工业阶段，资本与技术密集型行业的比重上升，对就业人员的吸纳能力下降。②产业结构调整，结构性失业增加。③第三产业发展滞后，对解决就业问题不利。对此，要采取两项措施：一是把就业问题在目标体系中从第八位提升至第二位，仅次于经济增长目标。二是将以经济增长拉动就业的政策转变为经济增长与增加就业相互协调的政策，兼顾经济增长与增加就业。按照增长理论，经济增长可能由资本、技术和劳动中任何一项或几项因素引起。资本与技术是经济增长最重要的因素，但由于中国人口基数较大，需要就业的人口多，因而必须提高就业弹性，在经济增长与增加就业两者之间中取得平衡。

　　第二，在调控过程中更加注重内、外经济两个平衡。

　　在调控过程中，要充分考虑对外开放的国际条件，争取同时实现国民经济的国内平衡与外部平衡。随着中国对外开放程度的不断提高，国际环境对中国经济的影响日益增大。20 世纪 90 年代以后，内外平衡的矛盾明显加剧。1994—1995 年，我国遭遇典型的因国际收支顺差产生的内外平衡矛盾：一方面是人民币汇率贬值带来的出口贸易的扩张；另一方面因国外直接投资资本的大规模流入而出现了贸易项目与资本项目的双顺差，导致人民币面临升值的压力。但是，当时国内在严重的通货膨胀压力下，人民币对外价值又应该贬值，致使我国的货币政策处于两难境地。1997 年，东南亚金融危机对我经济稳定构成威胁，周边国家货币竞相贬值对我国国际收支构成压力，出口增长放慢，外资出现负增长，对外贸易部门经济效益下降，国内需求不振，最终出现通货紧缩，又一次使我国宏观调控出现了两难境地：就国内而言，为了解决生产过剩，缓解就业压力和刺激经济增长，需要放松银根；对外而言，经济部门需要人民币贬值来扭转出口下滑的态势，而人民币贬值又会造成国内通胀压力。最终我国坚持人民币不贬值的政策而获得明显效果，但也为此付出较大的代价。中国进入后转轨期后，内外平衡的矛盾继续深化，集中反映在汇率制度的改革与人民币升值压力的加大，威胁着国内金融的稳定。

　　诺贝尔经济学奖获取者詹姆士·米勒（James meale）在《国际收支》一书中较早提出内外经济平衡矛盾的问题。他指出，开放条件下的内外经济平衡的矛盾会经常出现。政府的政策目标是"内部平衡"（充分就业和物价稳定）和"外部平衡"（国际收支平衡）都要实现，主要是通过政策搭配的方法加以调节。但是，所有目标都同时且充分实现几乎是难以做到的。美国经济学家 1999 年提出著名的"三角悖论"，即货币政策的独立性、汇率的稳定性和资本的完全流动性这三项目标之间不能同时实现，只能达到两个。"三角悖论"反映了经济体系内部的客观矛盾，揭示了政府在实现两个平衡过程中所处的困境。

　　改革开放以来，中国政府主要选择了"汇率稳定"和"货币政策独立性"。在资本流动领域，只开放了"经常账户"，对"资本账户"实现严格的管制，资本不能完全自由流动。进入后转轨期后，将实行资本账户的全面开放，货币政策的独立性与汇率稳定两大目标将在一定程度上受到影响。中共十六届三中全会提出"统筹国内发展与对外开放"的方针，进一步把对外开放纳入科学发展观的理论体系中。从狭义角度讲，是要处理好外经、外贸等涉外经济与国内发展的关系；从广义角度讲，则是要处理好经济的国内平衡与外部平衡两个平衡之间的关系，实现两者兼顾和有机结合。

第三，在调控手段的运用方面，要进一步实现调控工具的灵活多样与合理相搭配。

第一届诺贝尔经济学获得者、计量经济学家简·丁伯根曾经说明了政策目标与政策工具之间的对应关系，"丁伯根法则"指出，要实现多个宏观经济目标，当局必须拥有等于或多于目标数的政策工具。在此基础上，罗伯特·蒙代尔进一步分析了政策目标和政策工具之间的对应关系，提出"蒙代尔政策指派法则"，即应该根据比较优势原理指派各种政策工具，每个政策工具都应运用于它有着相对最大效能的政策目标，并运用政策组合来实现国民经济的均衡发展。蒙代尔还认为，应该主要用财政政策来实现国民经济内部平衡目标，用货币政策来实现外部平衡目标。通过财政货币政策的松紧搭配，最终可以同时实现内外平衡。应该指出，上述理论是一种纯理论分析，有严格的假设前提条件，即使西方发达国家也不可能全部具备这些条件。

作为转轨型国家，政策工具的运用，会面临更为复杂的环境。

一是政策工具实施环境的缺陷。经典的蒙代尔—弗莱明模型实现内外平衡须有两个前提：其一商品市场和金融市场都十分完备并完全开放，但中国的市场发育水平和开放程度远未达到这个水平。市场发展不对称，商品市场的发育水平和开放度相对较高，金融市场的发育水平和开放度较低。其二国际资本的充分自由流动。中国是发展中国家，对资本国际流动的政策是鼓励流入、限制流出，资本管理不对称。

二是宏观调控机构的组织体制的不完善。丁伯根决策模型的隐含前提是存在一个完全集中的中央宏观调控者；蒙代尔模型的前提是决策机构虽然是分散化的，但相互之间是完全协调的。中国正处于经济转轨期，各类政策主体之间的统一或协调的程度较为欠缺，常常损害政策工具的效能。

三是货币政策效果的不对称性和财政调控职能的弱化。货币政策效果的不对称性，主要是指紧缩性货币政策的效果大于扩张性货币政策的效果。有人形象地把它比喻为绳子，易拉不易推。能拉住经济过热，但对刺激需求、抑制通货紧缩则效果不明显，这种不对称性因转轨过程中的金融体制不完善而更为突出。另外，由于转轨过程中国家财政的越位、错位和缺位现象严重，财政收入在 GDP 中的比重、中央财政在财政总收入中比重过低，损害了财政政策工具的效能。

中国在政策调控工具的灵活多样与合理搭配方面的进步非常明显。例如，财政政策的微观化和货币政策的结构化就是一个证明。财政政策和货币政策是宏观经济调控的主要政策工具，通常用于经济总量的调控。但是，市场化的总量调控手段并不是"一刀切"的，也可以有保有压，实现结构调整①。把总量政策工具应用于经济结构调整，实际上是总量政策的一种派生效应，这在西方发达国家也时常发生，但在经济转轨期的中国则应用得更为广泛，以致成为经济转轨国家宏观经济调控的一个特点。财政政策的微观化，主要表现在税收政策中的差异税率，财政支出政策中的区别对待和财政补贴政策。货币政策的结构化主要表现为政府对信贷结构的意向性指导和差别利率政策等。

---

① 具体论述参见吴敬琏《稳定的宏观经济何以为继？》，中国宏观经济信息网，2004 – 11 – 26。

经济体制改革史：前苏联东欧国家
与中国的比较分析*

一　传统经济体制的基本特征

20 世纪 30 年代形成于苏联的经济体制，在一个相当长的时间内，被人们当作社会主义经济体制的唯一正确的模式。东欧各国在民主革命胜利初期所建立的经济体制，基本上都属于苏联的这种传统模式。可以说，直到 50 年代初，社会主义国家的经济体制只有这一种模式。

这种传统经济体制的基本特点主要有：

第一，国家机关是全部经济活动的直接领导者和组织者。国家既是全民所有制生产资料的所有者，又是直接的经营管理者。国家通过主管部门按照行政层次由上而下地管理全部经营活动。企业是单纯的生产单位，只有无条件地完成国家计划任务的义务，没有经营自主权。企业所需要的生产资料由国家统一调拨，资金由国家无偿拨付；职工由国家统一分配，工资等级由国家统一规定；企业所生产的产品由国家统购统销，盈利几乎全部上缴，亏损由国家提供补贴。企业对经营效果基本上不负经济责任。

第二，指令性计划是国家组织经济活动的主要手段。国家计划机关统一制定国家经济发展计划，对企业下达指令性计划指标，企业必须完成。完成计划指标的状况是衡量企业经营成果的主要标准。在经济生活中限制商品生产和商品交换的发展，排斥市场机制。

第三，国家管理经济的方法以直接的行政干预为主，主要通过行政命

---

* 本文为《苏联东欧国家与中国：经济体制的比较研究》（求实出版社 1989 年版）第一章的内容。收入本书时作了文字修改。

令来指挥企业的经济活动。在经济生活中限制商品生产与商品交换，排斥市场机制，忽视经济杠杆的作用，不注意采用经济方法来管理经济。

第四，在对外经济关系方面，实行"自我封闭"式的管理体制。在一个国家内部，或者在几个社会主义国家之间建立自给自足的经济体系，拒绝对资本主义国家实行经济开放。

对于传统的经济体制，应该历史地进行评价。在当时的历史条件下，这种体制具有合理性。因为：首先，当时各国都主要采取外延扩大再生产的方式来发展国民经济，经济增长主要依靠增加投资和劳动力。又由于大多数国家原来的经济基础较差，采取高度集权的管理体制，便于把有限的人力、物力和财力集中起来，保证重点建设。这样，既有利于加快各国工业化的步伐，又有利于统筹安排，改善国民经济结构和生产力布局，保证国民经济平衡发展。其次，当时各国劳动者缺乏足够的文化技术水平和经济管理经验，尚不能直接管理企业。国家直接管理经济的方式，保证了国民经济的正常发展，也有助于劳动群众在实践中学习经营管理，为今后民主管理企业准备条件。最后，对东欧各国来说，由于建国不久，城乡敌对势力控制的经济成分在国民经济中仍占一定比重，各种自发势力仍有较大的影响。实行高度集权的管理体制，有利于战胜敌对的经济势力，克服经济生活中的自由散漫性和无政府主义状态，巩固和发展社会主义经济制度。因而，这种体制曾经促进了苏联东欧各国经济的高速发展。苏联1950年的工业总产值比1913年增长12倍，从战前居欧洲的第四位跃居欧洲第一位，世界的第二位。20世纪50年代前半期，多数东欧国家国民收入的年平均增长率都在8％以上，工业产值的年平均增长率都保持在10％以上。

传统的经济管理体制存在严重的弊端。这主要是：

首先，经济管理权力高度集中在国家手里，企业没有自主权，完全处于被动状态，职工缺乏主人翁感和强烈的责任心，发展生产的积极性不高。由于国家主要根据完成计划指标的情况来考核企业，而计划指标又是以上一年的生产状况为底数，因而往往形成"鞭打快牛"的状况。企业为了自身的利益，往往设法隐瞒生产能力，缺乏提高劳动生产率的积极性。

其次，忽视商品生产、价值规律和市场机制的作用，不能很好地按照商品经济的客观规律办事。由于缺乏市场竞争，企业缺乏提高效率，降低成本、提高产品质量的外在压力。企业不关心市场供求关系，产销脱节，生产不能更好地为满足人民群众的消费需要服务。

再次，由于中央高度集权，事无巨细，均须上级机关决定，上层机关不可能对各地的具体情况都十分了解，往往会出现官僚主义和瞎指挥的现象。这种官僚主义和瞎指挥，必然会造成经济建设中的巨大浪费，造成比例失调和经济结构不合理的情况。

最后，国家对企业在财政上统收统支，资金由国家拨付，盈利全部上缴国家，亏损由国家补贴。在企业内部，职工工资由国家统一规定，收入多少与企业经营状况关系不大。在分配关系上，形成了严重的平均主义。

总之，这种传统的经济管理体制的主要弊端是："政企职责不分，条块分割，国家对企业统得过多过死，忽视商品生产、价值规律和市场的作用，分配中平均主义严重。这就造成了企业缺乏应有的自主权。企业吃国家'大锅饭'，职工吃企业'大锅饭'的局面，严重压抑了企业和广大职工群众的积极性、主动性、创造性，使本来应该生机盎然的社会主义经济在很大程度上失去了活力。"①

20 世纪 50 年代以后，由于苏联东欧各国的经济水平有了很大的提高，对经济管理体制也提出新的要求。

第一，第二次世界大战以后，特别是 20 世纪 50 年代以后，世界上出现了新的科学技术革命浪潮。随着新技术的发展和运用，苏联东欧各国建立了电子计算机工业、原子能工业、宇航工业等新兴工业部门，生产社会化程度不断提高，生产分工越来越细，社会经济联系日益复杂。在这种情况下，原来局度集权的管理体制已不适应生产发展的需要，必须在加强宏观经济调节的同时，适当分权，实行灵活的管理体制。

第二，苏联东欧各国在建立了一定的工业生产基础之后，原来的粗放经营方式已不适应经济发展的需要，陆续由粗放经营向集约化经营转化，即由外延为主的扩大再生产向内含为主的扩大再生产转化。苏联东欧国家生产资金和劳动力的数量普遍不足，粗放经营的生产潜力不大，使这种转化更为迫切、更为必要。外延扩大再生产主要依靠增加资金和劳动力，而

---

① 《中共中央关于经济体制改革的决定》，人民出版社 1984 年版，第 8 页。

内含扩大再生产主要依靠提高劳动生产率，实行集约化经营。这就要求企业努力改进技术，提高工艺水平，提高产品质量，降低生产成本，提高生产资料的使用效率，也要求提高企业的管理水平和职工的素质。显然，集约化经营与粗放经营相比，将更多地依赖企业和职工的积极性、创造性和进取精神。这就要求经济管理体制能够允许企业有较大的经营自主权，在保证国家利益的前提下，把企业和劳动者的利益与他们的经营成果、劳动成果联系起来，调动他们的社会主义积极性。

第三，苏联东欧国家的商品生产和商品交换有了长足的发展。大家知道，苏联和大多数东欧国家在建国初期，生产力比较落后，商品经济很不发达，自然经济占有很大的比重。20 世纪 60 年代前后，苏联和大多数东欧国家建立了现代工业体系，在一定程度上形成了社会化大生产。在社会化大生产条件下，企业之间的社会分工细密复杂，横向经济联系日益广泛，又由于社会主义企业具有相对独立的经济利益，这就决定了社会主义国家的经济是商品经济。而且，社会主义国家必须不断地发展商品经济，才能促进专业化分工、发展经济协作与经济联合，有效地调节人们之间的经济利益关系，提高劳动生产率，促进国民经济发展。传统的经济体制由于国家集权过多，国家对企业实行垂直领导，限制了商品货币关系的发展，不再适应经济发展的需要。这就要求各国改革传统的经济体制，建立新的经济体制。这种新的体制要能够反映发展商品货币关系的需要，能够发挥价值规律和市场机制的积极作用。

第四，当前世界经济的一个重要特点是生产的国际化。随着科学技术进步和经济发展，生产社会化的水平迅速提高，生产分工突破了国界的限制，由国内分工发展为国际分工。国际间经济关系的发展速度超过了生产本身的发展速度。对外经济开放已成为各国迅速发展国民经济的重要因素。苏联东欧国家都必须从西方国家引进先进技术，利用外国资本，发展对外贸易，程度不同地参加国际分工和国际市场的竞争。这也要求打破原来自我封闭的管理体制，建立一个能灵活地适应国际市场的新的经济管理体制。

总之，原来的那种僵化的经济管理体制已不能适应新的形势和生产力水平。按照生产关系一定要适合生产力性质的规律，必然要实行经济体制改革。匈牙利统一工人党中央书记涅尔什·雷热就明确指出，实行经济改革最根本的原因是，在社会主义生产关系中，生产力的迅速发展正在超出原来的经营管理范围，这就要求不断地改变经济管理体制。[①]

二　苏东国家经济体制的多样化

（一）苏东国家经济体制改革历程

20 世纪 50 年代以来，苏联东欧国家（阿尔巴尼亚除外）都先后开始改革旧的经济体制。改革的过程大体上可以分为四个阶段。

第一阶段，1950 年至 1953 年，是经济体制改革的初始时期。

20 世纪 40 年代末，南斯拉夫首先对传统体制提出批评和改革。1949 年年底，开始下放经济管理权力，在 215 个大型企业中建立了第一批工人委员会。1950 年 6 月，南斯拉夫联邦议会通过《关于工人集体管理国家经济企业和高级经济组织的基本法令》，正式实行新的经济管理体制，揭开了社会主义经济体制改革的序幕。南斯拉夫的改革表明，在坚持生产资料公有制和按劳分配的前提下，社会主义的经济体制可以有不同的模式。"争取社会主义的斗争今后还会以不同方式进行，不存在包罗万象的'模式'。"[②] 在这个时期，传统体制一统天下。传统的经济体制被认为是社会主义的唯一正确的模式。在人们的头脑中，是否坚持传统模式，成为是否坚持马克思主义的试金石，对传统体制进行改革就是对共产主义事业的背叛。南斯拉夫的改革实践，一石惊浪，起到了振聋发聩、启迪思想的作用，在国际共产主义运动中作出了可贵的贡献。

第二个阶段，20 世纪 50 年代中期到 60 年代中期，经济体制改革潮流形成的时期。

传统体制的弊端日益暴露，南斯拉夫的改革又获得可观的成绩，促使苏联东欧国家重新对待经济体制改革问题。苏联原来的体制实行部门管理原则。这种"条条"管理办法，容易产生各部门的本位主义，使跨部门的问题难于解决，不利于地区的综合发展。苏联在 1957 年对工业和建筑业进行改组，把部门管理原则改为地区管理原则，把经济管理的重心转移

---

① 〔匈〕涅尔什·雷热：《我国经济管理制度问题》，《社会评论》1935 年第 7 期。

② 转引自《人民日报》1978 年 6 月 22 日。

到地方。苏联撤销了25个全联盟和联盟兼共和国部，以及113个加盟共和国部，成立了105个经济区，把工业和建筑业下放给经济行政区的国民经济委员会管理。同时，改组了国家计划机构，减少了国家的控制数字指标和计划指标。在这期间，波兰、匈牙利、民主德国、保加利亚和捷克斯洛伐克等国也对经济体制进行了改革，其中多数国家改革的内容与苏联基本相同。

这个时期的改革，主要是对传统经济体制的部分环节进行局部性的改革，没有触动整个体制。这与人们对传统体制弊端的认识不足有关。许多人对中央过度集权的弊端的认识，还仅仅停留在国家经济管理机关机构重叠、效率低下等局部现象上。改革目的主要是如何使国家经济机构更为合理，效率更高。改革内容主要局限在"条条"与"块块"的关系问题上，没有涉及国家与企业之间的关系这个要害问题，没有改变国家管理企业的基本制度和方法，没有解决如何使企业具有活力这一根本问题。这次改革，虽然打破了部门壁垒，却造成了地方割据，削弱了集中统一领导，造成了地方主义和分散主义。但是，这期间的改革，却打破了传统体制神圣不可侵犯的观念，解放了人们的思想，促进了改革理论的发展，对以后的经济体制改革具有积极意义。

第三阶段，20世纪60年代中期到70年代后期，经济体制改革的发展时期。

1961年，苏共二十二次代表大会通过了新的《苏共纲领》，初步确定了经济体制改革的基本指导思想。在苏共"二十二大"的推动下，1962年9月9日，哈尔科夫工程经济学院教授叶·利别尔曼在《真理报》上发表了《计划、利润、奖金》一文，提出了大胆的建议。利别尔曼建议的核心是利润刺激。他主张以企业利润作为考核企业的唯一标准，取消以计划指标的完成状况作为考核标准的做法。国家与企业之间的关系应建立在利润分成的基础上。企业利润越多，企业得到的奖励也越大，对社会也越有利，从而把国家与企业两者的利益结合起来。《真理报》编辑部在这篇文章的按语中写道，这篇文章"提出了重要的原则性的问题"。自此，苏联广泛展开了有关经济改革的讨论基础上，1965年9月召开苏共中央全会，作出了在全国范围内进行经济体制改革的决议。苏联的这次改革是慎重的，一直到1975年才宣告完成。

　　在苏联改革的影响下，东欧国家也纷纷进行了经济体制改革。匈牙利在1968年1月1日开始实行新经济体制。在改革之前，用了整整三年时间作准备。1964年底党中央组织了经济理论工作组，全面审查原来的经济体制，找出弊病，总结教训；1966年5月，党中央扩大会议通过《经济体制改革的指导原则》，详细规定了改革的基本原则和各项措施；以后，又用一年半的时间拟定了具体的经济调节制度和实施细则，普遍培训干部，储备必要的资金和物资。由于指导思想明确，措施得当，匈牙利的改革取得了明显成效。这期间，捷克斯洛伐克也通过了经济体制改革的《行动纲领》，其基本原则措施与匈牙利相近。但是，捷克斯洛伐克在改革前缺乏充分的舆论、组织和物资准备，党内政治派别的斗争又很激烈，在1968年8月苏军入侵后，捷克斯洛伐克的改革夭折了。

　　20世纪60年代末到70年代中期，苏联东欧国家的经济改革处于停滞状态。1969年12月苏共中央全会针对1965年改革以来出现的问题，提出了加强集中统一的措施，改革的势头削弱了。保加利亚的改革迫于国内外形势而自动退缩了。1970年9月，民主德国党中央否决了政府关于继续发展新经济体制的方案，中断了新经济体制的实行。波兰的改革由于1970年的工人罢工而中断。苏军入侵后的捷共中央否定和批判了1965年以来的改革，基本上恢复了原先的经济体制。匈牙利党内也出现了激烈的争论，一些人对改革提出了种种责难，主持改革的人被撤职，但改革的核心被保留下来。改革出现低潮的原因，主要是苏联的改革原则不彻底。在扩大企业自主权、利用市场机制等问题上，态度比较保守，又干涉东欧国家的改革，防止他们"走过头"。其次，民主德国、波兰、捷克斯洛伐克等国家在新旧体制转换时期，政策失当，措施不力，出现了物价上涨、消费基金膨胀等现象，造成了一些政治动乱和社会问题，不得不恢复旧的行政的管理方法来稳定经济。另外，在政治、思想领域缺乏有力的配套改革措施。一些"既得利益者"利用改革过程中的某些失误和问题，制造障碍，兴风作浪，反对改革继续深入，也是重要原因。但是，总的来讲，这个时期改革还是取得了明显的成效，各国的经济体制程度不同地都有所改进和完善。

　　第四阶段，20世纪70年代末以后，出现了经济体制改革的新浪潮。

　　20世纪70年代末以后，国际经济条件发生了新的变化。科学技术和经济迅速发展，苏联东欧各国都加快了由粗放经营向集约化经营过渡的步伐。生产力的发展对经济体制提出了更高的要求。苏联东欧各国的经济体制虽然都有所改进，但是，经济体制不适应生产力发展的矛盾仍然存在。再加上世界能源危机和西方经济危机的影响，苏联东欧国家的经济增长速度迅速下降。这种情况，使经济体制改革变得更加迫切。于是从 70 年代末开始，苏联东欧国家又出现了经济体制改革的新浪潮。

1979 年 7 月苏联通过了《关于改进计划工作和加强经济机制提高生产效率和工作质量的作用》的决议，要求改进计划工作，进一步加强经济杠杆的作用，对各个领域的体制提出了一些改革措施。1982 年安德罗波夫继任总书记后，苏联对经济体制改革问题进行了热烈的讨论。他们否定了过去那种认为苏联已经建成了发达的、成熟的社会主义的观点，认为苏联目前还处于发达社会主义的起点，还存在许多矛盾和问题。因此，改革和完善生产关系不仅势在必行，而且迫在眉睫。1985 年戈尔巴乔夫接任苏共中央总书记以后，要求全党坚决打破经济发展的"阻碍机制"，对经济体制要进行"根本的改革"，而不是局部的改良和完善。苏共二十七大报告中提出了经济体制改革的方针，这就是：提高国家集中管理经济的效能，坚决扩大联合公司的经营自主权，在企业中实行以收抵支、自筹资金和完全的经济核算，并扩大职工民主管理的范围。1987 年 6 月，苏共中央全会通过了《根本改组经济管理的基本原则》这一纲领性文件，通过了《国营企业法》，7 月 17 日，通过 11 个关于改革经济体制的"一揽子"具体决议，以形成经济体制改革的综合方案。并且还决定从 1988 年到 1989 年，全部企业将按新的条件进行工作。这样，从 1987 年 6 月的苏共中央全会起，苏联经济体制的根本改革已经进入实施阶段。

东欧国家的改革也朝着积极、稳步、全面和深入的方向发展。匈牙利在 1983 年初成立了经济体制改革委员会，具体研究进一步改革的方案。1984 年 4 月 4 日，匈牙利党中央通过了《进一步完善经济体制的决定》，制定了新的总体工作方案。1985 年 3 月，匈牙利党的十三大又进一步明确了改革的方针与措施。1987 年，匈牙利着重抓了大企业内部机制的调整和改革，并且制定了税收、价格和工资体制的改革方案，调整了国家管理经济的机构。

保加利亚改革的步伐较大。保加利亚从 1978 年起全面推行新的经济管理方法和经济机制。1982 年 1 月，正式实行《经济机制章程》。1984 年初，保加利亚对这个章程又作出较大的修改和补充。1986 年，保加利亚党的"十三大"后，又先后发布了《劳动法典》和《经济活动章程》。1987 年 7 月，党的中央全会通过了总仿改革方案，即《关于在保加利亚进一步建设社会主义构想的基本原则》。保加利亚改革的中心是全面实行自治，并且相应地对国家管理经济的机构、生产的组织形式、银行体系等进行重大改革。保加利亚的改革有新的突破和鲜明的民族特色。

捷克斯洛伐克在 20 世纪 50 年代和 60 年代进行过两次改革，由于种种原因都没有获得成功。1987 年元月，捷克斯洛伐克公布了《国民经济机制改革原则》，提出了进行改革的三十七项原则，1987 年 7 月和 9 月又分别公布了《国营企业法》和《农业合作社法》，开始进行第三次经济体制改革。在这次改革中，捷克斯洛伐克提出要全面扩大企业自主权，使企业变成独立经济核算、自负盈亏的独立的商品生产者，把企业的权利与责任紧密结合起来。这种提法，是捷克斯洛伐克 1968 年以来的第一次，是捷在改革中的突破性进展。

波兰曾在 20 世纪 70 年代进行过经济改革，由于改革方针与措施中的某些失误，没有获得成功，波兰的国民经济处于极为困难的境地。1982 年，波兰在面临危机的情况下进行了新的改革，取得了一些成效，使国民经济得到较快发展。在此基础上，从 1987 年起，波兰又进入了改革的第二个阶段。改革的主要内容是改变中央机构的职能与结构，加强企业与地方的自治，使经济改革向纵深发展。

民主德国、罗马尼亚、南斯拉夫等国的经济体制改革也有新的发展。

总之，苏联东欧国家对传统经济体制的改革，已经成为一股不可抗拒的历史潮流。在 50 年代初期，经济体制改革还只是个别现象，多数国家对改革不理解、不支持。三十多年来，参加改革的国家由少变多，改革的范围由小到大，改革的内容由浅入深。

（二）苏东国家经济体制的多样化

苏联东欧国家的经济体制改革具有共同性。这主要包含两个方面的内容：一是在经济体制改革过程中，各国都坚持了社会主义经济制度和社会主义道路，没有改变社会主义社会的性质；二是各国经济体制改革的主要内容，都是扩大企业自主权和利用市场机制。具体说来这些共同性可以从各国经济体制改革的基本原则上得到反映。主要表现是：

第一，都坚持生产资料公有制在国民经济中的主导地位。在此前提下，不同程度地放宽了对待个体经济及其他经济形式的政策，向建立多层次的生产资料所有制结构的方向发展。

第二，都不同程度地扩大了全民所有制企业的经营自主权。

第三，在坚持计划经济的前提下，都承认社会主义社会中存在商品生产和商品交换，扩大了市场机制的作用。

第四，都主张国家在管理经济的过程中，要加强运用经济杠杆和经济方法。

第五，普遍把劳动者的个人收入同他们的劳动成果相联系，更好地贯彻按劳分配原则。

第六，都加强了企业管理的民主化，不同程度地吸收直接生产者参加企业管理。

以上共同性，反映了苏联东欧国家迅速发展生产力和完善社会主义经济制度的共同要求，也在一定程度上反映了社会主义经济体制发展的共同规律。

苏联东欧各国的经济体制改革，相互之间也有差别。这主要表现在以下几个方面：

第一，在所有制问题上，南斯拉夫在经济改革的初期，就彻底否定了国家所有制形式，实行社会所有制。他们认为，生产资料的国家所有制是产生官僚主义的根源，是传统体制各种弊端产生的源由，是与社会主义自治根本对立的。而社会所有制是全民所有制的高级形式。

苏联及多数东欧国家仍然主张实行国家所有制，认为国家所有制是全民所有制的实现形式，或者直接把两者完全等同起来。国家所有制也会造成官僚主义等缺点，这可以通过调整、改革等措施加以克服。匈牙利与其他国家的区别在于，它虽然也坚持国家所有制形式，但反对把国家所有制的作用绝对化。匈牙利主张在坚持国家所有制条件下改革原来的所有制结构，实行多种经济成分并存。

保加利亚在1982年的改革中提出了国家所有制社会原则。他们规定中央经济部的职能主要是制订计划、政策和实行监督，国家行使的经济职能逐步交给国家——社会组织去行使。这种设想已经涉及国家所有制形式的变革。

第二，在计划与市场的关系方面，苏联认为，计划经济是社会主义经济的基本特征，一切经济过程和经济活动都应纳入计划。苏联也提出要广泛运用商品货币关系，但是，他们认为社会主义的商品生产和商品交换已具有计划性，应该纳入国家统一的计划管理轨道。利用市场机制，主要是为了减少计划管理的中间环节，提高指令性计划的科学性，完善高度集中的计划管理制度。

南斯拉夫则主张，目前所有的社会主义国家的经济发展水平，都没有达到能够消灭商品生产和商品交换的程度，社会主义经济仍然是商品经济，应该大力发展商品生产和商品交换，一切经济活动都应以市场为基础，要充分发挥市场调节的作用。南斯拉夫取消了以指令性计划为特征的集中的计划管理制度，实行社会计划制度。这种社会计划对企业没有约束力，主要是对市场供求关系的预测。

匈牙利则介于苏联与南斯拉夫之间。他们坚持了计划管理制度，但是取消了指令性计划形式。在国家计划管理的条件下，充分发挥市场调节的积极作用。因为，社会主义经济仍是商品经济，市场关系不仅是不同所有制企业之间的交换关系，而且对协调国家、企业、个人三者的利益关系也有重要作用。

第三，关于国家的经济职能。在这个问题上，分歧主要在于以下几点。（1）社会主义国家的经济职能是否应该立即开始消亡？南斯拉夫认为，社会主义国家的经济职能应该立即开始消亡，应该不断地削弱国家的经济权限。而其他多数国家则主张，社会主义国家的经济职能应该继续存在，改革不是取消国家的经济职能，而是改进国家管理经济的办法。（2）社会主义国家的经济职能包括哪些内容？匈牙利等国家主张，国家经济职能主要是控制宏观经济范围内的比例关系，保证社会经济均衡发展。而苏联等大多数国家则认为，国家除了控制宏观经济范围内经济活动以外，还须直接控制企业的生产活动。（3）社会主义国家的经济职能应采取什么形式来实施？苏联等国家主张，国家的经济职能应与国家的政治职能结合起来，主要通过行政手段来行使。而匈牙利则主张，国家的经济职能主要通过经济手段来实施。对国家经济职能的不同看法，直接影响了各国的国家机关对社会经济活动干预的程度与方式，直接决定了经济体制集中的程度。

在经济体制改革的过程中，彻底改变了传统的经济体制一统天下的局面，苏联东欧国家的经济体制已经从单一模式走向了多样化。为了便于分析比较苏联东欧国家的经济体制，有必要把各国的国民经济管理制度和方法划分成不同的类型，即分成不同的模式。显然，我们这里所指的模式，不是指到处可以套用的"样板"，仅仅只是为了便于分析研究而进行的类型划分。由于划分的标准不同，对经济体制可以有多种不同的划分法。一般而言，如果从集权与分权、计划与市场、物质利益关系等诸方面进行综合考察，苏联东欧国家的经济体制基本上有三种模式：一种是以苏联为代表的体制，它坚持国家高度集中的计划管理，但也有限度地扩大了企业自主权，有限度地运用市场机制；一种是南斯拉夫式的实行工人自治、高度运用市场机制的体制；一种是介于两者之间的、国家集权与企业分权相结合、计划与市场相结合的匈牙利式的经济体制。

应该指出，以上不同模式的划分是相对的、有条件的。第一，苏联东欧国家的基本经济制度是相同的，都坚持生产资料公有制，都实行计划经济和按劳分配原则。因此，各国的经济体制的根本性质和基本特征是相同的。不同经济体制模式之间的差别，是在这种根本性质一致的基础上，具体管理原则和管理制度的差别。这种差别，与两种不同社会制度的差别根本不同。第二，就某些具体问题而言，不同的模式之间往往含有相同的因素，在同一模式内部也会存在差别。以计划工作为例，就坚持集中计划管理而言，苏、匈是一致的；就发挥市场机制而言，匈、南则是一致的。在苏联模式内部，各国虽然都主张下达指令性计划，但是，计划的指标体系、制定方法等又各有差别。第三，任何国家的管理体制都是发展变化的，不可能是固定不变的。有可能从一种模式转变为另一种模式，也可能形成新的经济体制模式。

在经济体制改革的过程中，苏联东欧国家的经济体制由单一模式发展为多种模式，这是符合社会主义发展客观规律的。列宁曾经指出，由于地方差别、经济结构的特点、生活方式、居民素质等方面的差异，各国建设社会主义的途径必然是多种多样的，在人类走向社会主义的道路上，必然是呈现出多样性。① 这种多样性越是丰富，我们就能越可靠越迅速地实现社会主义经济。各国在寻找适合本国特点的建设社会主义的道路时，又不得不经过各种各样不尽完善的试验。这种试验，既不能背离各国建设社会主义的共同规律，又不能脱离本国的具体条件。列宁指出，在马克思主义创始人的著作中，社会主义"还是一种抽象的东西，它只有经过一系列建立这个或那个社会主义国家的各种各样的、不尽完善的具体尝试才会成为现实"②。那种企图根据某种教条来否定建设社会主义方式方法的多样性的说法，是完全错误的，是背离社会主义发展的客观规律的。

三　中国经济体制改革的特点

（一）我国经济体制的沿革

我国社会主义经济体制建立和发展的过程，大体上可以划分为三个阶段。

第一，社会主义经济体制的形成时期（1949 年至 1957 年前后）。

1949 年全国解放之后，人民政府立即采取措施没收官僚资本，完成土地改革，统一财政税收，为社会主义经济体制奠定了基础。随后，我国开始对农业、手工业和资本主义工商业实行社会主义改造，确立了公有制占绝对优势的生产资料所有制结构，并开始有计划地进行社会主义经济建设。在第一个五年计划的末期，即 1957 年前后，我国以计划体制为中心的社会主义经济体制基本形成。当时，我国管理国民经济的方式主要是：

1. 对大中型建设项目实行集中统一管理的体制。我国第一个五年计划的一个主要任务，就是进行以 156 个重点建设项目为中心、由限额以上的 694 个建设项目（即大中型项目）组成的工业建设，国家对这些项目统一制订计划，统一投资，统一调配人力和物力，由各中央部统一进行施工和管理。

2. 实行直接计划管理和间接计划管理相结合的管理制度。国家对国

---

① 参阅《列宁全集》第 34 卷，人民出版社 1985 年版，第 140 页。

② 《列宁全集》第 34 卷，人民出版社 1985 年版，第 281 页。

营企业和少数公私合营企业实行直接计划管理，国家向它们下达指令性计划指标，在财政上实行统收统支。对一般公私合营和私营企业，以及一部分手工业，实行间接计划管理。国家主要通过各种经济政策和经济合同，采用加工定货、统购包销、经销代销等方法，把它们的经济活动纳入国家计划的轨道。在农业方面，国家对粮食、油料、棉花等农产品实行统购统销，除此以外，对其他农业生产实行估算性计划，国家主要靠预购合同和价格、农贷、税收等政策加以调节。

3. 建立以国营商业为主导、多种经济成分和多条渠道并存的商业流通体制。国家大力发展国营商业和供销合作社，并对国营商业实行统一领导、分级管理的体制。同时，对私营商业也作了统筹安排，给它们以活动的余地。

4. 建立集中的劳动工资制度。在第一个五年计划末期，国家对国营企业用工实行统一安排和统一分配，对行政机关人员实行统一的职务等级工资制，对企业规定统一的职工工资等级表，实行等级工资制。

我国经济体制的形成，受到苏联 20 世纪 50 年代传统经济体制的影响。当时，我国缺乏经济建设的经验，学习和借鉴苏联的经验是必要的。同时，我们也不是完全照抄苏联的经验，有些管理制度是根据我国具体情况制定的。当时，我国的经济体制虽然带有统得过多、管得过死的缺点，但总的来说，还是比较合理的。它的特点是：坚持以国营经济为主导、多种经济成分并存，实行大统一小自由、大集中小分散，直接计划与间接计划相结合的原则。这种体制，基本上适应了生产力发展的需要。

第二，经济体制曲折发展的时期（1957 年至 1978 年）。

这个时期，我国的经济体制变动频繁，反复折腾。主要的变动有四次：

第一次变动，在 1957 年 11 月前后。我国胜利地完成了对农业、手工业和资本主义工商业的社会主义改造之后，在经济管理方面出现了一些矛盾。一方面，原来对资本主义工商业所采取的限制措施已不再适应新的经济形势的要求；另一方面，国营经济内部计划管理的集中程度越来越高。针对这种情况，陈云同志在中国共产党第八次全国代表大会上的发言中，提出我国社会主义经济体制的总体构想。其内容主要是：（1）在工商业经营方面，国家经营和集体经营是主体，以一定数量的个体经营为补充；

（2）在生产计划方面，计划生产是工农业生产的主体，一定范围内的自由生产是补充；（3）我国的市场是社会主义的统一市场，在社会主义统一市场里，国家市场是主体，一定范围内的自由市场是补充。① 在上述思想的指导下，中央起草了《关于改进工业管理体制的规定》《关于改进商业管理体制的规定》和《关于改进财政管理体制的规定》三个文件，决定进行经济体制改革。这次改革的设想是正确的。但是，由于其后不久开始了"大跃进"运动，这次改革的方案未能实施。

第二次变动（"大跃进"时期）。这次变革，主要是扩大地方管理经济的权限，鼓励地方经济自成体系。1958 年 6 月制定的《关于企业、事业单位和技术力量下放的规定》，要求在十多天内就要把绝大部分中央直属企业、事业单位下放给地方管理。在农村，实行政社合一的人民公社制度，农、林、牧、副、渔，工、农、兵、学、商，全部纳入人民公社的体系。与此同时，城镇集体所有制的商业、手工业和服务行业也大批并入国营企业，使所有制结构单一化。这次变革，片面地强调"越大越公越好"，同时过分扩大了地方的管理权限，变革时又缺乏周密的准备和总体安排，造成很大的经济损失。从 1958 年到 1962 年，农业净产值平均每年下降 5.9%，轻工业下降 2%，财政连年出现赤字。

第三次变动（20 世纪 60 年代初）。这次改革分为前期和后期两个阶段，前期主要是调整；后期侧重于改革。

前期的调整，主要是纠正"大跃进"中"左"的错误。调整的措施主要有：收回下放过多的大型骨干企业，归中央各部管理，收回下放过多的计划权和其他经济权限，强调"全国一盘棋"，严格控制基建规模，等等。同时，适当开放自由市场，抓紧货币回笼，改善财政状况。

后期的体制改革主要是制定了《国营工业企业工作条例（草案）》（即《工业七十条》）、《关于城乡手工业若干政策问题的规定（试行草案）》（即《手工业三十五条》）、《关于改进商业工作的若干规定（试行草案）》（即《商业四十条》）、《农村人民公社工作条例（修正草案）》（即《农业六十条》，《关于改进财政管理体制的规定》（即《财政六条》）等条例，对经济政策和经济体制进行了调整。在农村，则扩大市场机制对

---

① 参见《陈云同志文稿选编》，人民出版社 1982 年版，第 12—13 页。

农副产品生产和流通的调节作用。1964 年，中央又试办汽车、烟草等十三个托拉斯。这次改革虽然是局部性的，但也促进了生产力的发展。

第四次变动（十年内乱时期）。这次变动是在"文化大革命"的极左思潮中进行的。变动的主要内容有：过度扩大地方的计划权和其他经济管理权限，缩小企业自主权；在企业内部，否定一切规章制度，斥之为"管、卡、压"；实行平均主义分配原则，取消企业综合奖，实行附加工资制度；在农村，取消自留地，限制集市贸易；限制社会主义商品生产和货币关系。这次变革，造成了空前严重的后果。1976 年，全国工业企业的资金利润率只及 1965 年的一半，亏损企业达 30% 以上，职工实际工资下降 6%。

第三，全面改革经济体制时期（1979 年以来）。

1978 年 12 月，中国共产党召开了十一届三中全会，开始全面纠正以前的"左"的错误，端正了党的指导思想。三中全会决定，把党的工作重点转移到社会主义现代化建设上来，对原有的经济体制进行改革。会议还指出，经济体制改革的方向，是扩大地方与企业的自主权，坚决按照经济规律办事。党的十一届三中全会以后，经济体制改革主要在农村进行，城市则是进行改革的试点和探索。1984 年 10 月，十二届三中全会通过了《中共中央关于经济体制改革的决定》，文件进一步阐明了改革整个经济体制的必要性和紧迫性，规定了改革的方向、性质、任务和基本方针政策，成为我国经济体制改革的纲领性文件。党的十二届三中全会以后，我国经济体制改革的重点由农村转入城市，由局部改革发展到全面改革。这次改革的措施主要有：（1）调整和改革所有制结构。改变过去那种只注意发展全民所有制经济、轻视集体所有制经济、排斥个体经济的做法，初步形成了以公有制为主体的多种所有制形式和多种经营方式共同发展的格局。（2）国家简政放权，扩大国营企业的经营自主权。除少数特殊情况以外，中央各部门、地方各级政府都不再直接经营企业，不再直接干预企业的生产经营活动。企业的生产计划权、购销权、奖金使用权、劳动人事权等都比过去有明显扩大。（3）建立和完善社会主义商品市场。国家减少直接计划管理的产品品种和数量，扩大市场调节范围。打破原来国营商业独家经营、封闭式、多环节的流通体系，逐步向多种经营形式、少环节、多渠道的流通体制转变。（4）实行对外开放。从 1980 年起，陆续建立了深圳等四个经济特区，开放上海等十四个港口城市，并开辟了长江三角洲等三个经济开放区，逐步形成了我国的沿海对外开放带。

1987 年，中国共产党召开了第十三次全国代表大会，提出了加快改革、深化改革的任务。要求围绕深化企业经营机制这个中心环节，分阶段地进行计划、投资、物资、财政、金融、外贸等方面的体制的配套改革。使我国的经济体制改革进入了新阶段。

综上所述，我国经济体制经过了一个十分曲折的发展过程，走过了一个马鞍形的道路。在 20 世纪 50 年代中期，我国的经济体制在坚持中央集中管理的前提下，实行中央集权与地方分权相结合，在坚持指令性计划为主的前提下，实行直接计划与间接计划相结合，具有"又统又活"的特点，基本上适应了生产力发展的需要。与同时期苏联和多数东欧国家的体制相比，也具有不少优点。得到应有的发展和完善。在"左"的思想影响下，不适当地过分强调中央集中管理，排斥市场机制。当经济问题成堆时，经济改革又局限在"条条"与"块块"的关系上转圈子，反复地收权与放权，往往出现"一放就乱，一收就死"的情况，经济体制改革长期得不到全面的、实质性的突破。尤其在 60 年代中期以后，苏联和东欧国家的经济体制改革形成了高潮，并取得了显著成效，而我国却陷入"十年内乱"，经济建设和经济体制都遭受到很大的破坏，落后于苏联和大多数东欧国家。1979 年以后，我国全面改革经济体制。与苏联和大多数东欧国家相比，我国的全面改革起步较晚。但是，由于我国经济体制改革的准备工作比较充分，在改革的过程中较好地处理了改革与建设的关系，改革的措施比较得当，步子比较稳妥，几年来经济体制改革取得了长足的进展，所以，在某些方面已经走到了其他国家的前面。

（二）我国经济体制改革的特色

在 1979 年开始的全面经济体制改革中，我国人民在党中央的领导下，坚持马克思主义基本原理同中国实际相结合的原则，正确对待外国经验，解放思想，走具有中国特色的改革道路。目前，我国的经济体制改革正在深入发展，正处于新旧两种体制转换时期。但是，我国经济体制改革的目标、实现目标的步骤及其理论基础和指导原则都已经基本明确。在这里，我们着重从经济体制改革的基本理论、改革的目标模式和新旧体制转换的方式这三个方面，来探讨我国经济体制改革的特色。

1. 关于经济体制改革的基本理论

第一，我国明确指出"社会主义的根本任务就是发展生产力。"我国正处在社会主义社会的初级阶段，发展生产力的任务更加紧迫。发展生产力是经济体制改革的目的，也是衡量改革得失成败的最主要标准。这是一条十分重要的原则，这个观点树不起来，改革就不会成功。因为，这里牵涉一个基本理论问题：实现社会主义大生产需要两个条件，一是生产的社会化；二是生产资料所有制的公有化。实现这两个条件，可以采取两种方针。一种是以发展生产力为中心，根据发展生产的需要来调整和改革社会主义生产关系，并且在生产社会化的基础上逐步实现生产资料所有制的公有化。采取这种方针，就会根据社会主义社会目前生产力的实际状况，建立多层次的所有制结构，发展商品经济，建立适合生产力发展的经济体制。另一种是不顾现实的生产力水平，片面地追求生产资料所有制的公有化，实行"一大二公"，试图通过生产资料所有制的超前发展，来带动生产力发展，实现生产社会化。采取这种方针，势必追求单一化的所有制结构，限制并消灭商品货币关系，建立高度集中的、排斥市场机制的经济体制。这后一种方针，从根本上说，违背了生产关系一定要适合生产力性质的规律，是不适合当前发展生产力的需要的。我国在 1979 年以前，基本上实行后一种方针，事实证明是不成功的。

第二，我国明确指出，社会主义经济是"公有制基础上的有计划的商品经济"。社会主义经济关系的实质是什么？这是过去长期未搞清的一个问题。过去，我们把社会主义经济看作带有自然经济色彩的产品经济，把计划经济与商品经济对立起来，排斥市场机制、价值规律的作用，使企业的发展在很大程度上失去了外在的压力和内在的活力。我国关于社会主义经济是有计划的商品经济的论断，说明了社会主义社会中经济关系的本质是有计划的商品经济关系；计划经济与商品经济不是对立的，而是内在统一的；商品经济是发展社会主义和向共产主义过渡的不可逾越的阶段。这样，就初步解决了社会主义经济关系的实质问题。与苏联和某些东欧国家相比，具有独到之处。苏联承认社会主义社会存在商品生产和市场机制，但认为计划是无所不包的，商品货币关系是有计划发展的形式，市场要通过计划发挥作用。南斯拉夫认为社会主义经济是商品经济，但是，南斯拉夫的计划主要是一种市场预测，所以，南斯拉夫的计划跟着市场走，削弱了计划经济。匈牙利主张计划与市场相结合。然而，匈牙利把计划与市场作为主要调节手段来结合，没有涉及社会主义经济关系的实质问题。在实际工作中，匈牙利进行计划管理的方式，主要是通过国家的行政指令频繁地指挥企业，尚未摆脱以直接行政干预为主的管理方式。所以，匈牙利的观点与我国也有区别。

第三，提出"增强企业活力是经济体制改革的中心环节"。苏联东欧各国在这个问题上比较一致。但在如何搞活企业的问题上，差别比较大。1987年以前，苏联企业的权限较小，但国家给企业的留利较多。目前企业留利约占全部利润的40%左右（其中，完全归企业支配的是物质刺激基金，约占留利的17%），1983年的留利额是1965年的11倍，增长速度是很高的。匈牙利企业的留利比重约占全部利润的两成至三成，而我国独立核算的工业企业的留利，约占上缴产品税后利润的23%（1984年的水平）。南斯拉夫则把一切经济管理权力都下放给企业，国家没有适当的控制措施，经济管理分散化。匈牙利则是适当向企业放权，并同时做到责、权、利相结合。我国的做法与匈牙利相近，但也有不同：我国在企业中实行厂长负责制，加强企业中的集中领导，在国家、企业、职工三者关系中，更加突出企业这个中间环节，以中间带两头。这种做法，在其他国家中是少见的。

2. 我国经济体制改革的目标模式

党的十二届三中全会通过的《中共中央关于经济体制改革的决定》指出，社会主义经济是有计划的商品经济。基于这个认识，我国经济体制改革的目标，是把原来那种不适应生产力发展的、僵化的模式，改为充满生机和活力的有计划的商品经济模式。这种有计划的商品经济模式，具有以下特征：

第一，以生产资料公有制为主体，多种经济成分并存的所有制结构。这种体制应该容纳全民所有制、集体所有制、个体经济、私营经济、外商独资企业以及各种联合经济形式，每一种经济成分又应允许有多种经营方式。

第二，以扩大企业自主权为核心的多层次决策结构。企业应成为经济决策的基本单位，拥有相对独立的商品生产者所应有的全部权限。在中央决策的指导下，企业应该有权选择生产和经营方式，即能够自筹资金，自行购买生产资料，自行选择工艺流程，自行出售产品。企业应该面向市场，在市场上出售自己的产品和劳务，并根据市场供求关系的变化来调整经营方针。企业销售产品的收入，在作了生产费用和各种社会扣除之后，应能自行决定分配的具体方式。国家的职能主要是：控制整个国民经济的关系、技术进步和生态平衡等宏观经济范围内的重大问题。

第三，以经济手段间接控制为主的调节体系。在这种新体制下，应建立社会主义国家指导下的市场体系，打破任何"条条"或"块块"的割据状态。这个市场体系，应包括商品市场、资金市场、技术市场和劳务市场等。国家主要采取经济手段，运用价格、信贷、利息、工资等经济杠杆，有计划地调节市场关系，再通过市场机制调节企业的经济活动。

第四，以横向经济联系为主的组织结构。在这种体制下，实行政企分开，企业之间按照专业化分工和提高经济效益的原则，发展横向经济联系，并建立各种形式的经济联合体。在企业联合的基础上，形成以中心城市为依托的、各种类型的经济中心。这些经济中心又相互联结，构成开放型的经济网络。

第五，把物质利益原则和社会公平原则结合起来的物质利益结构。在优先保证国家利益的前提下，使企业与职工的收入与他们的经营成果与劳动相适应，把国家、企业、个人三者的利益有机地结合起来。

我国的经济体制改革的目标模式，与苏联东欧国家相比，具有鲜明的特色。

苏联等国家的改革，是在坚持高度集中的计划管理的前提下，对原有的经济体制进行改良。国家仍然主要采取直接的行政管理方式管理企业，集中的指令性计划仍是调节经济活动的主要手段。企业与国家之间，仍然是政企不分，统收统支，企业之间很少有横向的经济联系。

匈牙利在经济体制改革中，努力建立集权与分权相结合、计划与市场相结合的经济体制。他们取消了指令性计划形式，实行指导性计划为主。但是，在实际上，由于匈牙利没有建立一个完善的市场体系，市场对社会经济的调节作用十分有限，国家仍然主要依靠行政部门，主要通过行政手段来调节企业的经济活动。企业还是受到行政部门的种种干预，经营自主权没有充分的保证。在财务上，企业也不能真正做到自负盈亏。企业仍然处于一只眼睛盯着上级，一只眼睛盯着市场的状态。在国家与企业之间的关系上，匈牙利比传统的经济模式有很大的进步。但是，他们仍然没有彻底解决政企不分和"企业吃国家大锅饭"的问题。

南斯拉夫彻底废除了高度集中的计划管理模式，充分运用市场机制来调节社会经济。由于实行自治原则，在宏观上没有一个有约束力的计划，中央政府也缺乏必要的控制手段和控制能力。企业比较彻底地摆脱了对国家机关的行政依附关系，就这一点来说，南斯拉夫对传统体制的改革是比较彻底的。但是，由于在宏观上国家不能有效地控制经济活动，社会经济容易出现失衡现象。

我国的有计划的商品经济的模式，是一种宏观计划控制下的市场调节模式。在宏观上由国家计划来控制，国家计划要确定国民经济的重大比例关系和重要的价值指标；在微观上主要由市场机制来调节企业的经济活动。一方面，国家通过计划指导来制约商品经济中可能出现的盲目性；另一方面，以通过市场机制和价值规律来制约国家计划管理中可能出现的主观性，从而把计划与市场有机地结合起来。我国的目标模式，能够比较彻底地割断企业对国家机关的行政依附关系，把企业推向市场，从这一点来来讲，与苏联、匈牙利的经济模式不同。我国的目标模式中，对市场实行宏观的计划控制，这又与南斯拉夫的模式有区别。我国的经济体制改革的目标模式，是一种有中国特色的经济模式。

3. 关于新旧体制转轨的方式

在改革的目标大体明确之后，如何从旧体制平稳地过渡到新体制，则是十分关键的问题。我国的经济发展水平低于苏联和大多数东欧国家，带有明显的发展中国家的特点；我国改革之前的经济体制的僵化程度，超过了多数东欧国家，经济体制改革的起点比较低；尤其是我国经历了"文化大革命"的十年动乱，粉碎"四人帮"之后，遗留许多政治、经济、社会方面的问题。根据我国的实际情况，我们实行了比较切合实际的改革措施。这主要是：

第一，使经济体制模式的转换与经济发展模式的转换相结合，同时实行双重的模式转换。

所谓经济发展模式的转换，主要指从过去的以数量增长为主要目标、以外延扩大再生产为主要方式的经济发展模式，逐步转移到以提高社会经济效益和满足人民的消费需要为主要目标、以内含扩大再生产为主导方式的经济发展模式。在前一种经济发展模式下，发展经济主要依靠新增加厂房、设备、人员等生产要素的数量，它必然要求高度集中的、以指令性计划为主要手段的经济体制模式；后一种经济发展模式，则要求国家适当分权、主要以经济方法进行间接控制的经济体制模式。所以，经济发展模式的转换，是经济体制模式转换的基础，必须把两种模式的转换结合起来。

苏联及大多数东欧国家，大体上属于中等发达国家和发达国家。它们由粗放经营向集约化经营的转变，一般都具备相当的物质基础。我国则不同，按人均国民收入计算，我国尚属于经济不发达国家，而且经济发展不平衡。一方面，我国在中心城市拥有现代化的工业，具有内含扩大再生产的潜力；另一方面，广大农村普遍存在以手工劳动为基础的落后农业，数以百万计的乡镇企业技术设备比较落后，难以在短期内提高到现代水平。农村劳动力资源比较丰富，外延扩大再生产的潜力较大，经济发展模式的转换阻力重重。由于旧的经济发展模式的惯性作用，在经济体制改革开始以后，追求数量、轻视质量，热衷于铺摊子、轻视技术改造和技术进步的传统做法仍然十分普遍。这不仅影响了国民经济的稳定，也影响到经济体制模式转换的进程。因此，我国在经济体制改革中，尤其要抓紧经济发展模式的转换，使两种转换相互配合、相互促进。

在我国，同时实行双重模式转换的关键，是处理好经济建设与经济改革的相互关系。我国的"七五计划"指出，必须使国民经济的增长速度保持在一定限度之内。使社会总供给与总需求大体平衡。过高的经济增长速度，容易使社会经济生活过于紧张，不能解决固定资产投资规模过大和消费基金增长过猛的问题，难以形成一个比较宽松的经济环境。因此，党中央指出，应该把建设的重点转移到现有企业的技术改造和改建、扩建上来，把提高经济效益放在中心地位，坚决走内含扩大再生产为主的经济发展道路。同时，要坚持把经济改革放在首位，理顺社会经济关系，尽快地建立起比较合理的经济体制，为国民经济的长远发展奠定基础。

第二，经济体制的转换采取"双轨制"为主的形式。

东欧国家的改革，大多数采取"一揽子"的改革方式。在作了充分的准备工作之后，确定某一个日期，全国各地和各行各业同时实行新的经济体制，进入新的经济运行轨道。这种"一刀切"和"齐步走"的转换方式，不适用于我国。因为，我国的国情与东欧国家不同。

我国是个大国，幅员辽阔。我国国土面积，大约是罗马尼亚的45倍，南斯拉夫的40倍，匈牙利的100倍。而且，各地的经济环境差异极大，生产力水平相差悬殊。例如，江苏省的人均工业产值为甘肃省的两倍多，上海的人均净产值，大约是贵州省的11倍以上。各地的经济发展还带有浓厚的地域性。因此，各地区进行经济改革的条件是不相同的，经济体制模式转换的进程，也必然参差不齐。

我国生产社会化的程度，低于多数东欧国家。以企业规模为例，据世界银行1984年的调查，职工总数243人以上的企业在企业总数中所占的比重，南斯拉夫为33.5%，匈牙利为65.1%，而我国仅为0.6%。我国大企业在国民经济中所占的比重也不高。我国1700多家大型企业，占独立核算的国营企业总数的28‰，固定资产仅占资产总额的48%，销售额占84%，也低于多数东欧国家。由于生产社会化的程度较低，影响了国家直接控制经济的能力。以国家计划的覆盖面为例，1951年，南斯拉夫刚开始进行经济改革时，属于中央计划的产品达16000多种，要在8000个企业中进行分配。在苏联，由国家计委和中央各部统一分配的物资多达3万余种。而我国在1979年开始经济改革时，由国家计委和物资总局调拨的物资仅有256种。1985年前后，在钢材、木材、水泥三大产品中，国家计划分配的部分已经不到50%。我国由于中央直接控制经济的能力的限制，不可能使全国的经济体制按照一个节奏齐步前进。

由于长期存在"左"的错误思想的影响，在改革前夕，我国原有的经济体制在集中化、实物化、封闭化和平均主义化的程度方面，都超过了大多数苏东国家。尤其是十年内乱期间，我国的经济体制遭到严重破坏，带有浓厚的军事共产主义色彩。因此，我国经济体制改革的起点较低，改革的任务比其他国家更为艰巨、更为复杂。

由于上述情况，我国经济体制模式的转换，不能采取"毕其功于一役"的作法，只能采取"分步走、小配套"的渐进方式。即把整个转换的过程分成若干个阶段，每一个阶段只完成相应的改革任务。但每一个阶段的改革不是单项进行的，而是各种改革措施相互协调地配套进行。这样，在经济体制模式转换的整个时期内，某些方面的管理制度和管理方法已经脱离了旧体制的轨道，开始转入新的经济体制，而其余的管理制度和管理方式仍未脱离旧体制的轨道，从而形成了新旧两种体制并存的状况。在体制模式转换的过程中，逐步缩小按旧轨道运行的经济活动的数量，相应地扩大按新轨道运行的经济活动的范围，最后完全过渡到新的经济体制。这种"双轨制"的转换方式，对经济建设和社会生活引起的震动较小，能够保证改革时期的经济稳定，减少改革的阻力，是适合我国国情的。

但是，双重经济体制并存的时间不能过长。因为，新旧经济体制之间的磨擦和冲突，容易削弱或冲击社会主义的计划经济。在条件具备之后，应该尽快地向新经济体制转变。中国共产党第十三次全国代表大会之后，转变的条件已经基本具备，因此，应该尽快地制定完整的经济体制改革方案，实现向新型经济体制的过渡。

经济改革思想史：体制转轨理论流派比较分析[*]

一　关于社会主义经济体制的理论探索

从体制层面（不是从基本制度层面）对社会主义经济的研究，最早可以追溯到 19 世纪中叶，那时便有了资本主义和"社会主义"孰优孰劣的争论。21 世纪初，意大利经济学家 F. 帕累托及其学生巴罗内成为"最早对经济体制进行现代分析"[①] 的人物。帕累托提出了著名的"帕累托最优化"思想：假设社会生产技术水平和消费者偏好函数既定，又假定具备完全信息的条件，一个社会的资源配置是否达到最优化，可用下列标准来检验，如果不减少其他人的利益，生产和分配的重新组合，不可能增加某个人或更多人的利益，就意味着这个社会的资源配置已经达到最优化状况，否则，就没有达到最优化状况。这种为达到最大限度的社会福利所需要的生产和交换条件，就是评价资本主义和"社会主义"经济体制"孰优孰劣"的主要标准。和"帕累托最优化"状况相对应的经济体制是最有效率的经济体制；和"帕累托最优化"状况相靠近的经济体制是帕累托"次优化"的经济体制；如果不减少其他人的利益，生产和分配的重新组合后，增加了某个人或更多人的利益，这样的经济体制可称为"帕累托改进型"的经济体制。"帕累托最优化"概念成为后来学者进行体制比较的理论来源之一。不过，这里所指的"社会主义"，是纯粹的理论假设，与后来实践中产生的社会主义，有根本区别。

---

[*] 本文为《现代市场经济体制国际比较》（杭州大学出版社 1997 年版）第三章内容，收入本书时作了修改。

[①] 《美国经济学百科全书》第 164 页，美国纽约麦格劳 – 希尔公司（Mc Graw – Hill）1982年。

　　1917 年俄国十月革命胜利，在现实世界中出现了与资本主义截然不同的社会主义制度。各国学者围绕社会主义经济体制，先后进行了三次大讨论。第一次"社会主义大讨论"发生在苏俄建立初期，讨论的中心社会主义经济是否具有"可行性"。当时人们普遍认为，社会主义经济的本质就是生产资料的公有制和集中的中央计划。奥地利学者米塞斯、哈耶克等人从这种认识出发，认为社会主义制度由于取消了私有制和市场，不可能实现资源的合理配置。或者即使在理论上是可行的，在实际操作技术上也是不可行的。针对哈耶克等人对社会主义制度的诘难，旅美波兰学者奥斯卡·兰格发表论文，阐述了在社会主义竞争市场上靠实验法来实现资源配置的思想，在理论界引起了较大反响，被称之为"兰格"模式。这场"社会主义"大辩论，对社会主义经济体制理论的形成发挥了重大作用。在这场争端中，用对经济体制的理论分析取代了对现实经济活动的表象描述，研究水平大大提高。这场争端中的中心议题包括：决策和信息中的集权与分权；不同刺激方案与决策、信息结构的一致性；不同体制模式的相对效率的比较；价格和市场体制的真正本质；计划与市场的潜在结合等，至今仍是社会主义经济体制研究的中心问题。这场"论战"也有局限性。争论的双方都以马歇尔的"均衡价格论"为理论基础，研究角度比较狭窄，双方都热衷于"纯理论"研究，缺乏对苏联实际情况的了解和研究。

　　第二次大讨论发生在第二次世界大战期间以及战后 20 世纪 50 年代。这时期的理论探索逐步摆脱"纯理论"研究的状况，开始注重研究的现实性、历史性和普遍性，在比较研究的方法上，也开始注重综合研究。例如，开展了对社会主义、资本主义、法西斯主义三种制度的实证研究等。在研究方法上，美国学者罗克斯和霍特提出，应当把指导经济体制的思想、原则、政策同经济制度的组织、机构、体制有联系地区分开来；把经济体制同经济制度本身有联系地区分开来。这是方法论领域中的一个重要突破。

　　第三次大讨论发生在 20 世纪 60 年代之后，是经济体制研究理论发展史上的一个分水岭。1961 年，第一届诺贝尔经济学奖获得者荷兰学者 J. 丁伯根（J. Tinbergen）提出了资本主义和社会主义的"趋同假说"。认为随着生产的发展和科学技术的进步，资本主义加强了政府干预，以克服自由市场经济的弱点，社会主义为了改变过分集中化，加强了市场调节，资本主义与社会主义之间出现了"趋同"的现象。这主要表现在：第一，西方国家对一些企业实行国有化，社会主义国家则允许私营经济在一定限度内发展，东西方国家都出现了"混合经济"的现象。第二，资本主义国家加强了政府对社会经济的干预，而社会主义国家则开始强调市场调节，都出现了"计划与市场"相结合的共同趋势。第三，资本主义国家强调社会福利措施，缩小贫富差距，而社会主义国家则反对平均主义，适当扩大社会成员之间的收入差距，在收入分配政策方面，都出现了"兼顾公平与效率"的趋势。第四，东西方国家都重视科技人员和管理专家在经济管理中的重要作用，出现了"专家治厂、专家治国"的共同趋势。

丁伯根"趋同假说"的提出，改变了经济体制的研究主题与研究方法，把经济体制的组成、结构、职能、效率等问题作为研究的主要对象，开拓了社会主义经济体制研究的新的领域。这也标志着比较经济体制作为一门独立学科的地位的最终确立。

20世纪70年代后，用"现代方法"研究现代市场经济体制的著作大批出现。美国学者J.库普曼和J.蒙台斯共同提出了经济效果与经济体制间的函数公式，成为研究经济体制"特殊的经济功能的组织安排的比较"的先端。美国学者E.纽伯格和W.达菲共同提出的"DIM"方法，"DIM"是决策（Decision Making）、信息（Information）、动力（Motivation）的缩写。所谓决策，就是决定生产什么，怎样生产，何时生产，为谁生产，这是市场经济体制的核心。为了合理的决策，就要建立合理的信息机制。为了实现已经作出的决策，又要建立动力机制，以刺激、激励他人。在决策、信息、动力结构方面的差异，即形成各种经济体制之间的差别。"DIM"方法流行极广，以致有的学者干脆把它作为现代方法的代名词。匈牙利著名学者J.科尔纳在1967年出版的《反均衡：关于经济体制理论和研究的任务》一书中，从经济组织的二重性出发，分析了经济组织之间的二重联系，并以此为基础对各类经济体制进行比较研究。科尔纳运用了马克思关于商品二重性等重要的方法论，对经济体制进行抽象研究，并提出了一系列真正不带"主义"色彩的概念和术语，西方学者对此给予高度评价。

20世纪90年代以后，经济体制研究出现了新的发展趋势。在研究方法上，以科斯、诺斯等为代表的后新制度经济学派，批判地吸取、运用新古典经济学的分析方法，从微观经济角度研究制度的构成、运用及其在现代经济生活中的作用，在经济制度的安排上，提出了独特见解。他们把产权制度、交易成本、经济组织等视为经济活动中的重要变量，着重研究这些变量对经济绩效的影响。有的学者认为，人类经济活动分为生产和交易两部分，两者都耗费成本，生产成本相对稳定而交易成本构成经济活动成本的主要可变部分。交易成本的节约则成为评估一个经济体制比另一个经济体制优越的主要标准。正是节约交易成本的动机引导着不同经济体制的存亡消长、转换和结合。他们的产权理论、交易成本理论、现代企业理论、新产业组织理论、公共经济理论等，被大量运用于市场经济体制的比较研究，使研究方法更加多样化和现代化。

对社会主义经济体制理论长期的探索过程中，出现了许多优秀的理论家和理论流派。在后面的文字中，我们将介绍其中影响较大的几个流派。即以兰格、布鲁斯、锡克为代表的计划与市场相结合的理论流派，以科尔纳为代表的短缺经济理论流派，以卡德尔为代表的自治经济理论流派。

二　计划与市场相结合的理论流派

计划与市场相结合的理论流派所研究的核心，是国家宏观经济调控与企业的微观经营活动之间的关系，研究的目的是寻求计划与市场相结合的最佳结合点，目标模式则是计划与市场相结合的经济体制。他们把国家与企业的关系的合理化视为由传统经济体制向新经济体制过渡的关键。国家与企业之间的关系主要包含两个方面的问题，即国家与企业关于经济权力的划分，计划调节与市场调节的相互协调与结合。

（一）兰格的模拟市场模式

1. 竞争市场上的均衡条件

均衡是指经济体系中变动着的各种因素处于平衡的那种状态，经济均衡基本点是商品的供给和需求之间的平衡。根据西方新古典学派的均衡理论，竞争市场具有两个特征：一是任何一个人都不能通过改变他的需求和供给来影响物价；二是资源可以自由进出每个行业或产业。兰格从这一理论出发，指出在这样的市场上实现均衡的条件应有三个：一是主观均衡条件，即要求一切参与经济体系的主体必须达到他们的最佳位置，即消费者使他们从收入花费中得到的总效用为最大，生产者使他们获得的利润为最大，最终生产资源（劳动、资本和自然资源）的所有者通过出售资源和服务取得的收入为最大；二是客观均衡条件，即均衡价格决定于每种商品的需求和供给的比例；三是消费者的收入等于销售他们所有的生产资源的服务的收入。由于第三个条件不论是否在均衡状态中都成立，所以前二个条件是严格意义上的均衡条件。在这些均衡条件中，物价起着主要的参数作用。消费者的收入决定于最终生产资源的服务价格，因此在给定价格后，收入为一定；消费者的收入和商品物价给出后，对消费品的需求量则被决定；已知产品和要素的价格，商品的供给和要素的需求也被决定。对每一组物价和消费者的收入，都可以得到相应的商品需求和供给数量"所以最后剩下物价是决定商品供需的唯一变量"。① 而在竞争市场上，价格则是直接由市场上的供求自动调节的。即当需求量和供给量不等时，买主和卖主之间的竞争将改变原有的价格，使需求超过供给的商品价格上升，供给超过需求的商品价格下降。这种不断进行的自动调节，必然形成一组使供求相等的物价，使上述均衡条件得到满足并最终达到均衡，这就是所谓的"均衡价格"。达到这一价格，实现经济均衡的过程，也就是竞争市场上资源最终达到合理分配的过程。显然这是市场机制直接作用的结果。

2. 运用模拟市场实现"经济均衡条件"

国家如何通过模拟市场机制来满足经济均衡条件，解决资源的合理分配问题呢？

在兰格模式中，存在消费品和职业的选择自由，因而存在着一个消费品和劳动服务的真正的市场，但没有投资品和生产资源的市场。根据经济均衡理论，由于消费品市场的存在，竞争市场上消费品达到最大位置的主观均衡条件同样适用于社会主义经济中的消费品市场。生产者所要达到的最大位置，由于生产资料公有制的存在而发生了变化，即不再由利润最大化的目标指引，而是使生产的目的在于用尽可能好的满足消费者的偏好。

---

① ［波兰］兰格：《社会主义经济理论》，王宏昌译，中国社会科学出版社 1981 年版，第 8 页。

这一变化给产品的供给和要素需求的决定带来什么影响呢？兰格指出，在竞争市场上，生产者达到最大位置所要求的最优的要素组合和最优的生产规模，是完全由市场的两个基本特征的性质所决定的。在社会主义经济中，为使社会主义生产者达到上述的最大位置，中央计划当局可以模拟市场作用，给企业规定这样两条规则：一是生产者必须选择使平均生产成本最小的要素组合；二是使边际成本等于产品价格，来决定生产规模。这样，就如同在竞争市场上一样，产品和要素的价格也将成为独立于社会主义企业生产经理们行为以外的不变参数，而不受每种要素的数量和他们的生产规模的影响。这两条规则也就是向负责作具体决策的社会主义工厂经理们提出了这样的要求：他们必须始终使用平均成本为最小的生产方法，并且生产使边际成本等于产品价格的数量的各种商品或服务。显然，为使生产经理能遵守这些规则，产品和生产要素的价格必须是一致的。总之，在上述两条"经理规则"得到遵守的条件下，只要价格为已知的，消费者和劳动者就能达到各自的最大位置，生产者也将达到根据社会主义生产目的所指引的最大位置。经济均衡所需要的主观条件就能得到实现。这表明了，在社会主义经济中，给定一定的原则后，也"只有物价是决定商品供需的变量"。①

　　在社会主义经济中，消费品和劳动服务的价格，由于存在消费品和职业选择的自由，它们在市场上被决定。而生产资料的价格，为了防止由于公有制生产资料的集中，带来工厂经理的决策对物价的影响，保证价格的参数作用，生产资料的价格必须由中央计划当局规定。

　　那么，中央计划当局代替竞争市场而规定的生产资料的价格，是否可以是任意的呢？如果是任意的，客观均衡条件就难以得到满足，资源的合理分配也就难以得到实现。兰格认为，社会主义国家中央计划当局规定的"会计价格远不是任意的，而与竞争体制中的市场价格有十分相似的客观性质"。价格的参数作用，使生产者只能参照它来决策和调整自己的生产规模，每一组物价都会形成一组与之相应的商品供给量和需求量。一般情况下，必然只有一组物价满足使商品供求数量相等的客观均衡条件。在社

---

　　① ［波兰］兰格：《社会主义经济理论》，王宏昌译，中国社会科学出版社1981年版，第14页。

会主义经济中，只要物价不受生产经理们决策的影响，就仍然是提供人们选择的参数函数，同样只有一组物价使商品的供求相等，使劳动者、消费者和生产经理们达到互不矛盾的最大位置。所以，同样都能得到一个客观的价格结构（均衡价格）。如果中央计划当局规定的物价不同于均衡价格，那么，"任何错误会用一种很客观的方式自我暴露——这种商品或资源数量的物质短缺或剩余——并且为了保持生产顺利进行，必须加以修正"①。

为了使中央计划当局规定的价格满足客观均衡条件，兰格认为，可以模拟竞争市场机制，采用与竞争市场上相似的"实验错误"的方法，最终形成实现市场供求均衡的价格。就是由国家根据生产资源的供求变化，直接规定和调整价格，以此来调节企业的活动，实现社会商品供给量和需求量的平衡，而当供求量相等时的"均衡价格"，就是中央计划当局为实现资源合理分配所需要规定的价格。显然，这样的价格，不是市场机制自发的直接作用的结果，而是国家计划当局模拟市场机制进行调节的结果。

兰格的分析说明了，在生产资料公有制的计划经济制度下，虽然生产资料的分配不直接通过市场，但通过国家模拟市场机制的办法，仍然可以确定合理的、客观的价格结构，并引导企业按社会主义的目标决策和组织生产，进行正确的经济计算，满足经济均衡所需要的主客观条件，实现生产资源的合理分配。尽管他使用的仍然是资产阶级的经济均衡理论，不可避免地带有很多缺陷，但是他的论证驳斥了当时西方经济学说中关于社会主义计划经济不能进行准确的经济计算，从而不能实现资源的合理分配的观点。他证明了社会主义应该并能够通过一定的方式（他提出的是计划模拟市场的方法）寻找出实现经济均衡的生产资料价格结构。因此，严格的经济计算和自愿的合理分配都是可以实现的，从而捍卫了生产资料公有制和社会主义计划经济制度。正如瑞典经济学家汉生所指出的那样，兰格这一理论的提出，"使有关社会主义国家中经济计算的长期讨论终于结

---

① ［波兰］兰格：《社会主义经济理论》，王宏昌译，中国社会科学出版社 1981 年版，第 15 页。

束，并且在理论上成功地使那些社会主义的批评家们处于被动地位"①。

3. 简要评价

兰格的"计划模拟市场"模式，最早从理论上提出了一种不同于传统的苏联式的计划经济模式，即存在消费品与职业选择自由的条件下，通过计划模拟市场机制来确定生产资料价格的计划经济模式。他论证了社会主义计划经济并不是必然和市场机制不相容的；相反，为了进行准确的经济计算从而实现资源的合理分配，中央计划当局应当而且可以模拟竞争市场的机制来确定生产资料价格。这种在消费品和劳动岗位分配中引入市场机制，在生产资料价格上模拟市场机制的模式，是对传统模式和传统理论的挑战。

但是，兰格的理论也存在一些不足之处。

计划模拟市场的理论，是以西方经济学中的一般均衡理论为出发点和基础的。这一理论通常被称为"瓦尔拉均衡"。他们把自由竞争市场机制看作一个完美得天衣无缝的精巧装置，而且那种均衡不仅会存在，还具有唯一性。这一理论曾经在相当长的时间里成为西方主流经济学说的重要基石。但是在现实生活中，人们越来越清楚地看到，无论是资本主义经济还是传统的社会主义经济，那种供求完全相等的"瓦尔拉均衡"仅仅是一种偶然的特例，普遍存在的要么是供大于求的"买方市场"，要么是求大于供的"卖方市场"。以这种理论基础为前提，必然只能推演出仅作为偶然特例的现象。

就价格问题来说，在兰格的国家模拟市场的模式中，不存在真正市场中的生产资料的价格，它是由国家直接调整和确定的。这样做法势必使相当多的产品的定价权高度集中到中央计划部门，未能真正解决高度集中的管理体制和管理方法，使价格不能同生产与需求的变动发生直接的联系，从而使价格实际上仍然缺乏灵活性，难以反映社会必要劳动的消耗，无法实现价格机制对经济的调节作用。

此外，在兰格的国家模拟市场的模式中，市场的作用仅被局限于经济计算，忽视了市场对生产者和消费者的利益关系的调节作用，市场机制的作用必然受到了严重的限制。

① 《兰格纪念文集》，第 173 页。

从上述分析中，我们可以看出，"兰格模式"本身是矛盾的，引入市场机制和计划模拟市场，前者的发展必然导致发展市场经济的思路；后者的发展则导致用现代计算工具完善和强化传统计划经济体制的思路。在历史的进程中，前一条思路为后来的布鲁斯、奥塔·锡克、科尔纳等接受和发展；后一条思路则为苏联的"计划计量学派"，如康托洛维奇等接受和发展。这正是"兰格模式"的内在矛盾性的最好证明。

（二）布鲁斯的分权模式

1. 三层次决策论

布鲁斯认为，研究经济运行模式的着眼点和基本方法是经济决策权的划分，经济活动的决策权可以分为以下三个不同的层次。

第一层次是宏观经济活动的决策，它涉及整个国民经济发展的战略性问题。如经济的增长速度、国民收入在积累和消费之间的分配比例、投资基金在国民经济各部门的分配、消费基金在集体消费和个人消费之间的分配比例等。这一层次的决策通常应当由中央一级直接作出。

第二层次是企业经常性经济活动的决策。它涉及企业和部门的生产规模和结构、投入的生产资料和劳动力的数量和结构、产品的销售战略和原料供应、部分生产资金投入以及劳动报酬的具体形式和方法等。这一层次的决策是由中央直接作出还是由企业自主决定，是区分不同经济运行模式的关键。

第三层次是家庭或个人经济活动的决策。它包括两个方面：一是在收入已定的情况下关于个人或家庭消费结构的决策；二是关于职业的选择和劳动岗位的决策。这一层次的决策通常应当是分散的并通过市场来实现的。

布鲁斯根据社会主义经济活动中这三层次决策权分属于不同主体的情况，将经济运行模式分为四种类型。

第一种类型，三层次决策权都掌握在国家手里，即苏联早期的"军事共产主义"模式。这种模式虽然早已成为历史，但某些做法，如消费品的配给制和限制劳动力流动的做法仍在一些国家实行。

第二种类型，第一层次和第二层次的决策权都归属于中央机构集中管理，这种模式在理论上概括为集权模式。

第三种类型，第一层次和第二层次的决策权力分别属于中央、地方与企业，国家集中管理与地方、企业分散管理相结合，这种模式在理论上概括为含有市场机制的计划经济模式即分权模式。

第四种类型：三层次经济活动的决策权都是分散化的，第一层次和第二层次的决策权力属于企业，实行企业和工人自治，这种模式在理论上概括为市场社会主义模式。

2. 不同经济模式的比较和最优模式的选择

布鲁斯对除战时共产主义以外的三种不同的经济运行模式进行了比较和分析，得出了经济运行最优模式的选择应是"分权模式"的结论。

（1）对集权模式的分析

布鲁斯认为，集权模式最初在苏联出现，是有其客观原因的。因为苏联在十月革命胜利的初期，面临着帝国主义国家的包围和国内反革命分子的叛乱，为了巩固新生的苏维埃政权。在经济极端困难的情况下不得不实行国家高度统治的战时共产主义经济。而后，在苏维埃政权相对巩固之后，苏联又面临着艰巨的工业化任务。为了加快工业化的步伐，在技术和资金都比较缺乏、基础还比较薄弱的情况下，为了集中有限的经济力量投入工业化建设，必然要采取高度集中统一计划的管理体制。这种高度集中的集权模式最初起了一定的积极作用，推动了经济的高速增长。但是随着经济的发展，这种集权模式的弊病就逐步地显示了出来，主要表现在：

第一，生产缺乏灵活性。不论在生产领域，还是在消费领域，首先是产品品种结构不能满足需要，与此相关的是产品质量差。

第二，在实现计划目标时成本过高。这是由于企业中每一单位产品的消耗（特别是材料消耗）太大，生产计划（从成本交付来看）错误地分配于不同的企业。

第三，取消或至少大大阻碍企业和部门任何"自主发展"。企业对技术进步不感兴趣，无论在生产方法方面，还是在产品改进方面，都是如此。

第四，经济杠杆体系薄弱并有内在矛盾，削弱了个人利益同社会利益的结合。

第五，国家机构和经济机构的官僚化，由此带来了各种各样的严重的经济、社会和政治后果。

这些弊端是布鲁斯从波兰实行集权模式所造成的实际后果，并根据波兰经济学界对集权模式的反思中所概括出来的，它清楚地表明集权模式并不适应经济的进一步发展，它不是经济运行的理想模式。

（2）对市场社会主义模式的分析

布鲁斯认为，市场社会主义模式的基本特点是三层次经济活动决策都分散化，即不仅第二层次和第三层次的经济活动决策权力归属于企业和个人，第一层次的经济活动即宏观经济活动的决策权力也归地方和企业。正是由于这个特点，市场社会主义模式的优点就在于能够充分发挥地方和企业的积极性。企业对降低产品的成本、提高劳动生产率、制造新产品、采用新技术、生产适应市场和用户的需要等方面都非常关心，从而有利于提高微观经济效益。

然而，也正是由于市场社会主义模式在经济决策上高度分散化这一特点，特别是宏观经济活动的决策的分散化，不可避免地出现了如下一些弊端：

第一，积累率偏低。在宏观经济决策分散化的条件下，积累与消费的比例完全是由企业自行决定的。由于企业总希望把更多的收入用于消费，因此企业的积累愿望往往低于全社会的需要，由此造成积累率偏低，消费增长过快，生产增长的速度赶不上消费增长的速度。

第二，存在着较高的失业率。企业受自身所规定的目标的强烈驱动，存在着尽量少雇工人的倾向。在进行新投资时则倾向于尽量采用节省劳动力的方案。布鲁斯认为，这种做法在非常缺乏劳动力时是可取的，但在劳动力多余的情况下，则是不利的。

第三，整个社会经济缺乏全面的协调。由于经济决策权的高度分散化，在宏观上经济的发展缺乏全面的协调，必然导致生产重复，宏观经济效率下降。市场社会主义模式的弊端在于没有将微观经济的高效益同宏观经济的高效益有效地结合起来。因此，市场社会主义模式也不是经济运行的理想模式。

3. 分权模式的基本特征及其优越性

分权模式的基本特征首先是经济决策是分层次作出的。中央一级只在以下两个领域作出直接决策：一是国民收入分配的领域，在这里要作出决定的是，①个人收入在国民收入中所占的份额和工资领取者收入结构的基本特征；②企业收入在中央基金和企业支配基金之间的分配比例；③中央基金在集体消费和积累之间的分配（特别是对中央投资基金规模的决策）。二是选择最重要的投资方向的领域，这种选择是通过中央投资基金在不同生产部门的分配，通过具体的规定生产能力提高来实现的，以及与此相联系的投资方法的直接决策。

除了上述两个领域外，其他一切经济决策都是直接在企业一级作出的。企业在创办时，就具有相应的固定资金和流动资金，它自主地组织再生产过程，即自主地选择生产目标和生产方法，独立自主进行生产所需要的原材料采购和产品销售，也就是说，企业能够独立自主进行供、产、销等生产经营活动。企业自由决策的标准是赢利原则即取得最大限度的利润，这是企业活动的基础，也是企业在选择生产目标和生产方法时自主地进行活动所遵循的唯一的原则。分权模式的另一个基本特征在于中央运用市场机制影响和指导企业的经济决策。在分权模式中，各级计划之间不存在等级性依赖关系。但是，中央计划的优势除了产生于中央一级直接决策的性质外，还表现为中央的间接决策，即用市场机制造成这样一个经济条件，使以取得最大限度利润为依据的企业决策按照中央重大的计划决策方向运行，并促进全社会目标的实现。市场机制成为促进企业活动适应国家宏观计划要求的工具。

布鲁斯指出利用市场机制的分权模式有以下优越性。

第一，使社会生产的供给结构能够灵活地适应需求结构。布鲁斯指出，供给的高度灵活性在消费品中具有特殊的重要性。就消费品来说，需求的细节是很难预见的，这是由于它们的结构复杂，也是由于它们易于发生变化。在这方面市场机制的优越性就在于：供给结构与需求结构能够相适应。这是由于在供货者和购买者之间能够通过市场直接挂钩，而不必由中央一级直接而详细地加以决定，也不必在每一场合由中央一级加以批准，这一点在集权模式下是难以达到的。

第二，能够合理地利用生产要素，将消耗降到最低限度。这是因为在这样的条件下企业具有相应的条件（资金和权力）系统地改进生产组织和工艺流程，从而降低每一个产品的活劳动和物化劳动的消耗。

第三，有利于扩大再生产过程中的平衡，即"平衡增长"的要求。分权模式创造了市场和生产之间的有效联系，使各个经济单位获得了

"自身发展"的机会，这对消除扩大再生产过程可能出现的比例失调，促进生产平衡增长具有重要意义。

第四，保证中央一级的计划活动有合适的条件。这是因为，在分权模式中，下级的高度自主性自动地使中央一级不必逐日作出大量具体的决策，使中央一级有可能集中于重要问题，并对经济过程进行更彻底的分析，把中央计划工作提到更高的水平。

第五，为发挥企业主动性和工人与知识分子的创造性创造了条件。布鲁斯指出，在分权模式中，企业的地位的非常重要的。如果企业的作用不局限于执行指令，它在已定范围是自主决策的机构，那么，工人阶级和知识分子中的创造性要素就获得了实际作用范围和实际发生作用的可能性。

4. 布鲁斯分权模式理论的意义及局限

第一，布鲁斯的分权模式的理论基础是价值规律和市场机制对社会主义经济的调节作用。因此，布鲁斯认为价值规律、市场机制同社会主义计划经济不是互相排斥的。价值规律应该成为社会主义计划经济的基础，市场机制可以作为计划管理的工具，这就为系统地阐述和建立含有市场机制的计划经济模式即分权模式铺垫了坚实的理论基础。

第二，与此相适应，布鲁斯对经济参数的研究比较深入。主要通过对价格、工资、税收、利率等经济参数的有效控制，从而对企业的经济活动发生有利的影响。也就是说，中央计划者对这些表现为市场数值的经济参数必须按照社会的偏好加以确定，或者用间接的途径给以有效的影响，使企业作为选择的主体没有权力来操纵这些参数，只能通过调整自己的活动来适应这些参数。

第三，在模式研究的方法论上，提出了三层次决策的理论。三层次决策理论是布鲁斯分权模式的重要依据，它为分析经济模式提供了一个分析框架。分权模式接近实际，有着较大的可操作性。

第四，布鲁斯克服了兰格模型忽视宏观决策的缺陷，论证了中央一级宏观决策的重要意义，探讨了衔接宏观决策和微观决策的主要方式。在布鲁斯的分权模式中，中央一级决策不仅是保持宏观平衡和改变经济结构，还不断形成价值规律作用的新的经济条件，并对市场机制进行指导和调节。

从理论和实践相结合的角度看，布鲁斯的分权模式理论存在以下一些问题：

第一，布鲁斯分权模式是以宏观经济均衡即市场均衡为必要经济条件的。从一般均衡理论出发的布鲁斯分权模式，对市场机制和计划指令共同调节情况下的企业活动的特殊性缺乏深入的研究，对财政、信贷机制的重要性认识不足，他对价格机制调节的经济条件问题、市场调节和计划调节之间的协调问题的分析和论证不够充分，存在着把两套机制理想化的缺陷。

第二，布鲁斯的分权模式的思路仅仅局限于国家与企业之间的分权关系上，对企业内部经营机制的改造问题没有给予相应的注意。因此，分权模式在其实施过程中必然要遇到这样的问题，即企业并不能正确地行使它所应该具有的权力，企业行为出现短期化的趋势，宏观经济目标与微观经济目标不能有机地统一起来。

（三）锡克的计划与市场相结合的模式

1. 关于计划与市场关系的理论

（1）社会主义的计划性

锡克认为，社会主义计划性，就是在整个国民经济范围内，在考虑到一切基本的、内在的经济联系的条件下，对各种经济活动的发展作出某种全社会的、有目的的规定，并且使实际经济活动同计划规定的发展方向保持一致。这一概念和传统的计划概念有着重大区别，具体表现为：

第一，社会主义计划性并不能保证每个企业的劳动就是直接的社会劳动，而只能使每个企业的劳动具有了"一般的直接的社会方向"。锡克认为，按照社会主义方式占有生产资料，就是遵照全社会的利益通过社会计划把生产资料分配给社会。由于消灭了生产资料的私人占有制，社会的所有成员，除了丧失劳动能力者外，都必须通过劳动来获得他们的生活资料。在分工非常发达的条件下，任何人都不能独自生产出全部生活必需品，社会成员必须共同劳动。这种共同劳动追求一个普遍的目标，这就是与社会全体成员的普遍利益相一致的目标，从这个意义上说，也就形成了社会全体成员的直接的共同劳动，即形成某种全社会的协作。人们在全社会范围彼此为对方从事劳动时必须有目的地行动，这样才能使各种劳动相互补充、彼此衔接和相互适应。这就是劳动的"一般的直接的社会方向"。但这种利益一致显然不是绝对的，在社会主义社会中，在人们各种利益之间，从而在人们的活动之间也存在着矛盾。这种利益上的矛盾又使得计划性也不能保证每个企业的劳动就是直接的社会劳动。

第二，社会主义的计划不只是单纯地保证经济部门和生产部类在技术数量上按比例发展的工具。锡克不同意斯大林关于"国民经济有计划按比例发展的规律"的提法，他认为，正是这种提法造成了对经济计划理解的简单化。计划的任务本来应当使客观存在着相互联系的经济活动能得到和谐的发展，这就是尊重客观经济规律。把计划的任务仅仅集中于保证按比例的发展，显然是不够的。社会主义的经济计划必须保证利用一些基本的、最普遍的经济规律性：首先，社会生产必须保证使用价值的不断扩大和发展，不仅从质上满足社会需求，而且通过新产品不断引起新的需求，从而保证社会不断提高消费水平（使用价值进化规律）；其次，社会生产的发展必须保证各个种类的使用价值按照比例进行生产。这就是说，现有的使用价值的生产量必须同对于这种使用价值的需求相适应（比例性规律）；再次，社会生产的发展必须保证在不断提高劳动生产率和充分利用并扩大社会的一切生产资源的情况下生产使用价值（节约时间规律）；最后，社会生产量最终必须为非生产消费及其增长服务，而不应当为生产而生产，这也决定了生产资料生产和消费资料生产的基本比例（再生产规律）。这样，计划性不仅包含了比保证生产比例的实现更广泛的内容，而且计划性也不能不考虑市场的实际需求，仅仅通过中央计划机关的直接控制来实现经济的必要性。

（2）社会主义市场关系的必要性

锡克指出，社会生产的内部联系是十分复杂的，中央计划机关在经济条件不断变化的条件下，很难认识一切具体的经济联系和由此决定的具体劳动方式；同时，由于各个管理机关之间联系的不完善性，必然造成信息的获取和传递的困难，再加上各级管理机关对信息整理的粗糙，这种现代社会生产的复杂性和管理机构对信息的收集、传播、整理、反馈的技术上的不完善，必然导致计划管理指令同生产发展之间的矛盾。

为了解决上述矛盾，在不断完善管理技术上做出努力，无疑是十分必要的，但是如果根本无视利益的作用，就未免把问题看得太简单了。实际上，造成上述矛盾的主要原因之一，就是人们对劳动的社会必要发展缺乏经济上的兴趣。"各个生产者之间必须存在这样一种经济关系，这种关系不断迫使人们在作出生产决策时尊重消费者的利益，使每个生产者作为消费者从否定的方面感受到他自己的片面决策给消费者带来的损失，而从肯定方面感受到他自己的最佳决策。这种经济关系使作为生产者的人们的利益和作为消费者的人们的利益不断相互反应，并直接相互平衡，因而有助于达到某种社会必要的劳动耗费。这种关系就是社会主义的商品货币关系。"①

锡克指出，虽然社会主义商品货币关系和私人商品关系有着一定的共同的根源，发达的社会分工所决定的分工协作中所耗费的劳动，不是人们为了本身的生活需要，而是为了从别人那里获得必要的产品，相互矛盾的局部利益使耗费的劳动不能保证始终是社会必要劳动。但是不能由此把二者等同起来，社会主义的商品生产和市场关系与私人商品关系相比，具有如下的特殊性：第一，社会主义商品生产是在整个社会主义协作内部发展的，它的相对独立的承担者是社会主义企业，企业是社会主义社会整体的一部分，它不能把生产资料卖给私人用作剥削他人的手段。第二，生产的主要比例和方向是根据全体劳动人民的利益预先决定的，企业根据市场关系把这个决策具体化，而不是像资本主义条件下完全由私人作出决策损害社会的利益。第三，虽然全部产品是商品，商品价值要由企业在市场上实现，但是，因为生产的主要结构和比例是由社会根据居民主要需求结构确定的，所以从这个意义上说，生产价值的实现也是在整个社会协作范围内进行的。企业和企业之间，具体劳动和社会必要劳动之间的矛盾是非对抗性的，不会发生资本主义制度下那种私人劳动和社会劳动的对抗性矛盾。第四，企业只对一部分纯收入拥有分配和消费的决策权，不是像资本主义条件下那样完全支配实现的价值，因此首先要有社会确定的满足整个社会需要的目标，同时又有集体和个人的动力。第五，扩大再生产不是像在资本主义条件下那样完全取决于企业实现的价值，而是主要取决于社会机关对客观的必要社会劳动发展的认识，所以可以避免资本主义条件下客观经济过程的自发性。

2. 社会主义经济改革的目标模式

锡克根据他的计划和市场关系的理论，提出了对传统的中央集权的经

---

① ［捷克］锡克：《社会主义的计划和市场》，中国社会科学出版社 1985 年版，第 140 页。

济体制改革的原则。

（1）宏观经济的分配计划

关于国民经济宏观分配计划，锡克是从对经济发展的两种不平衡——微观不平衡和宏观不平衡的研究中引出的。锡克指出，微观不平衡的特点是在生产资料和消费品的部类内部，有些产品生产过剩，而有些产品生产不足。这时市场机制就会像控制论中的负反馈调节机制一样发挥作用：某些产品供大于求，价格下跌，利润减少，积累下降，这些产品的生产必然会缩减；某些产品求大于供，价格提高，利润增加，积累增多，这些产品的生产必然会扩大。市场机制就是这样恢复了微观经济的平衡。而宏观不平衡则是指两大部类之间的发展不平衡。在资本主义经济中，第Ⅱ部类生产过剩会引起第Ⅰ部类投资减少，第Ⅰ部类投资的减少也会引起第Ⅱ部类投资的减少，第Ⅰ部类的生产过剩由此更大。而且，第Ⅰ部类由于生产过剩，就要缩减生产，解雇工人，因而对消费品的需求又要减少，第Ⅱ部类的生产就会下降，然后又要解雇工人，这样就会出现连锁反应。因此，引起资本主义宏观经济紊乱的原因不是市场机制，而是资本主义的收入分配制度，是由于资本主义制度下国民收入的分配有利于资本家，才首先引起第Ⅱ部类消费品生产过剩，并由此产生上述的一系列连锁反应。在现代资本主义制度下虽然国家采取了调节宏观需求的措施，但是，对大量资本主义企业来说，这种措施并无约束性，因此，这种宏观经济的紊乱只有通过爆发危机的方式解决。

根据上述理论，锡克认为，社会主义经济可以在运用市场机制保持微观经济平衡的同时，运用具有约束力的国民经济宏观分配计划保持宏观经济的平衡。"宏观经济的分配计划，不应当代替市场机制，而是应当补充经济发展支配下的市场机制。这首先是指对经济进程起重大干扰作用的地方，在这些地方应当实行宏观分配计划……这首先是指大的生产部类的发展同投资发展之间的联系，人的生活和环境条件同经济增长之间的联系。"①

宏观分配计划的调节因素是：①强调规定工资在国民收入中所占的比重，由此决定了利润在国民收入中所占的比重；②规定税收在总利润中所占的比重；③规定利润分红在总利润中所占的比重。由于利润分为直接用

---

① ［捷克］锡克：《争取人道的经济民主》，华夏出版社1989年版，第277页。

于生产的纯投资、利润中的储蓄（这个储蓄会形成投资信贷）、利润中的税收和利润分红，其结果等于规定了纯投资在利润中的份额；④根据对个人储蓄在工资中所占比重的预测，对消费信贷作出约束性的规定，即规定消费信贷等于个人储蓄；⑤根据对企业储蓄在利润中所占比重的预测，规定投资贷款必须等于企业储蓄。这样，由调节因素①、②、③、④以及预测因素——储蓄在工资中占有的份额，就可以保证第 I 部类的平衡，即生产资料的生产等于补偿性投资和纯投资。

（2）保持企业的独立性

锡克指出，要发挥市场机制的作用，重要的是企业要有真正的独立性。要达到这一要求，并不需要通过法律把生产资料的国家所有制变成企业的集体所有制。不管生产资料从法律上属于集体还是国家，重要的是谁实际上支配生产资料，即谁对企业的发展作出决策，谁支配企业取得的利润。企业集体必须能用直接或间接的方式对企业的生产和投资作出决策，能按经营成果的好坏占有相应的利润，即要使企业对生产和投资有决策权，对经营成果取得的利润有支配权。为了消除企业有生产和投资决策权以及利润支配权后产生的工资利益和利润利益的对立，排除为分配收入而进行的斗争，消除造成宏观经济紊乱的根源，锡克认为，必须实行资本中立化，即企业的资本财产不同单个人相联系，财产的承担者是已有的或新建立的企业的当时的生产集体，由他们来承担资本经营的利益和分配计划所作出的约束性规定来进行：职工的基本工资是在全社会范围内统一规定的，企业利润分红的比例也由计划规定，分红比例不宜过大，并且必须排除企业因资本有机构成差别和资本周转速度差别而造成的企业分红的差别，以贯彻按劳分配的原则。

（3）完善社会主义的市场机制

这种完善包括下列三个方面的内容：第一，要有真正的竞争来克服传统体制中必然存在的卖方市场。卖方市场一方面要由宏观分配计划中制订出的适当的工资增长计划来克服，即必须有意识地刹住工资的增长，以便宁愿出现消费品产品的过剩，而不是出现相反的情况；另一方面，生产集体的收入不应该取决于它们是否完成上级下达的计划指标，而应该取决于真正的市场效果，这就要使企业由面向计划真正转到面向市场，企业必须由于企业之间的竞争而不得不生产消费者确实需要的东西。第二，必须采取反垄断的措施，不允许一个或几个的企业垄断整个部门的生产，同时，必须限制垄断利润。例如，对连续三年获得超过平均利润上限的企业征收垄断税。第三，必须提高市场的"透明程度"，无论是国家税收机关和银行，都应该了解企业收支和盈利情况在资本主义制度下，这是绝对不透露的商业机密，而在社会主义制度下，恰恰应该把这一切公布于众，这样可以大大克服资本主义市场固有的那种盲目投机的现象。

3. 简要的评论

锡克关于社会主义计划性的理论，突破了那种对社会主义经济有计划发展的形而上学的绝对化理解。明确指出，社会主义的计划性不等于每个企业的劳动就是直接的社会劳动，社会主义的计划性只是使每个企业的劳动具有了"一般的直接的社会方向"。因为社会主义的劳动本身仍然存在内在的矛盾，它本质上仍然是一种受物质利益支配的劳动。这就为锡克论证社会主义经济的商品经济性质和市场关系的必然性奠定了基础。锡克的关于社会主义经济改革的基本原则，即把宏观计划和分散决策合理地结合起来；国家用经济手段管理经济；运用价格工具，实行市场调节；在计划工作中运用财政信贷工具；等等，是适应社会主义商品经济发展要求的，击中传统的指令性计划体制的要害。

但是，锡克模式毕竟只是一个相当概括的设想，这一模式有以下不足：

第一，锡克研究的基本方法是理论规范的方法，其规范色彩较浓，理论推论较多，逻辑线条比较清晰，但有些地方又趋于理想化，模式的可操作性较差。正因为如此，有人称锡克为"天真的改革家"。第二，从经济运行的角度看，锡克模式的着眼点是经济利益机制，如宏观分配计划、企业的独立性和资本中立化、完善市场机制，都是试图通过利益矛盾的解决和利益关系的协调来实现经济的顺利进行。但是经济体制中的经济运行机制，既包含经济利益机制，也包含经济协调机制、决策体系、所有制结构等。这几种运行机制的有机的合理的组合，才能保证经济运行的顺利运行。其中利益机制只是为经济体制的顺利运行提供了动力保证；而协调机制和决策体系则分别提供了信息和决策保证；一定的所有制结构更是某种特定的经济运行机制赖以存在和正常发挥作用的基础。由于锡克模式对其他运行机制重视不够，导致了其模式设计的简单化甚至自相矛盾。

三　短缺理论模式

（一）短缺理论的主要内容

1. 经济中的短缺现象

"短缺"主要指人们的支付能力超过实际能够得到和利用的资源、产品和服务的数量的概称。在经济学文献中，人们曾使用大量的术语来描述这种现象。例如："短缺经济""卖方市场""抑制性通货膨胀""紧计划""冒进的计划"，以及经济的"过热"等。科尔纳指出，"短缺，或者是作为其他现象的原因，或者是作为它们的后果，通过无数纽带与经济体制的其他成分，即与价格和工资、计划与市场，财政与货币政策、物质和精神刺激，联系在一起"。短缺是经济的"因果链"中的重要环节，是理解社会经济运行问题的关键。

科尔纳认为，在社会主义国家中长期存在短缺的基本原因有两个，一个是经济工作和经济政策的失误；另一个是经济体制本身的缺陷，这两方面的原因相互交织在一起。长期短缺的主要原因在于一定的制度条件和它们所导致的行为规则。与此相比，经济领导人的增长政策是第二位的原因。它的作用在于增长或削弱主要原因的影响。

经济体制方面的原因，最重要的是企业的"软预算约束"。"独立核算、自负盈亏"仅仅是一种象征性的原则。当一个大企业在长期亏损之后，虽然资金周转发生困难，它仍然能够找到办法继续存在并有所发展。预算约束的软化，使企业的预算不能在事先约束企业行为，而往往成为事后的清算。这样，企业的需求不受企业自身财力的约束，常常要超过国民经济可能提供的生产资料的供给，生产资料部门的短缺又会传导到消费资料部门，从而引起整个社会中的长期短缺。

企业预算软化的原因，在于国家对企业的过分保护，即所谓"父爱主义"。父爱主义，是指国家对企业既管束、又保护的关系，这种关系就像父子之间的关系一样。在这种父爱主义的背后，隐藏着更为普遍的深刻的动机。其中比较突出的有：

第一，寻求经济的稳定性，包括每个企业、每个工作岗位的稳定性。这使某些企业安于现状，日益衰落，不求上进。第二，希望收入平均化。

根据"按劳分配"的原则，由于贡献不同引起的收入差别才是合理的，而由于外部环境和机遇的不同而引起的收入差别是不正当的，因此，客观条件造成的困难不应由企业负担，而应由社会共同负担。这一方面维持了社会公正感；但另一方面也削弱了利润、价格和成本的刺激作用。第三，加强实行再分配部门的地位和作用。在硬预算条件下，企业在经济上依赖于市场。软预算约束和大规模对企业财务收入实行再分配的条件下，企业对再分配部门行政上的依赖不断加强。企业与再分配部门就资金再分配讨价还价，以求国家从企业抽取的资金更少些而给予的更多些。

2. 短缺条件下企业行为

企业是社会主义经济的细胞，分析企业行为是理解社会主义经济运行的基础。

（1）企业作为生产者时的行为方式。科尔纳把生产调节划分为瞬时、短期和长期三种类型。前两者又可以称为当前生产调节，属这里研究的内容；后者一般称为投资调节，将在后面分析。

瞬时生产调节，其期限一般在一个季度以内。瞬时生产调节的前提，是生产计划已经既定。这种调节方式主要有三种形式：第一，使产量与当前的"瓶颈"，即与此刻最稀缺的资源相适应；第二，实行强制替代，即被迫改变投入组合；第三，强制改变产出组合，即根据现有投入而强制调节产出构成。

短期生产调节，期限一般在一年之内。短期生产调节最主要的方式，是制订季度或年度计划。传统的社会主义企业制订的常常是紧生产计划，其原因主要是：第一，短缺本身会鼓励企业这样做。需求者的意见也会造成增加产量的压力。第二，上级部门非正式地对企业"施加压力"，说服他们更多地生产。企业也一定会这样做，因为把资源的"囤积"看作是社会损失和浪费的观点，是根深蒂固的。第三，企业出于自身利益的考虑，也自愿追求产量增加。企业增产能够提高企业本身的经济利益，削弱产量对企业则是不利的。至于生产的产品是否适合社会需要，这是商业部门考虑的事，企业可以不管。同紧计划相联系的这类经济现象，科尔纳又把它称为数量冲动。

（2）企业作为买者时的行为方式

科尔纳把企业的购买行为作为一个较长时间的动态过程，按照购买过程的程序，分三个层次来描述企业的行为特征。

第一，企业的采购行为。在短缺经济的条件下，企业在采购中常常采取以下措施：搜寻。即在若干城市与若干供应点寻找所需的物资。在搜寻中要花费时间、精力和费用。等待。即等一段时间后再到处询问到货消息，这同样要花费时间。排队。即采取登记或实际排队的方法。强制替代。在买不到商品的条件下，用一种相近的商品来替代。这往往会降低企业产品的质量，提高生产费用。

第二，企业采购政策的变化。在经常买不到货物的时候，企业就会采取以下措施：争取卖者。企业与卖者拉关系、变相地出高价，甚至采取吃吃喝喝、给回扣等拉拢腐蚀有关人员，与卖者建立关系户。加强囤积倾向。企业尽可能多地囤积某些重要的、无法替代的原材料，如钢材、水泥等。这种囤积现象，势必加剧了短缺的程度。争取国家配给。企业用各种方式争取国家物资部门向本企业多分配统配物资。

第三，企业初始需求的形成。如果短缺不是偶然的，而是广泛的；不是短期的，而是长久的，必然会影响企业初始需求的形成。没有短缺的时候，企业的需求应该是：

在第 T 日对第几种物资的初始需求 = 理想的存货量 - 实际存货量

但是，在短缺经济条件下，企业为了加大保险系数，必然加大物资库存。久而久之，庞大的库存量被视为正常的状况，企业扩大了的初始需求，也被认为是企业正常的需求。

在企业的初始需求不得不多次修正的情况下，短缺经济就成了吸纳型经济。在吸纳型经济的条件下，企业的购买过程需要较长的时间，而企业的销售意图却往往可以立即实现。

（3）企业作为投资者时的行为

科尔纳认为，在短缺经济条件下，企业存在不断扩大企业规模的"扩张冲动"。其主要原因在于企业存在数量冲动。企业的扩张冲动又导致"投资紧张"。投资紧张主要表现在以下几个方面：第一，投资资金紧张。在正式审批投资项目过程中，对投资资金的需求总是大于可供分配的投资资金总额。第二，投资计划紧张。许多已获批准的投资项目不能按计划的投入产出组合和时间来进行。第三，投资品紧张。许多已获批准的投资项目，由于物资短缺，投资资金难以转化为投资品。

科尔纳指出，短缺导致投资紧张，投资紧张又加剧了普遍的短缺，短缺与投资紧张相互作用、互为因果，形成恶性循环。

3. 短缺对宏观经济的影响

微观经济中的短缺可以形成宏观经济中的短缺。宏观经济短缺是社会上各种短缺的总和。由于反映短缺的各项指标在性质上各不相同，因而不能把各种短缺指标加总成一个总量指标，用"总短缺需求"的大小来反映宏观经济的短缺程度。宏观经济短缺只能用向量 Z 来表示，即

Z（t） ＝Φ（Z1（t），Z2（t），Z3（t）……Zn（t））

其中，t 表示时间，Z 表示几种物品的短缺指数（包括强制替代在内）。

公式表示 Z（t）随 Z1（t），Z2（t），Zn（t）中任何一部分短缺指数的增加而增加，反之则下降。由于 Z 是向量，而向量不仅具有大小，而且具有方向。所以，一个企业的短缺不能用另一个企业的滞存来抵消，一个市场上短缺不能用另一个市场上的滞存来抵消，一个时间的短缺不能用另一个时间的滞存来抵消。

宏观经济中的短缺对社会经济产生了消极影响。这主要是：

（1）降低社会经济效益

短缺降低了物质资源和劳动资源的利用效率。就每一个企业来看，生产都有瓶颈资源存在，但从整个社会来看，滞存与短缺又同时并存，这就大大降低了社会物质资源达到平均利用率。短缺提高了边际成本。由于数量冲动和扩张冲动，使社会生产力过度使用，例如，旧设备、旧机器长期不更新，公路、铁路建设落后于国民经济发展的需要。这种状况势必使生产的边际成本上升，生产中的投入增加，企业的外部成本（如工人健康、生态平衡等方面的损失）提高；政府部门的管理费用提高；社会心理方面的损害增加；等等。短缺还阻碍了科学技术进步。由于短缺而形成的卖方市场，企业片面追求产品的数量和企业利润，缺乏通过技术进步来提高产品质量和降低成本压力。这样，卖方市场保护了一批技术陈旧、品种过时的落后企业。科学技术进步是社会经济发展的关键，短缺经济降低了企业对技术进步的兴趣，也就阻碍了社会经济发展的进程。

（2）降低了社会消费水平

社会消费总额与投资总额是此长彼消的。由于存在扩张冲动和投资饥

饿，投资总额在国民收入中所占的比重较大，势必影响了社会消费总额的增长，影响了人民群众生活水平的提高。消费品的相对减少必然会引起消费品价格上涨，从而限制了家庭的购买力，出现了"强迫储蓄"的倾向。但是，在短缺经济条件下，消费品的涨价并不会降低消费品的短缺程度。因为，许多消费品是被企业购买的，社会集团购买力迅速增长，会抵消因涨价而引起的短缺程度的缓和。企业不能购买的消费品，其短缺程度则会有所降低。

短缺还会降低社会消费效益，即消费者在购买时要付出更多的精力和苦恼，花费更多的劳动。在两个消费水平相同的国家中，短缺程度大的国家的消费效益较低，人们因为购买困难引起烦恼，忍受卖者的粗暴与无礼、导致神经紧张，在排队、等待、搜寻中损失了大量的自由支配的时间。

（3）促使价格上涨

科尔纳认为，在现代化生产条件下，产品价格的形成存在分散化的趋势。在价格形成分散化的情况下，企业都有提高价格的自发倾向。在买方市场的情况下，企业为了占领市场，扩大销售面，不得不采取提高产品质量、降低产品价格的方式来相互竞争，从而有效地制约了涨价的自发倾向。凡是在短缺条件下，商品市场是卖方市场，企业不会遇到销售困难，不会遇到同行业内部有力的竞争，缺乏有效地控制价格上涨的机制。因此，传统体制下的企业追求利润的倾向十分强烈。不仅如此，短缺还会成为价格上涨的推动力。由于短缺，买卖双方在市场上是不平等的。买卖双方抗衡的结果，往往是卖方胜利。市场越短缺，买者越是能够忍受卖方的提价。就企业的投入来说，价格对于投入组合的影响不大，它们往往能接受高价，主要在于可以把这种高价转嫁给消费者。就企业的产出来说，价格的影响较大。企业为了追求利润，可以变换各种花样来提高价格，产品在价格提高之后，也不愁卖不出去。由于价格对企业的投入和产出的作用是不均衡的，这就形成了成本推进和需求上拉两股力量，使通货膨胀成为不可避免的趋势。

（4）对工资的影响

科尔纳认为，在工资方面，国家的管理是比较有效的。一般来说，国家的工资政策能够得到较好的贯彻。但是，这仍然不能抵消工资上涨的趋势。这是因为：

第一，工资具有刚性。只能上涨，不能下降，这是政治与社会的戒律。

第二，通货膨胀加强了要求增加工资的压力。

第三，相对工资的影响加强，各企业、各工种的职工之间相互攀比机制的作用是无止境的。

第四，企业预算约束的软化。在资本主义社会中，资本家与工头一起来抵制工人增加工资的压力，而在社会主义企业中，厂长与工人联合起来共同要求增加工资。

科尔纳指出，工资是成本的重要组成部分，工资上涨势必推动物价上涨；反之，物价上涨又引起要求增加工资的压力。这就可能形成工资、物价轮番上涨的趋势。

4. 关于体制目标模式的选择

正确选择经济体制的目标模式，是顺利开展经济体制改革的关键。科尔纳从社会的协调机制着眼，把经济体制划分为两大类型，机制1：行政协调；机制2：市场协调。在机制1中，信息流是纵向流动的，从中央到企业，又从企业到中央，这是行政协调。在机制2中，信息流是横向流动的，即从一个企业到另一个企业，从买者到卖者，反过来又从卖者到买者，这就是市场协调。

在机制1中有两种主要形式，即1A：直接行政协调；1B：间接行政协调。在机制2中也有两种主要形式，即2A：无控制的市场协调；2B：有宏观控制的市场协调。两者的区别在于：在2A体制中，没有宏观调控系统，经济运行几乎完全受市场机制自发地盲目地调节和引导。在2B体制中社会中心不是通过直接或间接的行政手段来干预企业的经济活动，而是借助于统一的和规范的宏观约束手段或经济参数来进行调节和管理，企业的预算约束是硬的，企业的经营活动要尽量符合市场的要求。间接的行政协调（1B）与有控制的市场协调（2B）都是间接控制，但是，两者有明显的区别。在1B体制中，国家控制调节的对象是企业，而在2B体制中，国家控制调节的对象是市场，然后再通过市场来影响企业的行为。在1B体制下，企业拥有较大的自主权，经济搞得较活，这说明1B体制比1A体制优越。但是，1B体制仍存在大量的间接行政干预，企业的一只眼睛盯着市场，一只眼睛盯着上级，形成了双重依赖。在这种情况下，当市场情况对企业不利时，企业就较多地依赖上级机关。这样，企业的财政预算约束还是软的，不能从根本上改善经济运行的机制。因此，把1B体制作为社会主义经济体制的目标模式也不理想。

科尔纳认为，经济体制改革的理想的目标模式是2B体制。根据科尔纳论述，2B体制大体上包括以下三个方面的内容。

第一，企业由双重依赖变为完全的对市场的横向依赖，由此决定了企业的财务约束必须硬化，即完全取决于生产经营和市场方面的成败。同时，必须彻底废除指令性经济计划指标，建立合理的价格体系，分散投资决策权，完善商品市场、资金市场和劳务市场。

第二，国家通过预测性计划来协调部门和地区的主要比例关系以及生产、投资和消费的主要指标。同时，国家用统一的规范的宏观约束手段或经济参数来调节和管理市场，从而达到调节整个国民经济的目的，为保证社会主义机会均等、公平、安全等道德——政治目标的实现，国家还要制定和运用解决重要的分配和再分配问题的社会政策。

第三，改变由政府部门直接挑选和任命厂长（经理）的企业组织管理体制，可以由自治企业的工人直接选举和任命。可以采取"所有"和"经营"严格分离，由代表作为"所有者"的国家的董事会来决定厂长（经理）的聘任或辞退，也可以把国家所有的企业租给经理——企业家经营。

科尔纳认为，2B体制有以下优点：企业之间主要通过市场建立经济联系，能够充分发挥市场机制的作用；国家加强宏观控制，能保证宏观经济的比例协调；企业的财政约束硬化，能较好地改善企业的运行机制。

（二）简要的评论

我们从四个方面对科尔纳的经济理论体系简要地予以评价。

1. 科尔纳经济理论体系的特点

科尔纳的经济理论，以短缺现象为起点，以微观经济分析为中心，逐层揭示社会主义传统体制中经济运行机制所面临的矛盾与困难，为改革社会主义传统经济体制提供理论分析的基础。在科尔纳短缺经济理论中，各种经济现象之间的因果关系和逻辑次序大体如下图。

对上图作如下说明：第一，父爱主义和软预算约束是生产短缺现

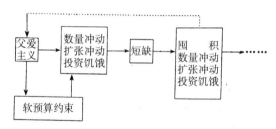

图　短缺理论的逻辑体系

象的重要原因，但绝不是终极原因。在父爱主义与软预算约束的背后，尚有更为深刻的体制等方面的原因。第二，在短缺现象产生之后，它将与企业的各种冲动互为因果、无限循环，并在更大的规模上再生产出来。第三，在上图中，对外贸易、国家经济政策等因素已被舍象掉，价格、市场等因素的影响也很小。

从上图可以看出，科尔纳的经济理论体系，与传统的社会主义政治经济学教科书之间，存在以下差别：研究的目的不同。前者研究的目的在于揭示现代经济体制中的矛盾和问题，并探询改革现行体制的方向和道路；而后者主要是论证社会主义经济体制本质上的优越性，并论证从社会主义向共产主义过渡的必然性。因此，传统的社会主义经济理论不考虑资源配置、生产调节、消费行为和企业行为等现象层次的问题，难以为社会主义经济运行中的具体问题提供理论指导。

研究的层次不同。前者主要回答社会主义经济是如何运行的问题，在研究中要注意到经济水平、资源条件、社会习惯、历史文化传统等现象形态，揭示现阶段经济运行的特殊规律；而后者主要回答社会主义经济应该按照什么样原则来建立的问题，在研究中主要揭示社会主义经济的一般特征和共同规律，抽象的层次较高。

研究的方法不同。前者主要是表述——解释性理论，力求从现阶段普遍大量存在的现象出发，采取从个别到一般的归纳法，并广泛引进了现代数理分析、系统论、控制论等方法；而后者主要从马克思主义经典作家提出的原则和假说出发，主要运用演绎的方法来推理社会主义经济的性质应该是什么，分析方法和表述方法都比较单一。

2. 科尔纳关于全面经济改革理论的特点

科尔纳关于全面改革理论的主要特点是主张以改善企业行为为中心，

实行全面体制改革。

科尔纳认为，企业行为是社会主义经济运行的基础，社会主义经济体制中计划、市场、价格、税收等各个领域的改革，最终都要通过企业的改善才能取得成效。科尔纳认为，在传统体制下，社会主义企业存在着数量冲动、囤积倾向、扩张冲动和投资饥饿、消费饥饿；存在着不断提高价格和提高工资的内在倾向，这是传统的社会主义社会中出现只求数量，不顾质量，盲目扩大再生产，乱上基建项目以及价格与工资轮番上涨等经济现象的主要原因之一。因此，改变传统企业的上述行为特征，是改革传统的社会主义经济体制、改善社会主义经济运行的中心。

一般的改革理论在涉及企业问题的同时，主要侧重于批判传统体制束缚企业的手脚、影响企业活力的发挥，主张给企业"松绑"，"搞活"社会主义企业，而在一定程度上忽视了改变企业追求数量、忽视效率倾向，加强企业自我制约的内部机制等问题。在某些国家中，由于国家放权过度，企业过分"自治"，出现宏观经济比例失调，通货膨胀率高等不良现象，造成了不应有的经济动荡和经济损失。

在改善企业行为机制的同时，还应该彻底改革价格、工资、金融、财政等体制，实行全面经济体制改革。因为，经济体制是一个完整的体系，它的各个组成部分是相互联系、相互依赖、相互贯通的，不能孤立地改变经济体制中的某一部分。否则，就会像在一个旧机器上换上一个新的但是型号不同的零件，这可能导致整个体制运转的不协调。实行全面经济体制改革，并不意味着所有方面、所有地区的改革必须同时完成，采取"一刀切"的方式，这可能引起过大的震荡。全面经济体制改革也应该分阶段进行，但各个方面的改革应该相互协作、彼此补充，形成一个改革的系列。

3. 科尔纳经济理论的局限性

科尔纳的经济理论具有许多长处，也有以下局限性。

第一，方法论尚不成熟。科尔纳研究经济的方法论的特点，是在坚持马克思主义历史唯物主义的前提下，广泛地引用西方经济学中的积极成果，并使两者结合起来。但是，科尔纳的经济理论中，这种结合尚不十分完备，在某些方面，还出现自相矛盾的情况。例如：科尔纳以企业的直接生产过程为研究重心，从企业行为出发来推演整个社会经济运行的特点，这是坚持了马克思关于生产决定交换、分配和消费的历史唯物主义的观点。但是，科尔纳在研究企业行为时，却把生产资料所有制的问题舍象掉了。这样，科尔纳所讲的生产过程，是指一般的生产，不是指特定的社会经济形态中生产的社会形式，即生产的社会性质。这不符合马克思关于生产是决定因素的原本含义。我们知道，生产资料所有制是决定企业内部机制和行为方式的最主要的因素，撇开生产资料所有制的问题，就会混淆两种不同社会制度下企业行为的本质区别，也就难以正确、完整地分析社会主义企业内部机制等问题。

另外，科尔纳批评一般均衡论者只用价格机制来说明资本主义经济运行的机制，而忽略了非价格机制作用，把复杂的社会关系简单化了。但是，科尔纳对传统经济运行的分析实际上也是单因素的，他只重视非价格机制的作用，忽略了价格机制的作用。在传统经济中，价格机制和非价格机制都是存在的，如何用价格机制和非价格机制的"合力"来更现实地描述经济运行，还是一个尚未解决的问题。

第二，理论体系尚不完整。科尔纳把经济学的研究对象分为两个层次，他主要研究第一层次，即靠近现象形态的问题。但是，一个完整的理论体系，不仅应该研究经济运行，也应该研究经济性质；不仅要有定量分析，也要有定性的分析。而且，即使关于第一层次的研究，科尔纳的理论体系也是不成熟、不充分的。科尔纳自己也认为，他提出的相当一部分论断，只是假说和现象层次的规律性，还必须经过严密的逻辑分析和更长期的实践检验，才能真正地总结出社会主义经济的运行定律。

第三，关于全面改革的理论有待完善。科尔纳关于全面经济体制改革的理论，尚有不少需要进一步研究的问题。例如，科尔纳把 2B 体制作为经济改革的目标模式，实际上是主张在有宏观控制的条件下扩大市场机制的作用。他既反对以行政手段为主来管理经济，又反对完全依靠市场机制来调节经济运行。这一观点是有道理的。但是，行政控制与市场机制究竟应该怎样实行结合？结合到什么程度为好？其间会有什么矛盾和摩擦？这些问题似乎还不清楚。就科尔纳对 2B 模式主要内容的描述来看，也是相当粗糙的，逻辑条理不十分清晰。因此，2B 模式虽然具有一定的可操作性，但作为改革的蓝图还缺乏可靠的理论证明和某些基本的结构。

四　自治理论流派

自治理论流派，主要代表人物是原南斯拉夫的卡德尔、科拉奇等人。他们的流派，又被西方称为"市场社会主义"流派。

（一）主要理论内容

1. 社会所有制的内涵

什么是社会所有制？卡德尔认为，社会所有制是在社会主义与共产主义条件下对生产资料占有的一种历史形式。按照这种占有形式的发展阶段，可以将其分为：国家的社会主义所有制、自治的社会主义所有制和共产主义所有制三种形式。自治的社会主义所有制即社会所有制。它是生产资料的直接公有制，或者说是一种以劳动为基础的直接占有生产资料的公有制生产关系，是对包括国家所有制、集团所有制和私有制在内的一切所有制的垄断形式的否定。社会所有制的生产资料不为国家、集团和个人所有，而为整个社会所有，亦即为全体参加劳动的劳动者所有。它的基本特征是，劳动者直接与公有制的生产资料相结合，生产资料由联合起来的劳动者直接管理，劳动成果则由劳动者根据全社会的利益，按照劳动者对劳动成果的贡献进行直接的分配。

社会所有制表现劳动者之间一种崭新的社会经济关系。在社会所有制关系中，"生产资料属于一切从事劳动的人所有，这是他作为劳动者和创造者从事劳动和获得自由的最重要的客观条件。但是，任何人对这些生产资料都不能拥有私有权。从这种意义上来说，公有制财产既是属于所有人的，又不是属于哪一个人的。公有制生产资料同时又是工人在社会总劳动中从事个人劳动的手段，从而也是他取得个人收入的手段。这样，这种公有制既是全体工人的共同的阶级所有制，同时又是任何从事劳动的人的个体所有制的形式。因此，公有制不再意味着'所有者'与'非所有者'之间的关系——实际上是指劳动力的购买者和出卖者之间的关系，或者是指国家和工人之间的关系——而是共同支配生产资料，但个人占有自己劳动果实的工人自己之间的关系了。这就是说，这里指的是这样一些人之间的关系：这些人集体地和自治地使用共同的生产资料服务于从事联合劳动的工人的个人创造力和创造才能，以便在联合劳动中取得更多的共同成就和个人成就"①。这样的公有制关系是历史地产生马克思所指的那种公有制形式的道路，"在协作和对土地及靠劳动本身生产的生产资料的共同占有的基础上，重新建立个人所有制"②。

公有制关系的发展是一个社会历史进程。在这一历史进程中，公有制关系是通过不同的途径和不同的形式展现的。无论是国家所有制还是集体所有制都是这一过程的不同表现形式。因此，不能静止地超越空间和时间，去评价公有制的不同形式的社会历史作用。正确的出发点是：这些形式意味着什么，它对社会主义革命和社会主义公有制关系的发展在一定阶段有多大必要性。

卡德尔认为，在社会主义社会建立初期，国家所有制是必要的。这是因为：对旧的社会生产关系进行社会主义改造别无他途，只有运用无产阶级国家政权的强制力量，剥夺剥夺者，把资本转变为国家财产才能实现。同时，无产阶级国家为了能迅速地摆脱经济不发达的状态，也必须通过集中积累的途径，进一步加强国家的财产，来为社会主义建立必要的物质基础。

但是，社会主义国家所有制是"在国家实行强制的基础上进行占有的。国家在行使这一职能时，可以起工人阶级的革命工具的作用，但也可能成为使工人阶级与公有制生产资料发生新式异化的工具"③。

首先，国家所有制使公有制关系仍然表现为工人与国家之间的劳动者仍然与它们劳动的客观条件和成果相分离，从而实际上保留着浓厚的雇佣劳动关系的色彩。其次，在国家所有制条件下，国家在组织和领导经济生活和社会生活等方面起支配作用，生产者不能直接参与社会经济生活的管理活动。尤其是在中央集权的计划制度中，对社会经济生活的管理成了国家机构和多数技术专家集团的垄断权。这束缚了劳动者和劳动集体在创造和管理方面的积极性和主动精神。最后，在国家所有制条件下，由于国家掌握了整个社会资本，经济管理机关和国家政权融合在一起，由此而获得

---

① ［南斯拉夫］爱德华·卡德尔：《公有制在当代社会主义实践中的矛盾》，中国社会科学出版社1980年版，第41页。

② 《马克思恩格斯全集》第23卷，第832页。

③ ［南斯拉夫］爱德华·卡德尔：《公有制在当代社会主义实践中的矛盾》，中国社会科学出版社1980年版，第6页。

巨大的、独立的政治权力，这会带来一种危险，就是工人阶级革命所必需的行动上的集中领导越来越蜕化为行政官僚。

卡德尔认为，用社会所有制取代社会主义国家所有制也是符合马克思主义关于国家消亡学说的。

根据马克思主义的国家学说，国家消亡的过程应该包括从资本主义到共产主义的整个过渡时期，不应把这一过程推向遥远的共产主义未来。因为恩格斯曾经说过，"国家真正作为整个社会的代表所采取的第一个行动，即以社会的名义占有生产资料，同时也是它作为国家所采取的最后一个独立行动"①。一旦完成了对生产资料所有制的国有化，国家的消亡就应开始。卡德尔还认为，国家消亡首先从经济职能开始。它意味着放弃国家对生产资料所有权的垄断，生产资料转归整个社会所有，把国家管理经济的职能逐步移交给直接生产者，由劳动者来共同管理企业以致整个经济和社会事务。虽然国家消亡的过程是长期的和渐进的，在这一过程中，国家将继续存在和在社会中起着必要的、积极的作用，但已不再是公有制的直接体现者。他说，"当联合劳动者开始直接从其工作岗位，而不是通过某个政治代表（国家的调节作用和计划作用必不可少时除外）管理共同的社会资本时，那就可以说是马克思主义者称之为'国家消亡'过程的比较重要的开端了"②。

2. 自治是社会所有制的实现

自治是以社会所有制为基础的社会体制。它的实质是由国家代表劳动人民行使管理职能变为由劳动者直接管理经济、管理国家和管理社会。在自治制度中，劳动者与生产资料直接结合，并通过相应的经济关系组织起来，成为公有制关系的基本体现者，成为推动社会再生产和整个社会发展的决定性主体和源泉力量。在自治的生产关系中，劳动者有可能直接管理和决定自己的劳动资料、劳动条件和劳动成果。劳动者有可能自觉地反对使自己成为国家的雇佣者，反对使自己成为垄断的雇佣者、官僚机器的消极工具。卡德尔认为，自治这一社会关系体制是"最终找到了"的劳动解放的经济形式。自治制度的发展过程就是劳动和劳动者获得解放的过

---

① 《马克思恩格斯选集》第3卷，第320页。

② ［南斯拉夫］爱德华·卡德尔：《公有制在当代社会主义实践中的矛盾》，中国社会科学出版社1980年版，第59页。

程。他还认为，实行自治这一社会关系体制，其目的是逐步建立起马克思提出来的"自由生产者联合体"的社会制度。自治将成为社会主义向共产主义社会制度过渡的形式。

联合劳动是自治制度的组织原则之一。只有在联合劳动中，公有制才能得到自己巩固的自治形式。它对整个社会所有制关系和自治制度的发展有着重大意义。

首先，社会所有制关系通过自治联合劳动具体体现出来，并通过有关劳动者在联合动中的权力义务和责任的法律制度得到确定和保证。而劳动者之间这些基本关系的确定和保证，对于协调劳动者和劳动组织的经济利益，促进社会主义生产力的发展具有决定性意义。

其次，联合劳动使自治关系的发展与现代科学技术以及生产力的发展要求相协调。保证了社会资本的集中和社会再生产的统一过程服从于工人的利益，有利于防止和克服在社会资本集中过程中产生专家治国论者垄断等新的异化现象。

再次，联合劳动作为劳动者为提高劳动的社会生产率和增加收入共同努力的形式之一，不仅有助于防止和克服劳动组织的分散性和隔绝性，抵制劳动组织的集团所有制倾向，而且也有助于使劳动组织的利益更加紧密地联系起来。

最后，联合劳动的建立，还意味着社会的职能将越来越少地依靠国家机器的作用，而越来越多地依靠在自治中联合起来的工人和劳动人民的积极性和主动性。工人和劳动人民将在自治联合劳动中日益联合成为一个自由生产者的共同体。

3. 收入分配关系是社会所有制的核心

"收入制度"在整个自治联合劳动中占有重要的地位。因为自治联合劳动中，社会生产主体之间占主导地位的关系，就是收入的创造和分配关系。

收入制度的本质特征是，整个社会劳动者直接地、自由地占有和支配全部公有制收入，并由劳动者和联合劳动组织在相互平等的权力、义务和责任的基础上去决定收入的分配。这样的收入制度"是以工人在联合劳动中实行自治为基础的社会主义生产关系和社会经济关系在经济上的体现"。收入制度具有两个重要的职能：第一，收入制度是公有制的实现；第二，收入制度是按劳分配的具体形式。

收入制度的第一个经济职能，是解决工人阶级和劳动者的社会经济地位问题。卡德尔指出，对于工人的生存来说，重要的是主宰全部收入。因此，收入制度必须使工人阶级对生产资料和整个社会资本拥有充分的经济权力和政治权力，除了在联合劳动中的工人以外，谁都不能直接地或者通过某种专业机构来管理和支配收入。

收入制度的第二个社会经济职能，是要解决工人在管理和支配收入时，彼此之间的经济关系和政治关系方面的问题。以克服某些联合劳动组织垄断地支配收入的集团所有制倾向，建立起劳动组织在支配收入方面的相互之间权力、义务和责任的稳定制度。

收入分配方式应采取剩余分配法。这一分配方式比较符合马克思在《哥达纲领批判》中的论述，即对社会总产品作出各项必要的扣除以后，余下的部分进行个人消费品分配。具体分配过程一般分为四个阶段。（1）初次分配，即所谓收入的取得和确定。基层组织的收入主要来自在市场上出售产品和提供劳务的收入；同其他劳动组织共同经营所获取的收入；依法获得的补助金、价格补贴费和奖金。初次分配的收入称为"总收入"。总收入中减去生产的物质消耗和折旧费后，剩余的部分为"收入"。（2）二次分配，是收入在基层组织和社会政治共同体、自治利益共同体之间的分配。表现为扣除向社会政治共同体上缴的法定义务缴款和自治利益共同体之间自由交换劳动的协议费用。剩余部分为"纯收入"。（3）专项分配。即纯收入在基层组织内分为扩大再生产基金、储备基金、共同消费基金和个人毛收入。（4）个人收入分配。个人毛收入首先扣除劳动组织的公共福利开支，所剩部分的"个人纯收入"在劳动者之间按劳分配。具体采取考核和评工记分制度。

4. 社会所有制基础上的商品经济和自治社会计划

社会主义自治经济的商品性质首先取决于物质生产力的发展水平。因为，在目前的生产力发展水平上，组织社会生产的任何其他形式在经济上不能取得很好的成就。这一点已为社会主义国家迄今的全部实践所证实。其次，在自治条件下，商品经济和市场是保证劳动集体自主权的唯一制度。产品在市场上自由交换，能够加强劳动者的经济利益和政治利益，提高其社会地位，能够扩大工人和劳动集体在其劳动中的自由范围。同时，交换本身又是衡量劳动生产率、产品质量、生产和社会需要的协调、投资的赢利性、劳动的经济性等的尺度之一，能尽快地发展社会生产力。

商品生产和市场既有积极作用，又有消极作用，两者都体现在通过市场分配的联合劳动收入中。从消极方面看，市场会产生经营活动的自发性，通过市场分配收入会存在劳动条件和取得收入方面的不平衡性，甚至出现市场从联合劳动总收入中侵占个人收入的现象。因而，在充分利用市场的同时，必须进行宏观协调，加强计划的自觉指导，稳定社会再生产的基本关系，以克服市场的自发性和消极作用。卡德尔认为，制订计划实质上是支配劳动、生产资料、收入和社会资本的一种形式。因此，计划工作制度直接反映生产关系和一系列社会经济关系。自治社会计划制度直接反映自治社会主义社会的经济关系和民主关系，它与传统的国家所有制条件下的中央集权计划的区别如下。

第一，自治社会计划的主体不再是国家权力机关和它的技术专家集团，而是从事社会再生产的主体，即劳动者成为制订计划的基本体现者。

第二，自治制度的经济计划不再成为国家实行集中垄断的工具，而体现为联合劳动组织之间根据各自实际利益自由地订立社会契约和自治协议的过程。自治制度中，计划必须由联合劳动者根据各自的实际利益，按照协商一致的原则，通过订立自治协议和社会契约来确定相互的计划义务。自治协议和社会契约构成整个社会计划内容的基础，同时又具有社会合同性质的约束力，从而能使计划成为整个社会共同行动的现实基础。

第三，计划体系分为"自治计划"和"社会计划"两部分。所谓自治计划，是由联合劳动组织以及其他自治组织和共同体在本身范围内自由制订的。社会计划是各级社会政治共同体制订的计划。社会计划的目的首先实现社会职能，即国家通过计划来调节物质发展进程和社会发展进程。联合劳动基层组织的自治计划，是制订整个自治社会计划的出发点和最终目的。计划的制订从联合劳动基层组织开始，在联合劳动组织、联合劳动复合组织和利益相关的联合劳动组织之间以及共和国、联邦层层协调，计划通过后再自上而下落实到基层，以此来保证整个社会的宏观经济和微观经济的协调发展。

（二）简要的评论

自治理论流派提供了一些有益的启示和借鉴。

　　传统经济学理论在对社会主义作制度分析时，始终恪守着这样一个逻辑：资本主义社会的基本矛盾是生产社会化与生产资料私人占有之间的矛盾，其他一切矛盾均是从这一基本矛盾派生出来的；因为社会主义社会实行了生产资料公有制，上述基本矛盾消失，社会主义生产关系内部就成为和谐的，人与人之间的经济关系就成为同志式的合作关系，社会主义的运动和发展也成为无矛盾的均衡和谐的运动和发展。由于指导思想上长期没有摆脱这一窠臼，社会主义经济理论的制度分析中，往往是从经典作家关于公有制经济制度思想的最一般论点来抽象演绎，从而与现实的公有制关系的发展相去甚远。

　　自治理论流派认为，社会主义公有制不是"静止的教条"，不是一个无矛盾的至善事物。它是人与人之间的关系，是一个在矛盾中不断发展着的社会历史进程。社会主义作为一个发展着的矛盾体系是客观的。首先，社会主义代替资本主义不可能消灭旧制度的一切矛盾，旧制度的某些内容仍会以某种新形式在新社会中再现。其次，公有制关系是发展着的，它不可能纯而又纯，本身包含着各种所有制关系的因素，也必然会引起矛盾。而且公有制关系在其本身发展中也会不断地产生新的矛盾。因此，社会主义公有制的制度分析也必须坚持历史唯物主义观点和矛盾分析方法。他认为，对社会主义经济的研究必须在理论和实践上敢于承认和正视公有制本身存在的矛盾，分析矛盾产生的根源，有能力去克服矛盾并提供真正制度上的解决方法，使社会主义公有制关系在更高的基础上再生产。

　　正是基于这一思想，卡德尔紧紧把握着社会主义公有制历史内涵——促进生产力发展和实现劳动者的解放，着力分析了社会主义公有制关系形式和它的矛盾发展。他剖析了国家所有制关系的矛盾及其在社会生活中的表现。指出社会所有制代替国家所有制也并不意味着矛盾的消失。不但社会所有制在其发展过程中会产生各种矛盾，而且其本身也是一个生产关系的矛盾体系。这一经济关系的基本规定性是生产资料的公有制性质和个人劳动基础上占有和支配收入。它必然在经济和社会生活的各方面表现出工人个人利益和共同利益的矛盾关系。社会主义自治制度正是以承认劳动者自治利益多元化为前提的，它是更充分地表达不同利益的形式，是解决社会主义客观存在和不断产生的各种矛盾的更为人道的历史途径，它为公有制关系更加自由地发展开辟道路。

基于上述理论分析，他们把改革归结为国家所有制形式的改革。在一定意义上深化了人们对社会主义经济改革的认识。但是，自治理论流派也显露出一些局限性。

（1）社会所有制关系具有较多理想化色彩。卡德尔认为，南斯拉夫的社会所有制是依据对马克思公有制内涵的实质的理解所建立的一种公有制形式。社会所有制的基本经济关系是，生产资料是属于所有人的，又不是任何人的。这种公有制关系实际上是指共产主义社会的所有制关系，它意味着商品经济的消亡。把这种经济关系搬到现实中来，必然带有较多的理想化色彩。在现有的生产力发展水平条件下，特别是存在商品经济的条件下，人们对生产资料还不可能自由支配和所有的人对它都处于同等地位。公有制的财产关系与劳动者的经济利益具有密切联系，尤其在扩大再生产领域内，企业投资的财产利益关系更为明显。对生产资料所有制关系作近乎非所有制关系的解释，淡化了现阶段公有制内部的财产关系，实践中必然带来危害：首先，社会所有制没有明确的经济主体，这样就产生了社会所有制财产责任的真空。联合劳动组织实际上行使财产所有者的权力，但是缺乏享有这些权力而应担负的社会义务和责任，缺乏来自财产利益关系方面的经济约束。这就导致劳动集体在行使各种权利时对资金采取集团所有制的态度，而需要承担责任时，却把资金堪称社会所有，相互推托，难以达成协议。其次，社会所有制财产关系的淡化，不能给劳动集体的行为提供正确的指导原则，企业劳动者往往不是根据劳动生产率的增长，而是在损害社会资金积累的基础上，不适当地扩大消费。这些现象在南斯拉夫的现实生活中都已客观存在。

（2）对现阶段国家经济职能的作用估价不足。国家消亡是社会所有制自治理论的支柱，自治制度实质上是国家消亡的形式。卡德尔对社会主义自治的发展和国家消亡作了较多的阐述，并提出了以自治联合劳动在总体上逐步取代国家管理经济职能的问题。无疑，在传统的中央集权的经济管理体制中，那种政企职责不分，国家管理经济的职能无所不包的现象具有极大危害性。但是，在社会主义商品经济条件下，国家作为一个客观存在的社会中心，在总体上调节社会经济的正常运行，具有一定的客观必然性，其经济职能仍然是非常重要的。因此，过高地估计自治联合劳动在总体上取代经济职能的可能性，忽视国家的经济力量和政治力量对经济生活调节的必要性，导致国家经济职能消亡过快，也必然会带来许多弊病。

最后的小结

转轨性市场经济的各种理论流派，都是探索由高度集中的计划经济体制向市场经济体制过渡的途径与方式，因此，它们的目标是相同的，都是向市场经济过渡，它们所要解决的矛盾和困难也是相同的，都是要引入市场机制，增强企业独立地位，转换国家机关计划管理的方式，实行所有制的改造。但各种理论流派的特点也十分明显。

以兰格、布鲁斯、锡克为代表的计划与市场相结合的理论流派，其研究的着眼点是解决国家与企业之间的关系，并相应地提出分权化和应用市场机制的主张。兰格的模拟市场模式的要点，是以政府代替市场行使市场机制的作用，国家机关对企业仍拥有居高临下的地位。布鲁斯模式的要点，则是政府与企业平等地划分权力，各司其职；计划与市场在各自的领域内发挥作用。锡克的模式则提出以市场规律为基础来改造计划工具，改造政府的经济行为，计划服从于市场。上述理论流派的缺陷在于，没有涉及企业行为机制问题。企业是最重要的市场主体，企业制度和经营机制的改造和完善，是实现向市场经济过渡的核心环节。

短缺理论流派的着眼点，是企业行为。它的优点，是抓住了传统体制下企业行为机制的主要弊端，即"软预算约束"和国家对企业的"父爱主义"，并主张在规范企业行为的基础上建立以宏观控制的市场协调为基础的市场经济体制，既突出了市场的基础地位，又强调了对市场的控制。其主要缺陷在于，尽管科尔纳在对短缺现象的深入分析中抓住了企业机制与市场经济这一关键问题，但却回避了所有制性质这个最根本的问题。

自治理论流派的着眼点，是在消除"劳动异化"的基础上实现劳动者的自治地位和权利。这个流派的优点，在于改变那种过于庞大、僵化的国家所有制形式，并在这个基础上建立市场经济。但是，它过于强调民主，几乎全盘否定国家机构的经济职能，不仅要求国家向企业分权，还要求企业向各个劳动者下放权力。使市场经济失去应有的宏观控制，陷入了"市场浪漫主义"和"绝对民主化"的泥潭。

主要西方国家政府经济调节比较[*]

西方发达国家市场经济发展的历史较长，政府对国民经济的调节体制比较完备，调节能力较强，对我们具有较大的参考作用。由于国情不同，每个国家的政府进行经济调节的主要切入点有各自的特点。美国以刺激需求为经济调节的核心，主要调节的是社会经济的需求侧。日本以产业政策为核心，主要调节的是社会经济的供给侧。与其他国家相比，法国的计划调节具有一定特色，而计划调节调节的是直接生产过程。德国政府经济调节的特点，是把"市场因素和社会因素"相结合，被称为"第三条道路"的社会市场经济。按照以上区别，我们把西方主要国家政府的经济调节分为四个基本的类型。

第一节　以美国为代表的以刺激需求为核心的政府调节

在现代西方国家中，美国是维护自由市场经济的突出代表。美国经济体制的核心是全力维护自由市场竞争，鼓励私人资本生产积极性。市场调节占主导地位，国家对经济的干预则处于辅助位置。在西方国家中，美国的体制具有广泛的代表性。

一　维护以私人资本为主体的私有制

西方国家的生产资料私有制，其所有制形式主要有三种，即私人资本、法人资本和国有资本，美国实行的是以私人资本为主体的生产资料

---

　*　此文为《政府经济调节研究》浙江人民出版社 1998 年版，第十一章内容。个别文字有修改。

私有制。美国私人垄断资本拥有传统的优势，其实力远远超过其他西方国家。在第一次、第二次世界大战中，其他国家私人资本遭受沉重打击，而美国私人资本的力量非但没有被削弱，反而急剧膨胀，为"二战"后的发展打下了坚实的基础。同时，美国政府一向奉行"非国有化"和"不向私人资本争利"的政策。凡是私人企业能够有效地经营的行业，美国政府一般不去承担，国家只生产私人企业所不能生产的东西。不仅如此，美国政府还通过向私人资本"出租"国有企业、给予各种优惠等方式，扶植私人资本的发展。1978 年，美国非金融私人企业在固定资产形成中的比重高达 95.6%，1980 年非金融私人企业的就业比重在非农业部门为 99.3%，在公共部门为 96.4%。私人资本经济是美国所有制结构的主体。国有企业在国民经济中所占的比重极低，一般不超过 5%。

国家所有制经济所占的比重虽然很低，但仍是国民经济中的重要环节。国有经济主要集中在以下一些领域：高科技领域，如宇航、海底工程等；高风险、低收益的领域，如能源、电力、铁路等；公用事业，如邮政、医疗卫生等。国有经济直接受政府的管理和控制，服从于政府的宏观经济目标和社会稳定目标，在增加社会就业、抑制通货膨胀、引导私人企业投资方向、发展尖端科技等方面发挥了积极作用。在农业部门，美国还存在少量的合作所有制经济，美国约 5/6 的农业劳动者参加了合作社。在非农业部门，美国曾推行"职工股份所有制计划"，企业的股票为本企业职工掌握，企业归本企业的职工集体所有。20 世纪 80 年代末，全国约有 8 万家企业、1000 万职工参与了这种计划。

二　实行自由经济原则

为贯彻这一原则，美国政府主要从三个方面采取措施。

第一，限制垄断，保护经济主体的自由选择权。

经济主体的自由选择权是它们参加市场竞争的前提。在美国的企业制度中，企业提供什么产品和服务，基本上是由企业自由选择的。消费者同样可以自由选择，他们可以购买或拒绝购买某些产品或服务。劳动者也有选择自由，如果工人不满意他们的工资收入和劳动条件，可以自由选择其他职业。

各种垄断是阻碍自由选择的主要障碍。为了保护自由选择和市场竞争，美国政府采取多种措施来限制垄断。颁布多项反垄断法，在公用事业以外的经济部门中，限制垄断组织的吞并与合并活动，保护企业在市场上自由竞争；颁布各种法案，鼓励中小企业开展创新活动；对煤气、电话等公用事业部门，允许垄断组织的垄断经营，但国家实行价格限制，以防止它们非法获取垄断利润。

第二，为私人企业提供参与自由竞争的物质条件。

市场机制虽然在市场经济中发挥基础性调节功能，但是，它自身存在不少缺陷。美国政府为了弥补这些缺陷，扶持自由经济的发展，为企业的经营提供一些基础性的经济条件。主要有：出资兴建交通运输、港口等基础设施；出资创办国有企业，主要从事高风险、高投资、低收益以及尖端技术等行业的经营活动，减少私人企业的经营风险；出资兴办学校、文化设施、医疗卫生等机构，为企业提供熟练劳动力和技术成果；建立各种市场以及相关的规章制度，便于企业正常地进行交易活动。

第三，为私人企业提供各种信息服务，引导企业正确地参与自由竞争。

这主要包括：政府定期公开发布各种信息和统计数字；每年2月发表《总统经济报告》以及联邦储备局的《联邦储备公报》；政府各机构定期、定向向有关的私人企业提供有关数据，为私人企业进行决策和制订计划提供参考。

三 刺激有效需求为核心的宏观调控体系

根据凯恩斯主义的有效需求原理，美国政府宏观调控的核心任务是刺激有效需求，以促进国民经济的发展。为了刺激有效需求，政府宏观调控的主要内容是"反周期"调节。在危机期间，政府增加有效需求，使危机得以缓和；在经济高涨时期，则适度抑制需求，以防止经济过热。这样，根据经济周期不同阶段，使财政与货币政策灵活搭配，适当刺激或抑制社会有效需求，促使社会总供给与总需求维持均衡状态，使国民经济能持续、稳定地发展。

为了有效地实行反周期调节，美国逐步形成了一套适合本国国情的宏观管理体制，其内容有以下几个方面。

（一）财政预算体系

美国采取了联邦、州和地方的三级财政预算管理体系。

1. 预算的制定过程

联邦预算是对预期的收入作出分析，并对第二年的开支制订详细计划。编制预算一般要提前一年着手。首先由财政部编写申请书，说明所需经费数额，经部门首长审查后送交行政管理和预算局。该局按总统决定的优先顺序和目标，对各政府机构的经费申请进行审查，预算总金额由总统最后决定。并再由参、众两院议员组成的特别委员会对总统提案进行表决，形成法令，送交总统签字，再转交财政部立账。

2. 预算的构成

财政预算分财政收入和财政支出两大项。在联邦政府的财政收入中，个人所得税、社会保险税和公司所有税这三项税收即占全部税收的91.5%（1978 年），其余约 10% 为杂项收入。州与地方政府的财政收入，各种税收（主要是财产税、销售税和所得税三种）占 60% 左右，联邦补贴约占 20%，其他收入占 20% 左右。联邦财政支出占首位的是社会福利支出，其次是国防支出，这两项就占总支出近 80%。州与地方支出中有这么几大项：一是教育，二是公路建设，三是社会福利，所占比重都比较大。

3. 联邦与地方财政收入的比例关系

战后，在美国的财政预算中，联邦财政收入的几项税收比较稳定，成了联邦政府的主要财源；州和地方政府尽管千方百计扩大税收来源，但由于税收不稳定（主要是销售税），一直弥补不了州和地方的财政支出。在美国，联邦政府的财政收入约占全部收入的 60%，地方占 40%。这样，联邦政府在很大程度上就可以凭借充裕的财力对州和地方的经济发展进行干预。

（二）银行的集中管理

美国现有银行 15000 家，它们不像普通的工商企业那样放任自流，而大都是在政府管理银行机构的严格监督下进行经营活动的。

美国政府设立三个调节系统，从不同角度对银行进行集中管理

第一个系统是联邦财政部的金融监察局和州政府的金融监察机构。政府对商业银行实行中央和地方两级管理，较大银行由联邦管理，中小银行

由州进行管理。

第二个系统是联邦储备体系。由十二个联邦储备区内的十二家联邦储备银行及其最高领导机构——联邦储备委员会组成。法律规定，凡是国民银行必须参加联邦储备体系，作为其会员银行。联邦储备银行是美国的中央银行，其职责是发行货币，对全国货币和信用流通进行调节。

第三个系统是联邦存款保险公司。它的任务是保护存款自由，使其在银行倒闭后少受损失。目前，美国98％的商业银行都参加了保险。因而这一机构成了联邦政府管理银行的重要工具。

上述三个系统从不同侧面对银行进行监督和管理，相互配合、相互补充。金融监察局负责批准国民银行的开设及检查监督各国民银行日常业务有无违法行为；联邦储备银行体系从金融上加强对银行的管理；联邦存款保险公司则从日常业务角度监督银行的活动。

美国管理银行的经验表明：一是货币发行权必须集中在中央，不能分散；二是信用扩大和收缩权必须集中在中央，不可政出多门；三是国家管理银行的机构必须实行中央垂直领导，不能搞不受中央控制的地方独立银行。近年来，美国一些银行管理专家认为，美国管理银行的多头机构弊多利少，纷纷建议三个系统合并或由一家单独管理。

（三）国家采购与军事订货合同制度

国家通过采购商品和劳务来扩大市场，以刺激投资和生产，已成为战后国家垄断资本主义经济调节的一个重要杠杆。

联邦政府的军事采购大多由国防部承办，国防部的大部分军火订单又落在少数大公司手中。美国一些大公司，既生产民用产品，也制造军火武器。国防部通过军事合同制度，对垄断企业实行多层次管制（因为承包军事订货的不仅有两万多家大军火公司，还有十余万家转包商；大公司接受订货后，再往下转包，有时转包达四五层之多）。这种通过军事订货合同层层转包的办法，是战后美国控制企业的一种办法。

在美国，签订军事订货合同有两种办法：一种是公开招标，由国防部将订货条件公布出去，然后挑选合适的军火商签订合同；另一种是秘密协商，即国防部和私人军火商秘密签订合同，这种秘密协商的方式多用于军事采购单位。在军事合同的计算上，主要有两种方式：一是成本制，即军火承包商为完成某一项合同支出的全部费用都要补偿；另一种是成本加报酬（其中包括固定和奖励报酬）。

（四）对农业的计划干预

农业是美国政府干预最多的经济部门。一方面，联邦政府通过农业拨款对农业生产进行干预。自从20世纪30年代大危机以来，联邦政府对农业的补贴不断增加。据统计，从1933—1970年的37年间，国家对农业的直接或间接补贴总数大约800亿美元。1972年以来，由于国外大量采购美国农产品而引起国内食品价格暴涨，政府补贴有所减少，但每年仍不下于10亿—20亿美元。一般来说，政府对农业的拨款是有计划的，除了特殊情况外，基本上是每五年变动一次。补贴范围有价格支持补助、出口补助、食品供应补助，还有平价补贴、土地休耕补贴和灾害补贴。政府给农业的财政拨款对于缓和危机、扩大出口起了推动作用。另一方面，美国政府根据本国的国情，自罗斯福新政以来制订了一系列限制性计划。20世纪30年代大危机期间，罗斯福总统采用压缩耕地面积和提高农产品收购价格等多种手段，以制止农业危机的深化。20世纪70年代，鉴于国际市场出现农产品短缺，政府调整了原有计划，增加了一些新内容：暂时停止限耕，促进农业增产，减少"支持价格"，面向市场。1953年，国会颁布"食品与消费者保护法"，决定大宗粮食交易需经农业部甚至总统批准。1997年，美国国会通过有关法案，决定花7年时间，逐步取消对农业的计划干预，减少财政补贴，以符合关贸总协定乌拉圭回合有关协议的要求。

四 经济调控的新发展

20世纪70年代中期出现的经济"滞胀"严重冲击了凯恩斯主义，货币主义、供给学派、新古典宏观经济学的一些理论观点及政策建议开始被政府接受。20世纪80年代开始，美国政府经济调控的内容和方法出现了一些新变化。这些变化主要表现在以下几个方面。

第一，经济调控的重点从总需求转向总供给。随着20世纪70年代中期以高失业率、高通货膨胀率和几乎停滞的经济增长为特征的"滞胀"出现以后，美国政府发现凯恩斯式的需求管理政策并非万能，过多的政府干预只会束缚市场机构作用的充分发挥。在这种情况下，美国政府开始将经济调控的重点从需求管理扩大到供给管理，同时减少政府干预以便发挥市场机制的作用。根据具有保守主义倾向的经济理论，如货币主义、供给经济学和新古典经济学，经济中的总水平和就业水平主要取决于总供给水平而非总需求水平，而总供给水平主要决定于诸如劳动市场和产品市场的自发调节作用及相关的各种微观经济因素，市场竞争的调节机制对微观经济因素的促进作用远比政府的宏观调节措施更加直接和有效。因此，政府宏观经济调控的重点应当放在如何促进产出供给方面，通过减少或取消政府对市场竞争力量的限制和对微观经济因素的束缚，充分发挥市场机制的调节作用，以达到增加产出供给和扩大就业的宏观调控目的。为此，美国大规模地取消政府规章制度，对诸如农业、交通、能源、金融、通讯、劳动市场等实行价格、产量、生产方式和行业进入等方面的限制性规章进行削减和改革，充分发挥市场机制的调节作用，促进竞争，以达到增加总产出供给的目的。随着宏观经济调控的重点从需求转向供给，美国政府采取种种措施以消除供给领域内非经济的超市场力量，以便充分发挥市场机制的作用，促进产出和就业的增长。

第二，经济调控工具转向多种政策工具并重，并在一定时期从属于货币政策。20 世纪 70 年代中期以前，受凯恩斯主义经济思想的影响，美国政府主要采用扩大政府开支和减税等财政政策来刺激经济中的总需求水平，以保证经济增长和维持高就业。货币政策则处于从属地位，主要通过公开市场业务来维持低利率，以配合财政政策刺激投资需求的增加。然而，扩张性财政政策和为维持低利率而实行的宽松的货币政策，不仅使政府的财政赤字逐年增加，并使今后继续增加政府开支的余地不断缩小，而且最终导致高通货膨胀率和高失业率的产生。为了应付日趋严重的"滞胀"局面，从 20 世纪 70 年代末起，美国政府在将宏观调控的重心从需求领域转向供给领域，试图发挥市场机制作用增加就业促进产出增长的同时，在宏观经济调控工具的使用上也开始从以前只注重财政政策转向注重货币政策，并采用货币主义的观点和政策建议，将货币政策的调控对象从利率控制转向货币供应量的控制，通过控制货币基数来调节经济中的货币存量，将货币供应量控制在与经济增长相适应的水平上，从而控制并降低通货膨胀率。

第三，经济调控注重宏观经济调控的微观基础，同时日益向现实主义方向发展。20 世纪 70 年代中期以前，美国的经济调控只注重对经济总量的调节，而忽视了微观经济因素的作用和市场机制效力的发挥，结果往往造成微观因素不能对宏观经济作出充分的反应，使各宏观经济调控措施不能充分发挥其应有的作用。经过 20 世纪 70 年代末的"滞胀"打击之后，美国政府逐渐认识到，如果不理顺微观渠道，不解除微观中的种种制约因素，不注重发挥市场机制的调节作用，再好的宏观调控措施也难以发挥良好的效应。经济调控必须要有一个良好的微观基础，注重发挥和利用市场机制的调节作用，只有这样才能使宏观经济政策充分发挥作用。

美国政府在 20 世纪 80 年代大量减少政府对经济的直接干预，解除政府规章和立法对经济中各种微观因素的束缚，大规模实行私有化，让市场机制充分发挥作用以促进经济的增长。这些经济政策不仅促进了经济中总供给水平的增长和就业的增加，而且理顺了微观基础，为宏观经济调控政策的贯彻实施创造了条件。

第四，强调国际协调。20 世纪 70 年代中期开始出现"滞胀"之后，美国开始重视同其他西方国家在宏观经济调节方面进行协调，并以此来作为对付"滞胀"的手段。进行这种国际经济协调的最重要的形式是"西方七国首脑会议""经济发展合作组织"等。

第二节　日本以产业政策为中心的政府调节

在战后几十年的发展过程中，日本根据本国国情不断健全、完善、修正各种经济制度，逐步形成了具有鲜明的日本特色的经济体制。与其他主要西方国家相比，日本政府对社会经济生活的介入最深，经济调控的力度最强，范围最广。概括起来，日本市场经济体制主要有以下三个特征：(1)国有企业所占比重较低，以企业法人相互持股为主体的所有制结构，即法人资本主义成为企业制度的基础。(2)宏观调控以贯彻实施产业政策为主要内容，目标导向在于通过产业组织和结构调整促进产业发展的高度化和外向化，从而提高经济效率和竞争能力，诱导国民经济向既定目标发展。(3)包括宏观调控在内的整个市场经济体制带有东方文明的许多特征，具体反映在宏观管理体制、微观企业制度以及政府与企业的关系等多方面，共产主义文化传统、现代市场经济和西方社会经济发展的某些积极因素融合在一起，使日本的经济体制形成了比较复杂的结构。

一　实行以法人资本为基础的企业制度

日本国有企业所占的比重略高于美国，低于其他大多数西方国家。日本国有企业的数量占企业总数的 1%，占就业总人数的 2%，占全部投资的 16%，其产值占国民生产总值的 5%—8% 之间。日本国有企业活动的范围主要在金融、保险、交通运输、电信通讯、电力、煤气、水道等部门，大都具有较强的垄断性。

日本的国有企业是政府的附属物，没有独立的经济地位。与私人公司不同，它不受公司法的约束，而是根据国会特殊法律建立和由主管大臣认可的特殊法人。企业没有财产责任，运营不能自负盈亏，盈利全额上缴，亏损由国家补贴。企业负责人是政府任命的官员，职工是政府任命的雇员，只根据上级指令活动，不能根据市场状况自行决策企业经营活动。政府决策国有企业活动的目标是宏观的社会经济效益，是为了向整个社会经济提供廉价服务，防止私人垄断基础设施部门，保证市场公平竞争。同时，国有企业微观经济效益较差，官僚主义现象严重，企业和职工的积极性、主动性低下，这些弊端也日益严重。

与美国不同，日本所有制结构中占主体地位的是法人资本，其主要表现，就是法人持股成为企业资本结构中的主体部分。这种状况，也被人称为"法人资本主义"。在战后的民主改革中，家族财阀曾被迫一度分散化，个人持股成为企业资本结构的主体。但随着经济的发展，个人持股部分所占的比重不断下降，成为资本结构中的次要部分，法人持股部分所占的比重不断上升，并成为资本结构中的主体部分。

1949 年，在股份制企业中，个人持股部分占总股本的 69.1%，政府、社会团体、银行、事业法人等法人持股部分占 30.9%。到 1985 年，个人持股部分所占的比重下降到 25.4%，法人持股部分所占的比重则增加到 70% 左右。法人股东一般都是大股东，其资金实力远远超过一般的个人股东，因而能掌握企业的控投权。1980 年，据日本有关部门抽样调查结果，企业的最大股东中，90% 以上是法人股东，个人股东所占比重很低。同时，法人相互持股现象，但一般多是单向持股，除银行之间有少量相互持股现象外，企业之间相互持股的现象极少。日本的法人相互持股的最简单的形式，就是 A 公司持有 B 公司股票，B 公司持有 A 公司股票。另外，还有 A—B—C—A 循环持股形式。

就基本性质而言，法人资本与私人资本都属于资本主义所有制范畴。但是，在市场经济运行中，两者的职能和作用却有明显区别。首先，持股者的地位不同。私人持股者是所持股票的所有者，不承担经营者责任，而法人持股者具有所有者和经营者的双重身份。在本企业，法人代表是经营者，在他们所投资的外企业，他们又是股东，是所持有股票的经营者。其次，持股动机有区别。个人持股者的目的是最大限度的股票收益，而法人持股者的主要动机不是股票收益，而是贯彻本企业的经营政策，如加强企业联系，稳定和改善经营，巩固经营者的权力，分散经营风险以及获得控股权等。法人持股者的利益动机比个人持股者更长远、更广泛。再次，持股时效有区别。鉴于法人持股的利益动机在于长远利益，其投机倾向较低，更倾向于投资收益，因而法人持股的期限较长，股票流动性不大，股东之间的关系比较稳定。

法人相互持股是日本银行垄断资本与工业垄断资本相互融合的基本形式，在这种相互融合中，银行资本处于优势地位。在法人所持有的股票中，约有 60％为金融机构所持有。日本全国有近 50 万个法人股东，其中只占总数 13.6％的金融机构，却持有全部法人股票近 60％，可见金融机构平均持股规模比其他法人更大。它们往往是企业集团的最大的持股者，成为企业或企业集团的核心力量。法人相互持股也适应生产社会化发展的需要。社会生产专业化和协作的水平提高后，企业之间的相互联系和相互交易更为频繁。法人相互持股能有效地加强和稳固企业之间的分工和协作关系，并且促进了企业集团的形成和发展。

日本的法人资本主义是依靠企业之间、企业与银行之间的相互支持才得以存在和发展，这种相互支持的结构支柱是银行等金融机构。在一个企业系列或企业集团中，往往都有一个主体银行作为支柱或核心。在资本主义私有制条件下，企业之间的利益不可能完全一致，也存在相互竞争、相互排斥的一面。因此，企业之间、银行与企业之间的关系常常处于动荡变化之中。特别是在发生金融危机的情况下，法人资本主义的基础和核心就会出现裂痕。日本 20 世纪 80 年代的泡沫经济和东南亚金融危机中，由于银行的不良贷款造成日本金融系统的不稳定，企业变更主体银行和主体银行对企业不承担责任的现象大量出现，就是明显的例证。

二　以产业政策为核心的宏观调控体系

日本政府对市场经济的宏观调节，主要着眼于对供给方面的调节，其基本思路是，通过产业政策的制定和执行，实现政府对资源在各个产业间的配置进行合理干预，优化资源配置。

产业结构政策是产业政策的主要内容。

日本政府实行产业结构政策的主要理论依据是克服"市场不足"。所谓"市场不足"，主要是：市场机制的选择不可靠；市场机制在改变生产力布局、调整产业结构方面无能为力；市场机制只顾及眼前需要，难以顾及长远需求；市场机制容易导致垄断；市场机制不稳定。政府产业政策的作用就是弥补市场不足，实现资源的最佳分配。产业政策不是取代市场机制的作用，而是对市场机制进行修正、补充，并以市场机制为基础，使市场机制的作用更加充分、有效。

日本以产业政策为宏观调控的核心，也是从日本基本国情出发的。日本是个后起的发达资本主义国家，第二次世界大战前，日本的工业化进程尚未完成。战后，为了追赶上美、英等先进国家，必须加快经济发展。而产业结构的转换是伴随着数量扩张和水平提高而必然发生的经济过程。各个产业部门生产规模的扩大不是在同一程度上齐头并进，而是伴随着生产要素在各部门之间的转移，各个产业发展呈现参差不齐的现象。就日本而言，在经济"起飞"的初期，有两个约束条件光靠市场是无法解决的。

第一，为了实现经济超常速发展，原来十分薄弱的基础设施（水、电、交通、通讯等）和基础工业（重工业和基本化学工业）需要优先发展。但是，这些部门投资最大，盈利性低，资本回收期长，具有较强的经济"外部性"。单纯依靠市场的力量难以推动基础设施、基础工业的超高速发展，就会把工业化和现代化的过程拖得很长。

第二，日本是个海岛国家，资源贫乏，国内市场狭小，社会扩大再生产是越过海洋进行的，更加需要采取出口导向的战略，扩大出口，发挥本国资源禀赋的优势，以长补短。政府根据既定时期内经济结构可能的发展趋势指令和实施正确的产业政策，促进产业结构的变化。这样，日本企业在发挥本国比较资源优势的基础上，才能提高在国际市场上的竞争力，突破国际市场上原有经济格局的限制，占领国际市场。

产业政策也就是对不同时期和不同产业发展的倾斜政策，对经济整体发展具有战略意义的产业予以特殊优惠，以保证产业结构的不断升级和对外竞争能力的迅速提高。日本政府在制定产业政策和产业的发展实施宏观调控时，首先是对总体产业结构变化进行一般平衡分析，然后提出产业结构高度化的基本要求，并在此基础上具体确定应扶持的"特定"产品及"特定"产业。政府产业政策中的保护扶植政策主要针对"特定"产品，并在政策的支持程度和实现上有明确的限定，迫使企业不得不在有限的条件下和时间内迅速达到国际先进水平。对衰落产业实行救济援助也是日本产业政策的一部分，但不是主要的内容。

为了实施产业结构政策，日本政府采取了多种手段，包括财政、租税、金融以及通商政策等。以对基础设施的投资为例，1955—1973年，日本政府对公路、铁路等的投资增长了44倍，日本国内总投资占GDP的比重在30%以上，在西方国家中占据首位。在某种产业风险太大或者投资过多而私人企业无法经营时，日本政府甚至采取"公私合营"的方式，帮助私人企业发展重点产业，如日本合成橡胶会社就是如此。

产业组织政策是产业政策的另一重要内容，主要指为了提高产业资源配置效率而采取的促进有效竞争和改革组织结构的措施。它包括以下问题：产业内企业是否实现了最佳规模？产业内各企业之间竞争的有效程度怎样？所提供的产品的质量、效用以及资金和资源的利用率如何？等等。

20世纪50年代，日本产业组织政策的重点是非垄断政策，主要措施是：解散财阀，处置了四大财阀和六个新兴财阀家族56人的股份、动产和不动产，分割三井和三菱商事两大财阀商社；分割、整顿公司，分割了18家大公司，整顿了61家公司，并对4041家公司进行股份处置；解散统治性的经济团体，被解散的经济团体1022家，国策研究公司和外国银行67家，几乎涉及所有的产业。20世纪60年代，日本产业组织政策发生了变化。为了适应向开放体制的转变，有必要加强本国企业的国际竞争力。为此，提出鼓励企业合并的"企业重组"政策，使企业合并增加，产业集中化水平的卖方集中度明显上升。20世纪70年代，西方主要国家普遍强调非垄断控制，国家性的政策调整影响了日本国内政策的倾向。日本执行非垄断的措施主要是：进一步强化控制卡特尔和对国际交易中违法行为的控制；恢复最重要的非垄断措施——分割企业；加强对控股行为的控制等。

　　除了产业政策外，日本政府还采取反经济周期调节和计划调节等多种手段进行宏观经济调节。

　　同其他西方发达国家一样，反经济周期调节是日本政府宏观调控的又一个内容。日本经济界承认宏观经济波动的必然性，但认为，"过冷"和"过热"的周期性变动会给经济带来严重冲击和损失，而只要实施正确的宏观调控政策，便可以避免经济严重失控和大起大落，促进整个国民经济相对协调、高效地运行。日本政府总是在密切观测景气动向的基础上小心翼翼地寻找最佳调控点，制定相应的财政金融政策，一旦发现"过冷"或"过热"的苗头，便及时地实行景气对策，抑制波动的幅度，恢复经济的稳定增长。日本政府的反经济周期政策主要是通过间接调控机制来贯彻，而且重点是防止"过热"。

　　通过金融手段调节景气变动，影响面大，并且具有灵活性，因此这种手段更受重视。日本有两套金融机构。一套属于政府系统，叫"政府系金融机关"，主要有日本开发银行、日本进出口银行和其他10个金融公库。其资金来源，70%靠大藏省的"资金运用部"贷给，20%靠财政拨款，10%靠发行债券。它们主要进行政策性贷款业务。另一套是日本银行监督下的各类私营银行，为数众多。全国各类金融机构的营业所大约有800万个，平均1500人就有一个。金融机构主要通过调整利率、变动贷款数量等方式进行景气调节。日本银行信贷政策的一个显著特点，就是实行"超额贷款"的信贷方式。"超额贷款"，就是超过银行资金能力的贷款。日本银行的自备资金比率，通常只有15%—20%，是西方国家中最低的。而且贷款利率也低于其他西方国家。如果说，美国是一个消费信贷充斥的国家，那么，日本可以说是一个生产信贷充斥的国家。超额贷款促进了经济发展，也带来了严重的通货膨胀的潜在危险。

　　日本的经济计划有较长的历史，它有以下几个特点。

　　计划富有伸缩性。日本的经济计划大多是五年计划，但是如果经济发生较大变化，可以提前以新的经济计划取代老的计划，所以，计划常常呈现滚动式推进的状况。

　　编制计划采用审议会方式。审议会由政府各部门代表、民间各团体代表、经济界代表组成。

计划内容以经济发展为主，并涉及社会发展、政治发展等问题。

日本的经济计划基本上是指导性计划，能向民间企业提供经济预测和政府政策诱导目标，把民间企业的经营活动纳入政府确定的发展轨道。

三　官商协调的组织体系

日本的宏观调控体系大致分为三个层次，即起主导作用的最高层次的政府调控系统、服务于政府调控决策的咨询和协调系统，以及连接宏观与微观的行业中介系统。这三个层次的宏观调控系统，包括了政府的综合性经济官厅，使官、产、学相互配合，调控主体与市场主体（调控客体）密切统一，形成了一个有机的整体。

日本政府进行调控的主要机构有通产省、大藏省和经济企划厅等部门。通产省的主要职能是控制全国非国有工业、商业和对外贸易部门，并直接管理国有的商业的专卖业，同时负责引进国外资本技术和对外投资，它是贯彻落实日本产业政策的主要政府机构，被称作是"产业司令部"。通产省的设置及其职能在西方发达国家宏观调控模式中是特有的，它强化了政府对产业发展的干预，是以产业政策为核心内容的调控体系在机构设置上的具体体现。大藏省则通过控制财政、税收、财政投资贷款以及监督各类银行、制定金融政策、调整银行利率等手段，间接控制、诱导经济活动的方向。因此，大藏省在很大程度上包括了西方宏观经济调控中财政和金融两大职能，则强化了日本宏观调控的财政主导型倾向。1998年，日本政府建立金融监察厅，把金融职能从大藏省分离出来，以提高金融的独立地位。经济企划厅及其所属的经济审议会主要通过制订经济计划，提出一定时期内经济发展的基本方向和趋势，明确产业结构调整的基本方针，为社会提供权威性的宏观经济信息，间接诱导企业的投资和经营决策。也就是说，企划厅的作用不是直接干预经济运行，而是为政府和企业的经济行为提供一种共识和合理的预期。以上述三大机构为主体，再加上日本银行，公平交易委员会等机构的配合，形成了日本的政府经济调控系统，每个机构在行政上既相对独立、各尽其职，又相互连接、协调统一。在重大调控措施出台时，各部门都予以全力支持和合作，以通产省为中心，形成严密而强有力的宏观调控机制。

政府宏观调控的咨询与协调系统，主要是吸收财界、产业界、学术界以及其他有关团体的代表组成的审议机构。审议会参与政府经济决策过程，并通过多层次的意见交流协调各方的利益要求，由于审议会具有跨领域、跨阶层、跨部门、跨地区的性质，而且在各级政府和中央政府的主要经济官厅之间形成了一个完整的咨询、协调网络体系，因而能够代表各种市场利益主体，有效地沟通政府的意图与企业团体的要求，从而使宏观调控的决策与实施具有较大的协调性和现实的基础。

行业中介系统是实现政府宏观调控的基层的组织基础，它由全国性和地方性的工业协会、联合会、企业集团、企业组织等民间机构组成，同行政机构保持着密切的合作关系。它们一方面普遍代表所属行业和企业的利益，同行政机构进行交涉、协调；另一方面又负责传递、贯彻行政机构意图，协调行业内和行业外企业的相互关系，以维护自身的利益。这些机构充分地体现了市场中介的职能，不仅在宏观和微观之间架起了桥梁，而且又从产供销等各个环节上直接协调着企业的发展，为市场的统一和合理运行创造了重要条件。

日本学者今井贤一在《日本的产业社会》一书中为中间组织下了比较严格的定义，他认为，中间组织不是单指政府与企业之间的组织，而是指介于市场与行政性组织之间的组织。他认为，可以用两组行为把市场组织、行政组织与中间组织区分开来。见下表：

中间组织的定义

决策依据 交易方式	M_1	O_1
M_2	市场组织	中间组织
O_2	中间组织	行政组织

M_1、M_2 分别表示以价格为依据进行决策和交易，O_1、O_2 分别表示按行政原则进行决策和交易。M_1 和 M_2 的结合就是市场组织，O_1 与 O_2 的结合则是行政组织，只有 $M_1 + O_2$ 与 $M_2 + O_1$ 才是中间组织。

由上表可见，日本中间组织的范围十分广泛，不仅包括产业协会、联合会等社会团体，甚至还包括一些大公司组织、企业集团、中小企业连锁组织和组合组织等经营性组织。日本一些实行事业部制度的大公司，内部结构比较松散，虽然是完整的企业组织，但其公司总部却带有中间组织的性质。公司总部执行三条职能：制订长期发展计划，组织基础研究，协调长期投资。此外，不干涉各事业部的经营活动，任其自由参与市场竞争自负盈亏。这与美国等其他西方国家的公司组织有较大区别。美国的公司不管有多大，内部的行政决策权相对比较集中，而且一贯到底。

日本官商协调机制正常运行的基础主要有两个。一是合理的利益协调；另一个则是东方文化因素。日本政府认为，宏观经济协调不在于政策制定者的智慧和方案设计的科学。政策形成于各种利益协调和对共同利益的认同过程中，也须通过对各种利益的协调加以贯彻。各种社会阶层的利益不以一定的组织形式出现，其利益的实现和协调也无法进行。参与官商协调的各种组织，都是一定社会阶层利益的代表者。政府部门也是一定利益的代表者，是利益协调的参与者之一，不是居高临下的行政官僚。官商协调的过程，实质上是共同选择的过程，即通过利益的冲突、协调、妥协并达到某种共识，而不是政府部门发号施令的场所。否则，宏观调节的政策往往成为政府一厢情愿的事情，仅仅是一纸空文。

社会文化因素虽不是经济发展的内生变量，但由于其对市场主体的行为有着直接的影响，也是一个不容忽视的因素。日本文化中所蕴含的积累意识、危机意识、群体意识，使日本的政府、企业、劳动者在维护社会总体利益方面容易形成共识，形成共同力量，形成全民行动。这种优势，是欧美等国家的基督教文化所不具备的。

第三节　法国以计划为特点的政府调节

法国是资本主义发展较早的国家，人口 5000 余万，在西方国家中，它是国家垄断资本主义的典型。战后，法国历届政府比较一贯的政策，就是坚持国家资本主义，重视国有企业的作用，坚持计划调节，逐步形成了西方国家中别具一格的计划主导型市场经济体制。1981 年社会党人密特朗执政后，在实行"法国式的社会主义"口号下，掀起新的国有化高潮，更加强调国家干预和集中管理，使本国计划与市场相结合和经济体制更具典型意义。"二战"结束后到 20 世纪 70 年代中期英国实现"私有化"期间，西欧国家大多具有类似的特点。

一 国有经济的地位

法国是一个以私有经济占主导地位、私有经济与国有经济并存的资本主义国家。法国经济的国有化程度比较高，所有的公共事业全部归国家所有，全部铁路和多数航空公司是国有国营，石油工业、煤矿中的大量股份掌握在国家手中，国家在汽车和飞机的生产中也占有支配地位。法兰西银行、三大商业银行和大多数保险公司也都实行了国有化。政府控制了大约法国工业生产能力的 20%，占主导地位的私人经济主要集中在农业、服务业和加工工业等领域。到 1986 年为止，国有企业占全国企业营业额的 21%，附加价值的 28%，出口额的 30%，投资额的 40%，占非农就业人数的 15% 和工业就业人数的 22%，控制了法国注册银行存款的 90% 和放款额的 85%。中央和地方两级政府及国有工业国内固定投资占国内固定投资总额的 1/2 左右，其成效在城市建设和法国西部地区的开发中的表现是十分明显的。

发展国有经济是法国政府对经济进行直接干预和宏观调控的重要形式。政府把决定国家经济命脉或具有战略意义的关键部门统一掌管起来，并以此影响整个国民经济的运行，在实践中发挥了重要作用。

首先，国有经济在动员资金进行大规模投资方面发挥着"填空补缺"的补充作用，尤其是在那些市场机制和私人经济不能有效发挥作用的社会经济基础部门和边远落后地区。

其次，发展国有经济有利于推动产业结构的调整，即一方面加快了钢铁、煤炭、民航、汽车、纺织机械制造等传统工业部门的技术改造；另一方面，又充实了对电子、化工、核能、新材料、军工、宇航和金属等尖端部门和新型产业的投资，提高了产业的结构水平，增强了发展后劲。

再次，国有经济贯彻政府的经济发展意图，发挥着积极的调节作用。由于它首先关心的是国家整体利益和长远目标，并接受政府计划的指导，因而，国有经济的运行为其他经济部门的生产发展创造了条件，保证了社会再生产过程的顺利进行，甚至往往不惜亏本进行经营，以保证国民经济发展的宏观需要。

国有企业按法律可分成三类。第一类是从事工商业活动的行政机构性质的公共事业机构，如邮电局、国家印刷厂、商会等。它们按类似于行政机构的管理规则进行管理。第二类包括国营企业和具有工商业性质的公共事业机构。前者由政府以占有的形式建立，如法兰西电力公司、国营雷诺汽车公司、国有化银行和保险公司等，它们几乎按私营企业的经营规则管理；后者种类和名称颇多，如国营森林管理处、烟草和火柴工业营业部等，其管理介于第一类公共事业机构和国营企业的管理规则之间，比较灵活。这类企业的资金和补助金全部由国家或地方占有。第三类是政府占有一部分股票的有限股份公司，通称"混合公司"。政府在公司中的参股，低的超过30%，高的达99.99%。如法国国营铁路公司、国营宇航工业公司、法国石油公司等，它们都按私法进行管理。

政府通过多种途径管理和影响国营企业的经济活动。主要有以下几个方面：一是人事任免。国家任免董事长，董事长任免总经理。国营企业的董事会还按国家持股额，由政府有关部门推荐并任命国家代表和专家、经济界代表作为董事，负责按照国家持股人的意图影响国有企业的发展方向。二是行政领导。国有企业的日常经营事务由董事会直接管理，但在重大业务上受政府有关部门领导，在财务上受政府经济部和财政部的监督。对涉及企业投资计划、债务、价格和社会措施以及购买和转让股票等事务，须经政府主管部门审核、批准。三是间接引导。主要手段有国家计划、产业结构政策、财政金融措施和政府采购等。

法国发展和管理国营企业具有以下三个方面的特色。

第一，实行股份制的管理方式，保证政府目标和企业目标的协调。股份制能够使国有企业作为一种政府配置资源的方式，即政府能真正把国营企业掌握在手中，当作实现其预期的宏观与社会目标的工具。同时，股份制并不是让政府直接干预企业的经营活动，而是把企业推向市场，让企业的管理显得简明方便、机动灵活和富有成效。较之绝对集权式的实物化资源配置方式，可避免政府去做许多管不了，也管不好的事。

第二，通过计划合同，明确地规定企业独立经营与政府要求实现的目标之间的关系。法国政府不是普遍地对每一个国有企业的每一个生产经营项目都要求签订合同。在企业没有新的发展项目，或没有战略选择必要时，政府只要按照正常手续进行管理。计划合同企业所应承担的责任，是使企业发展战略同国家的计划相一致，使企业内部明确奋斗方向，动员各部门和职工共同实现这些目标。合同内容一致包括社会政策、价格、财政收入等内容，由政企双方在协商一致的基础上的签字。在合同有效期内，要保证企业财务收支平衡，保证国有企业以企业身份开展经营业务，贯彻执行政府的经济政策，而国家则对企业承担社会义务给予必要补偿。

第三，针对不同国营企业的特点，实行分类管理。总的原则是，使竞争性部门的国有企业成为自主经营、追求资产增值的市场主体。政府只管企业的大政方针和总的规划，企业必须接受国家监督，但政府并不干预企业的生产经营活动。而让非竞争性部门的国有企业在完成政府宏观目标方面更多地发挥作用，为此，政府的控制程度则相应更大。企业的自主权仅限于内部的人事、劳动、财务和组织等方面，国家不仅控制着价格的决定权，而且通常还为企业规定一些社会目标，并由国家给予财政补贴。这样做，正是从企业的特点和全社会的总体利益出发，有利于国家宏观经济目标的实现。

二　指导性计划调节

早在 20 世纪 40 年代后期，法国在西方国家中首先制订国家计划，实行计划调节。法国政府认为，为了减少市场对社会经济产生的自发的破坏作用，弥补市场调节的不足，发挥市场机制的优点，为了便于集中全国的资金和物资发展重点或关键性部门，高速整个经济结构和布局，增强国际竞争力，要在市场经济的基础上实行宏观计划调节。法国前总统戴高乐提出的指导思想是：计划"关系全局，规定目标，安排轻重缓急的次序"，"计划能补偿自由的缺点，而同时不使它失去优点"，"计划是杠杆，能把我们的企业界推动起来，能迫使它们实现高产，引导各企业联合起来，带领它们参加国外竞争"。战后，法国政府已连续制定了 10 个中期计划，并形成了一套独具特色的计划运行机制。法国的计划体制有以下特点。

第一，计划主要采取指导性指标，同时还制定少量有国家财政资金保证的必须实现的指标。

法国的计划被称为"指示性计划"，它不是指令性计划。主要采用指导性指标，在宏观经济方面确定国内生产总值，工业、农业、出口、进口、总消费、总投资的增长率，还确定某些部门或产品的指标。如第三、第四个计划分别确定 17 个和 27 个部门或产品的指标；当政府需要实现某种目标或发展某个项目时，还采用某些必须实现的，即要千方百计设法按期完成的指标，如在第一个计划中规定的优化发展的煤、电、钢、水泥、交通运输、农业机械和设备六个"基础部门"（后又增加液体燃料和氮肥）的指标，对政府来说，是必须想办法要完成的，因此确定了一个强制性的投资纲领。第七个计划中的"二十五条优化行动纲领"，即重点发展项目，也必须要完成，政府给予 2060 亿法朗的财政资金保证，并对其实施承担道义和法律上的责任。

第二，实行国家计划与地区计划相结合、经济发展计划与社会发展计划相结合的、定期的"中期计划"与不定期的"临时计划"相结合的灵活多样的计划形式。

在 20 世纪 60 年代前，法国只制订全国性的经济计划，地区与社会问题没有被纳入计划之中。从第四个计划起，才把领土整治和社会问题作为计划的目标之一，由单一的国家经济计划发展到同地区计划和社会发展计划相结合的"经济和社会发展计划"。另外，在主要制订中期计划和重视长期研究预测的同时，还根据需要制订不定期的临时计划，解决经济发展中遇到的问题，如为推动投资和经济增长制订了 1960—1961 年的临时计划，为制止通货膨胀和平衡财政制订了 1963 年 9 月至 1965 年秋的稳定计划，以及为调整经济实行 1982—1983 年的两年临时计划。

第三，坚持"协调原则"和运用经济杠杆，不断改进计划方案。

"协调原则"是法国计划体制的一个创举，它开始于第一个五年计划，一直坚持到现在。所谓"协调"，就是政府同工农商各界共同讨论、协商、制订计划。集中地体现这个原则的是协调机构——现代化委员会，它由产业组织代表、工会组织代表、政府官员以及有关专家组成。制订第六个五年计划时，有 25 个现代化委员会、近 3000 人参加。目前，现代化委员会大致有四种类型：垂直委员会、横向委员会、集体事务委员会和地区发展委员会。在协调过程中，法国的私人企业，尤其是大企业集团能直接发挥重要作用，国家计划能集中地反映它们的利益，因此，法国的经济计划能得到大多数重要经济集团的支持。

政府主要通过经济杠杆来影响、引导实施计划。国家计划对私人企业没有强制性和约束性，企业可以执行也可以不执行；对国有企业也不能简单地仅依靠行政手段来落实计划指标，因此政府要通过如下四种方式：(1)对公共行政机构的消费和投资的直接影响。政府的公共开支数额占国家总支出的 10%。由国家预算直接支出的投资约占全国投资总额的 25%；加上国家的信贷和补助金则占 50% 左右。(2)对公营企业和私营企业的生产和投资有选择的间接影响。主要表现为国家财政机构对它们提供国家信贷、补贴、补助金和税收减免等。经济和社会发展基金及其公共机构给公营企业的贷款约占投资资金的 60%。(3)对所有企业的生产和投资进行普遍的间接的影响。主要通过增减免税收、放宽或限制公共开支和信贷，以及总的信贷政策、价格政策等来影响企业的投资和生产。(4)对家庭的收入、消费和储蓄进行普遍的间接的影响。主要通过收入、工资、消费、税收、物价信贷、社会福利等政策对家庭的收入和支出施加影响，进而影响企业的生产和投资。

法国还通过行政、法律的手段来适当干预，以推动计划的实施。行使干预的机构主要有：经济和财政部、计划总署、中央计划化委员会和一些法律机构等。

第四，建立高效率的计划机构。

为计划的制订和实施，设置一整套上下左右配合的计划机构。根据其作用和职能可分为五种：（1）决策机构。主要有经济和社会发展部际委员会和中央计划化委员会。前者起指导、监督和协调作用；后者决定中期经济发展和计划方针、工作方向，并有权检查和修改计划。（2）规划机构。最重要的是计划总署，其负责人称计划总专员，直属政府，由总理或经济和财政部长领导。下设七个部和三个研究机构。主要职能是分析经济和社会形势，研究计划方针；接受特殊任务，充当政府常任顾问。此外，还有经济和财政部的国家统计及经济研究所和预测司，主要负责制订计划的技术工作，提供统计资料和综合数据。（3）协调机构。最主要的是现代化委员会。在制订计划的过程中，同其他机构合作，草拟各种建议、方案、供计划总署起草计划方针和计划草案时选用。（4）咨询机构。根据宪法规定，从第四个计划起，经济和社会委员会为计划的咨询机构，由其审查计划方针和计划草案，干预计划的指定。(5)审议机构，即议会。对于计划草案及有关法案予以审议。

总的看来，法国虽然比较重视计划的作用，但并不排除市场机制，而是力求增强市场因素的作用并成为发展市场经济的必要支柱。一方面，计划为政府干预经济提供了某种可以借用的手段，借此，政府能在市场不起可靠的和不能有效发挥作用的地方，或者政府的目标与其他当事人的目标有分歧时，首先通过影响投资决定来指导经济活动；另一方面，为政府提供市场调查和信息传导途径，以便使政府决策人对其他当事人的计划有更好和更及时的了解，从而对某些决策起更有效的协调机制的作用。

除了中长期的计划调节外，法国也十分重视运用财政、金融等调节手段进行短期经济调节。充分运用预算、贷款、补贴、税收、奖金、价格、利率、折旧等经济杠杆。法国实行中央、省、市镇三级分税制的财政管理体制，财政划分明确，预算各自独立。1991 年，法国三级预算总额为19500 亿法朗，约为国内生产总值的 1/4，其中中央预算收入占 61.5%，为 12000 亿法朗，省市两级占 38.5%，中央政府的财权较大。法国有各种税种 90 个，主要税种有经营税、个人税和消费税。法国企业利润税的税率约为 33.33%。在金融方面，法国除了动用传统的货币手段，如变动银行准备金率和利率，公开市场业务外，还使用一些特殊的货币控制手段，如规定信贷总额的最高限额或最低限额，银行贷款的强制准备金，以及中央银行有选择地对商业票据再贴现等。

三　20 世纪 80 年代后的新变化

20 世纪 80 年代中期，法国进行了经济体制改革，使市场经济体制出现了一些新变化。

第一，有限度地推进经济自由化。

如对部分竞争性国有企业实行私有化；在物价和工资领域由传统的行政控制转向市场调节；在金融领域实行"汇兑自由"，取消"信贷限额"等，进一步放松金融控制；在财税方面调整对工商企业的税收政策，借以减轻企业税负，增强企业自筹资金的能力和鼓励投资；在外贸方面推行"有限度的自由贸易"政策，鼓励企业开展国际竞争，在进行自由贸易的同时，对不同地区、国家和不同的行业实行不同程度的贸易保护；在产业领域大力扶持中小企业，通过加强中小企业的地位和作用，推动其同大企业展开竞争与合作，以增强整个企业的活力。

第二，改革中央计划体制，更多地运用间接调控手段。

主要包括：一是向战略性计划形式转变，由经济计划规定宏观经济总量指标，转向注重描述国家总体发展战略和目标，以指明国家未来经济发展方向和前景，突出计划对宏观经济的引导、协调和平衡作用。二是计划制定民主化，强调社会对计划制定的普遍参与，以便使计划成为全民共识。三是计划实施分权化，增强国有企业和地方在按照市场原则组织经营开发活动的自主性，计划实施保持一定的弹性。四是建立国家计划项目的合同制，承担项目的地方和企业按照规范化的合同共担风险，共享利益，在计划的实施过程中引入市场竞争机制，提高效率。

第三，适当强化反经济周期调节。

反经济周期调节立足于控制社会总需求，规定严格的宏观经济的控制指标，确保宏观经济环境的稳定。

20 世纪 80 年代以来的改革并没有从根本上改变法国的计划导向型市场经济模式。法国是具有相对集权经济传统的发达国家，加强政府干预也是现代市场经济发展的基本趋势。从这种意义上讲，在不同的国内外经济形势下，法国政府宏观调控的重点可能有所调整和变化，但其传统的内核则很难有重大变化。

第四节　以德国为代表的社会市场经济体制中的政府调节

德国在战后分为联邦德国和民主德国，实行两种完全不同的社会制度和管理体制。两德合并后，统一的德国继续实行原联邦德国的社会市场经济体制。

所谓社会市场经济体制，"是根据市场经济规则进行的、并以社会（因素）为补充和社会保障为特征的经济制度"简单地说，就是"市场的自由原则和社会均衡的原则相结合"。它的基本含义和理想目标就是，在生产资料私有制的基础上，鼓励和发展自由竞争的市场经济，使市场成为社会进步的基础；同时，政府通过各种法律措施和政策措施进行干预，防止自由市场经济可能产生的各种弊病，如垄断、两极分化、经济无政府状态，保证社会安定，使社会安定成为市场经济充分发挥作用的保证。他们在市场经济的前面冠以"社会"两字，以区别于传统的自由市场经济，自称为"第三条道路"。与德国体制相类似的国家有北欧诸国。

社会市场经济是市场因素和社会因素的结合，市场因素包括：商品和劳务的价格通过市场竞争决定，自由选择国内外市场，货币的稳定，经济政策的一贯性，私有制和契约自由。社会因素包括：禁止垄断政策，对不公正价格的干预，国家限制对生产资源的利用，对收入再分配政策。具体说来，有以下几点。

一　限制垄断，保护自由竞争

在市场经济中，企业和个人依据市场上的供需状况自行决策，通过竞争自发调节和平衡各种经济主体之间的利益。市场竞争被看成是推动经济发展的最强大的发动机，可以调动企业和个人的积极性，促进技术进步，提高劳动生产率，合理地配置资源。有效的自由竞争也是国家进行经济调节的客观基础，一切经济调节措施必须遵循市场的客观规律并通过市场来实施。但是，市场竞争会产生垄断，垄断必然会破坏自由竞争，遏制自由竞争的活力。因此，政府的首要任务是限制垄断，保护自由竞争。1957年，联邦德国通过了"反对限制竞争法"，并成立了执行该法律的组织机构——卡特尔局。德国政府十分重视该法律，把它称为社会市场经济的根本大法。其主要内容是：

禁止成立卡特尔。除个别情况外，禁止大企业和大企业的联合组织在产品、劳务的销售方面签订垄断市场、限制竞争的协议，对于违反规定者，要课以相当于非法利润三倍的罚款。

限制企业的兼并。也就是防止大企业联合起来吞并小企业。超过一定规模的兼并，如兼并后企业的市场比重达到或超过20%，或者职工人数超过1万人，或者营业额达到或超过5亿马克，事先必须经过卡特尔局的批准。

监督大企业左右市场的行为。一个企业依靠自身的力量扩大和发展，是正当的经营行为。但是，一个企业发展到能够垄断市场时，卡特尔局就必须监督它是否滥用左右市场的行为。监督的方法是，估算在自由竞争的市场条件下正常的价格水平，以此来检查大企业的产品价格。如果发现有不法行为，可以课以三倍于非法利润的罚款。为了保护竞争，德国政府采取优惠政策保护中小企业。措施主要有：减免税收，提供财政援助和无息、低息贷款，提供培训、咨询、信息等各种服务，提高劳动生产率。这样，在发展市场竞争的时候，使中小企业处于与大企业平等的地位，防止大企业吃掉小企业的现象。

为了保护竞争，德国政府坚持自由贸易的方针，实行对外开放。在对外贸易、国际投资、国际技术合作等方面实行自由开放的政策。

二　以货币政策为宏观经济调控的中心

德国学者认为，市场经济机制充分发挥作用的前提，是价格在充分竞争的市场上自由形成。如果价格固定不变，市场机制就会失去功能。要使价格由市场供求关系自由决定，就必须排除货币因素的干扰，因此，他们把稳定货币的政策作为宏观经济调控的中心内容之一。德国的货币政策包括以下主要内容：

以稳定货币的币值为目的，规定并公布货币量目标。成功的货币政策，是根据经济发展的实际需要来发行货币。如果货币发行量过少，会束缚经济的发展；如果货币发行量过多，则会引起通货膨胀。提供给经济过程的货币量，应该恰到好处地保证国民经济无通货膨胀地发展。为了使这种政策得以贯彻实现，应该使这种政策目标量化并公布于众，使社会公众了解金融当局的政策倾向，建立起正常的预期，从而避免不必要的动荡和波折。货币发行量的确定主要依据三个因素：国民经济增长速度，设备利用率提高的速度，价格上涨的程度。

通过再贴现率和抵押贷款来影响利率水平。控制再贴现率是金融当局利率政策的核心。抵押贷款利率是信贷机制用有价证券向中央银行借取贷款的利率，一般高出贴现率1—2个百分点。除此之外，还通过法定准备金率来影响商业银行的支付能力，调节货币的周转。

德国的货币政策是由联邦银行即中央银行来掌管的。中央银行独立于政府，不受政府支配。中央银行行长由总统任命，任期一般8年，由于任期较长，政策的连续性较好。中央银行在经济政策的目标上与政府是一致的，它必须支持政府的经济发展战略和一切经济政策，其负责人参加政府的内阁会议，讨论财政金融问题。但是，中央银行的首要任务是保持币值的稳定，在这一点上，它不受政府的指令，有权独立地制定货币政策。

联邦银行还掌管国家的外汇储备，经营各种外汇业务，注意对付外来的通货膨胀，保证国内的物价稳定。

就德国政府而言，它的职能主要是综合运用"反周期"政策、结构政策、经济计划对国民经济进行总体调节。德国政府曾明确规定和解释了宏观经济调控的目标，它有四点内容，即高就业率（失业率不超过0.8%）；物价水平稳定（物价指数年上涨率不超过1%）；对外经济平衡（净出口占 GDP 的 1%）；适度经济增长（G.P 年增长 4%）。尽管这四项目标从来没有同时实现过，但是，它们一直是德国政府为之奋斗的目标。为了这个目标，主要采取以下措施：

根据国民经济的"景气"状况进行"反周期"调节，调整财政支出和税收政策，增加或减少国家投资和消费，扩大或缩小信贷规模，并影响私人投资和消费，从而减少经济发展的波动。德国的"反周期"调节有个特点，由于凯恩斯主义的影响，德国的长期经济政策具有扩张性的基本倾向，更加重视增加政府的消费和投资需求，扩大财政补贴和债务，来刺激经济增长。这种倾向必然渗透到短期的"反周期"调节中。但是保持经济发展总体平衡的基本取向不变。

实行计划调节。政府不仅每年提出短期的行情，而且编制中期的财政计划和经济计划，提出计划内的国民经济的增长速度、国家投资和消费、价格、财政预算的规模和结构等。短期计划是正式文件，需经议会讨论通过，而中期计划则是送交议会参阅的非正式文件，不具有指令性，而是指导性的，对企业不具有约束性，但对政府具有约束性。

全面推行结构政策。自由市场经济会发生产业结构和地区结构的失衡，政府必须制定适当的结构政策加以纠正。部门结构政策的任务是：资助在经济上重要而又难以维持的部门，如农业、采煤、纺织、钢铁、造船等，促进新兴产业，如电子、航空、核能等，协助为了适应新环境而需要发展的产业，如能源及相关部门。地区结构政策的重点是帮助边境地区、不发达地区、由于工业结构发生变化而产生困难的地区。如农业及经济相对落后的农业地区，一直是政府长期资助的重点，政府先后制订了若干个计划，给予大量的投资和资助，以及税收、信贷方面的优惠，促进了农业结构的改革和农业地区的经济发展。

德国政府除了承担上述宏观经济调控的职能外，还直接投资兴建基础产业、基础设施、科技教育事业，建立国有企业，为市场经济发展提供基础条件。上述部门投资量大，风险高，周期长，利润低，私人企业不愿意或没有能力经营，但又是市场经济发展所绝对必需的。德国的国家投资一般占国内固定投资总额的 1/4 以上，国营企业的职工人数占全国就业总人数的 1/10 以上。目前，德国铁路和邮电的 100%，城市交通和居民电厂的 80%，都是由国家经营的。德国十分重视科技、教育、文化事业，用于科研教育事业的经费占国民生产总值的 6% 左右。

德国经济调控的另一个重要特点，就是高度法制化、规范化。经济法规齐全而有效，如反限制竞争法、反不正当竞争法、商标法、专利法等，总共有 2000 多件，大多都发挥了重要作用。经济运行的法制化、规范化已成为社会市场经济运行的基础。

从上述内容可以看出，德国的宏观经济调控体系可以分为政府体系和非政府体系两部分。政府体系的主要职能部门有经济部和财政部，经济部是指导和控制全国经济运行的综合部门，其职能主要是研究经济形势，提出经济立法和经济政策的动议，财政部主要负责财政预算制订财政计划，提出有关关税政策的动议。非政府体系主要由独立于政府的联邦银行和劳资协会组织承担，分别负责货币政策和工资政策。国家立法当局成为宏观经济调控的最高权威机构，它所通过的法律规范着一切经济行为，规定和协调各经济主体以及经济政策之间的相互关系。

三 建立广泛的社会保障体系

社会市场经济中的"社会"有两层含义，一个是指国家从宏观角度影响市场经济发展，为整个经济发展提供总的条件；另一个是指社会公正，也就是国家采取一切措施克服市场经济造成的权力和财富分配的不公，实现社会安定，形成有益于经济发展的良好的社会环境。第一层含义通过国家的宏观经济调控来实现，而第二层含义就要求建立社会福利网为主要内容的社会保障体系。德国的社会保障体系主要包括三个内容。

第一，建立社会福利网。

德国的社会福利制度比较完备，主要包含五方面内容：1. 社会保险制度，这是社会福利制度的核心。它包括疾病保险、失业保险、养老保险、事故保险等，是一种预先支付保险费、集体互助的制度。疾病保险、失业保险、养老保险三费用的来源是，职工交纳本人工资收入的 9%，企业也交纳同等数量的金额，不足部分由政府补贴。2. 社会补偿制度，包含青少年补助、儿童津贴、成人教育补助、住房补助。3. 社会补助制度，这是给予因公死亡和因伤致残补助的制度。4. 职业咨询和失业介绍制度。5. 社会救济制度。

社会福利制度还包括对农民、社会公用事业的各种补助，如给予农民购买化肥、农用柴油时的价格补贴，低息贷款等，给予居民在市内交通、民用水电、铁路客运方面的物价补贴等。

广泛的社会福利网有利于社会保障，但是，费用开支也十分庞大，已占国民生产总值的30%左右，而且还在不断增长，成为国民经济的沉重的负担。

第二，吸收职工参加企业管理。

德国颁布并实施了"职工参与管理法"等法律，吸收职工参加企业管理。职工参与管理有四个渠道：企业监事会，是企业最高的监督机构，它监督企业的经济权力、政治权力、企业预算，任免企业董事会人员，职工代表占1/3的席位。企业职工大会，每个季度召开一次，讨论企业的合同政策、社会政策和经济事务。企业委员会，在企业的社会事务、劳动工资、经济事务等方面有一定的参与决定权。职工个人的民主参与权，如检举权、咨询权、申诉权等。

第三，发挥工会及其他民间组织的作用。

德国有统一的工会，40%以上的职工参加了工会。工会是劳资双方谈判、协调的桥梁，每年的工资增长多少，都由工会与雇主按行业谈判决定。其他民间组织有：工商联合会、雇主联合会、联邦工业联合会等十一个全国性组织，发挥协调关系、缓和矛盾的作用。

浙江产业集群竞争力调查[*]

改革开放 40 多年来，浙江省的集群式民营企业获得了长足的发展。然而，浙江省集群式民营企业发展的基本状况如何？它们的规模结构、技术创新行为与能力以及市场竞争力如何？它们的企业制度、所处的市场环境与政策环境如何？集群式民营企业在多大程度上影响着区域经济的发展和产业结构的调整与升级？集群式民营企业发展的主要特征与基本规律是什么？等等。由于种种原因，对这些问题迄今为止尚缺乏清晰的概念。在新世纪之初，搞清上述问题并且有针对性地采取有效措施，不仅对于确保浙江省集群式民营企业的健康发展具有十分重大的现实意义，而且对于全国其他地区经济的快速发展也有深远的借鉴作用。

一　有关问卷设计的说明

（一）问卷调查的目的和思路

问卷调查的主要目的在于：

（1）调查研究浙江省集群式民营企业发展的基本状况，明确集群式民营企业在浙江省经济发展中的作用：着重调查集群式民营企业的规模结构、生产经营与管理状况等。

（2）归纳总结浙江省集群式民营企业发展的基本规律，探索推进集群式民营企业在浙江省进一步发展的有效途径：着重调查集群式民营企业的技术创新能力、组织化程度、市场竞争力与制度创新等。

---

*　发表于《中共宁波市委党校学报》2005 年第 6 期。收入本书时作了文字补充。此文为课题组的共同成果，我是课题组组成，成员有徐明华、王祖强等 25 位同志，在此一并致谢。

（3）揭示描述浙江省集群式民营企业发展的市场环境与政策环境及其存在的主要问题，尝试提出优化集群式民营企业在浙江省健康发展的市场环境与政策环境：着重调查集群式民营企业在发展过程中对市场竞争秩序的评价、政府服务的需求及目前存在的不足等。

（二）　问卷调查设计的基本思路

设计调查问卷必须要有针对性，并能反映出所要调查的问题。因此，在设计调查问卷之前应首先明确所要调查的问题。课题组在实地调查和文献研究的基础上，明确了如下的主要调查问题。

（1）集群式民营企业的规模状况，包括企业注册资金、企业总资产、企业年销售收入、企业职工总数。

（2）集群式民营企业的技术创新能力，包括企业是否能够自行设计产品、企业科技人员总数、企业技术的主要来源。

（3）集群式民营企业的持续发展能力，包括企业创办时间、企业主要产品的生产年限、企业在同行业中的竞争力、企业是否有发展战略规划、企业是否打算扩大规模。

（4）集群式民营企业的经营能力，包括企业销售渠道的稳定性、企业产品销售途径、企业产品生产目的、企业是否有注册商标、企业目前遇到的主要困难、企业进一步做大的主要制约因素。

（5）集群式民营企业的制度状况，包括企业组织形式、企业总经理来源、企业经营管理层来源、企业对经营管理层的主要激励方式。

（6）集群式民营企业的市场环境，包括企业对市场竞争秩序的评价、企业对市场准入限制的评价、企业对投资环境的评价、企业对社会信用环境的评价。

（7）集群式民营企业的政策环境，包括企业对税收负担的评价、企业对税外规费负担的评价、政府对企业的歧视状况、企业对政府保护其正当权益的评价、企业对政府提供服务的评价、政府应如何加强对企业的服务。

在明确了上述调查的主要问题之后，课题组结合课题研究的目的，并就调查问卷设计的针对性、填写的简便性、统计与分析处理的可行性等情况进行了反复斟酌，最后设计出包含 40 个选择题的较为详细的调查问卷。与此同时，课题组根据集群式民营企业在浙江省各地区的发展状况，初步确定了要调查的地区及数量，并将嘉善木业、柳市低压电器、大唐袜业、嵊州领带、秀州化纤等作为重点地区进行典型调研。

（三）问卷调查内容的分类和相关说明

1. 与集群式民营企业概况有关的问题

（1）企业规模

a. 企业注册资金　b. 企业总资产　c. 企业年销售收入　d. 企业职工总数

（2）企业技术创新能力

a. 企业是否能够自行设计产品　b. 企业科技人员总数　c. 企业技术的主要来源

（3）企业持续发展能力

a. 企业创办时间　b. 企业主要产品的生产年限　c. 企业在同行业中的竞争力　d. 企业是否有发展战略规划　e. 企业是否打算扩大规模

（4）企业经营能力

a. 企业销售渠道的稳定性　b. 企业产品销售途径　c. 企业产品生产目的　d. 企业是否有注册商标　e. 企业目前遇到的主要困难　f. 企业进一步做大的主要制约因素

（5）企业制度

a. 企业组织形式　b. 企业总经理来源　c. 企业经营管理层来源 d. 企业对经营管理层的主要激励方式

（6）市场环境

a. 企业对市场竞争秩序的评价　b. 企业对市场准入限制的评价 c. 企业对投资环境的评价　d. 企业对社会信用环境的评价

（7）政策环境

a. 企业对税收负担的评价　b. 企业对税外规费负担的评价　c. 政府对企业的歧视状况　d. 企业对政府保护其正当权益的评价　e. 企业对政府提供服务的评价　f. 政府应如何加强对企业的服务

2. 与影响集群式民营企业成长有关的问题

（1）技术创新能力与企业规模、企业持续发展能力、企业竞争力的相关性。

（2）企业制度与企业规模、企业持续发展能力、企业竞争力、企业经营能力的相关性。

（3）组织化程度与企业技术创新能力、企业持续发展能力、企业竞争力、企业产品销售状况、同类企业大量存在的不利影响、同类企业大量存在的有利影响的相关性。

（4）市场竞争秩序与企业规模、企业持续发展能力、企业竞争力、企业经营能力的相关性。

（5）政府扶持力度与行业协会作用、企业持续发展能力、企业竞争力的相关性。

3. 有关问卷调查的样本数和样本分布的说明

问卷调查的样本是浙江省各地区集群中的民营企业，共获得有效问卷448份。由于样本企业填表方面的原因，在各类指标汇总时会出现正常的统计误差，但是不影响对结果的分析，符合社会调查技术方面的规范要求。样本企业的分布状况如下表（表1）：

表 1   **样本企业的分布状况**

地区	大唐	嘉善	嵊州	温州	新昌	秀州	织里	总计
样本数（份）	49	36	58	103	72	32	98	448
比重（%）	10.9	8.04	12.9	23.0	16.1	7.14	21.9	100

二 集群式民营企业的经济技术特征

（一）集群式民营企业的规模结构

集群式民营企业的规模结构可以从企业注册资金、企业总资产、企业年销售收入和企业职工总数等四个方面加以说明。

表 2

	标准（万元）	比重（%）
企业 注册 资金	0—10	18.97
	10—50	28.13
	50—100	16.07
	100 以上	32.14

（1）企业注册资金。表2显示，注册资金在100万元以下的民营企业占样本总数的63.17%，大约1/3的民营企业注册资金在100万元以上。这表明相当多的民营企业规模还尚小，集群式民营企业的构成主体依然是中小企业。

表3

	标准（万元）	比重（%）
企业 总资产	0—50	22.54
	50—100	16.52
	100—500	16.92
	500 以上	40.40

（2）企业总资产。表3显示，总资产在500万元以下的民营企业占样本总数的55.35%，总资产在500万元以上的民营企业占样本总数的40.40%。值得关注的是，总资产在500万元以上的民营企业数量大约是总资产在50万元以下的民营企业的2倍；总资产在50万—100万元的民营企业数量与总资产在100万—500万元的民营企业数量相当。

表4

	标准（万元）	比重（%）
企业 年销 售收 入	0—50	25.00
	50—100	14.51
	100—500	14.96
	500 以上	45.53

（3）企业年销售收入。表4显示，2002年的销售收入在500万元以下的民营企业占样本总数的54.47%，销售收入在500万元以上的民营企业数量将近是销售收入在50万—100万元和100万—500万元的民营企业的3倍。另外，2002年的销售收入在50万—100万元的民营企业数量与销售收入在100万—500万元的民营企业数量差不多。

表 5

	标准（人）	比重（%）
企业 职工 总数	0—50	43.75
	50—100	21.43
	100—500	25.67
	500 以上	7.59

（4）企业职工总数。表5显示，职工总数在50人以下的民营企业占样本总数的43.75%，而职工总数在50—100人的民营企业数量与职工总数在100—500人的民营企业数量却相差无几。这表明绝大多数的民营企业规模不大，集群式民营企业中仍然存在着大量的中小企业；规模较大的民营企业只是很少的一部分（占样本总数的7.59%），但它们却是大量中小企业成长发展的重要示范载体。

综上所述，可以发现，集群式民营企业的规模普遍偏小。从企业总资产和企业年销售收入两项指标来看，在被调查的民营企业中，大约60%的企业是家庭作坊式企业或小型企业。这种状况是目前集群的一个显著特征。

（二）集群式民营企业的技术创新能力

集群式民营企业的技术创新能力可以从企业是否能够自行设计产品、企业科技人员总数和企业技术的主要来源等三个层面反映出来。

表 6

	标准	比重（%）
企业是否能够 自行设计产品	能够设计	76.79
	不能设计	18.75

（1）企业是否能够自行设计产品。表6显示，能够自行设计产品的民营企业占样本总数的76.79%。这表明3/4的集群式民营企业初步具有一定的技术创新能力。

表 7

	标准（人）	比重（%）
企业 科技 人员 总数	0—5	43.75
	5—10	26.79
	10—50	18.08
	50 以上	6.25

（2）企业科技人员总数。表 7 显示，科技人员总数在 5 人以下的民营企业占样本总数的 43.75%，而科技人员总数在 50 人以上的民营企业却只占样本总数的 6.25%，这大约只相当于前者的 1/7。此外，科技人员总数在 5—10 人和 10—50 人的民营企业数量与科技人员总数在 5 人以下的民营企业数量旗鼓相当。这表明大部分民营企业的科技创新能力非常有限，科技人员是企业具有技术创新能力的重要保证，其严重缺乏将会极大地制约集群式民营企业的进一步发展和技术创新能力的提高，从而难以确保企业集群的竞争优势。

表 8

	标准	比重（%）
企业 技术 的主 要来 源	对市场产品的简单模仿	12.28
	在模仿的基础上创新	45.54
	自己独立研究开发	39.51
	与科研机构合作开发	8.71
	委托科研机构开发	2.68
	购买现成的技术成果	4.02

（3）企业技术的主要来源。表 8 显示，能够在模仿的基础上进行技术创新的民营企业占样本总数的 45.54%，能够自己独立进行技术研究开发的民营企业占样本总数的 39.51%，这二者合计共占样本总数的 85.05%；与科研机构合作技术开发的民营企业和委托科研机构进行技术开发的民营企业一共只占样本总数的 11.39%。这表明超过 4/5 的民营企业具有一定的技术创新能力，但是，由于它们与科研机构进行技术交流与

合作的密切程度不高，从而难以保证集群式民营企业技术创新能力的持久性和核心技术的匮乏，对企业集群今后的成长发展将产生极为不利的影响。

综上所述，可以看出，集群式民营企业的技术创新能力明显不强。从企业科技人员总数和企业技术的主要来源来看，在被调查的民营企业中，大约60%的企业处于技术水平层次低、技术创新能力弱和技术升级路径差的状况。为了从整体上提升集群的技术水平档次和技术创新能力，这不仅要求集群急需引进各类高级技术人才，形成拥有自主知识产权的核心技术，同时还要求集群尽快扭转技术严重抄袭的局面，防止技术"负反馈机制"的形成，以营造出一种"技术创新空气"。

（三）集群式民营企业的持续发展能力

集群式民营企业的持续发展能力可以从企业创办时间、企业主要产品的生产年限、企业在同行业中的竞争力、企业是否有发展战略规划和企业是否打算扩大规模等五个方面加以阐释。

（1）企业创办时间。表9显示，在448家民营企业中，创办时间在10年以下的民营企业占样本总数的73.66%，是创办时间在15年以上的民营企业（占样本总数的10.27%）的7倍多；同时，创办时间在5—10年的民营企业数量与创办时间在10—15年的民营企业数量不相上下。这表明大量的民营企业正处于初创或成长阶段，在集群式民营企业区域内，正是由于每年都有大量的中小企业诞生、死亡、再诞生、再死亡等循环过程的形成，从而保持了整体区域的创新与发展活力，同时也为区域经济的发展带来了较强的"乘数效应"。

表9

	标准（年）	比重（%）
企业 创办 时间	0—5	34.60
	5—10	39.06
	10—15	16.07
	15 以上	10.27

（2）企业主要产品的生产年限。表 10 显示，在民营企业中，产品生产年限在 3 年以下的民营企业数量与产品生产年限在 5—7 年的民营企业数量相当，产品生产年限在 3—5 年的民营企业数量与产品生产年限在 7 年以上的民营企业数量也相当，而产品生产年限在 5 年以下的民营企业却占样本总数的 48.22%。这表明相当一部分（大约 1/2）民营企业的主要产品生产年限较短，还未形成拳头产品和企业品牌，因此，集群式民营企业要创造一批具有一定影响力和市场占有率的名、特、优产品，打造"品牌效应"，民营企业还有很长的路要走。

表 10

	标准（年）	比重（%）
企业主 要产品 的生产 年限	0—3	19.20
	3—5	29.02
	5—7	18.97
	7 以上	30.36

（3）企业在同行业中的竞争力。表 11 显示，企业在同行业中的竞争力较强和一般的民营企业分别占样本总数的 43.30% 和 40.40%，这二者合计共占样本总数的 83.70%，而企业在同行业中的竞争力较弱和很弱的民营企业共计占样本总数的 3.58%。这表明大约 4/5 的民营企业市场竞争力不是很强，集群式民营企业的竞争态势不甚很好，其竞争优势的发挥有待进一步加强和提高。

表 11

	标准	比重（%）
企业在 同行业 中的竞 争力	竞争力很强	11.16
	竞争力较强	43.30
	竞争力一般	40.40
	竞争力较弱	3.13
	竞争力很弱	0.45

（4）企业是否有发展战略规划。表 12 显示，具有发展战略规划的民营企业占样本总数的 74.33%，而没有发展战略规划的民营企业占样本总数的比重不到 20%。这表明大约 3/4 的集群式民营企业确定了企业发展目标，从而就为企业的长期发展指明了方向。

表 12

	标准	比重（%）
企业是否有发展战略规划	有	74.33
	没有	25.67

（5）企业是否打算扩大规模。表 13 显示，打算扩大规模的民营企业占样本总数的 66.07%，而打算转向其他行业的民营企业占样本总数的比重却不到 10%。这表明大多数民营企业具有规模扩张的动机，只有极少数民营企业出现经营危机而转变行业。因此，集群式民营企业要求做大做强的愿望极为迫切，对此，政府应当加以重点扶持和正确引导。

表 13

	标准	比重（%）
企业是否打算扩大规模	打算扩大规模	66.07
	不打算扩大规模	24.11
	打算转向其他行业	9.82

综上所述，笔者认为，集群式民营企业持续发展能力不足的原因有：一是未形成垄断性资源优势，资源配置效率不高；二是产业门槛低，企业进入或退出成本小；三是地方政府之间在引进外资、土地优惠等方面展开竞争所形成的利益差别。同时，以上数据也表明，集群的"产业化"程度较低，大多处于"半产业化"状态，产业发展能力严重不足。

（四）集群式民营企业的经营能力

集群式民营企业的经营能力涵盖企业销售渠道的稳定性、企业产品的销售途径、企业产品生产目的、企业是否有注册商标、企业目前遇到的主要困难以及企业进一步做大的主要制约因素等六个方面。

（1）企业销售渠道的稳定性。表14显示，销售渠道比较稳定的民营企业占样本总数的66.07%，但销售渠道不稳定的民营企业却只占样本总数的9.15%。这表明相当多的民营企业有着比较稳定的销售渠道，企业产品销售较为顺畅，市场波动对企业影响不大，这就为民营企业的健康发展奠定了坚实的基础。

表14

	标准	比重（%）
企业销售渠道的稳定性	比较稳定	66.07
	不太稳定	23.88
	不稳定	9.15

（2）企业产品的销售途径。表15显示，拥有自己独立销售网络的民营企业占样本总数的37.95%，依靠专业市场（包括当地的专业市场、周边的专业市场和外省的专业市场）进行产品销售的民营企业占样本总数的71.21%，其中依靠周边专业市场进行产品销售的民营企业数量与依靠外省专业市场进行产品销售的民营企业数量基本相当。这表明绝大多数民营企业都是通过专业化市场来进行产品营销，以充分利用专业化市场带来的各种好处；同时也有相当一部分民营企业（占样本总数的37.95%）独立地进行产品营销，与其他企业之间的横向联系不够紧密，缺乏企业网络营销意识，这必将对企业今后的发展带来极为不利的影响。

表15

	标准	比重（%）
企业产品销售途径	当地的专业市场	18.08
	周边的专业市场	25.67
	外省的专业市场	27.46
	自己独立的销售网络	37.95
	客户上门收购产品	23.88

（3）企业产品生产目的。表16显示，生产最终消费品的民营企业占样本总数的39.51%，为各类企业配套生产（包括为本地大、小企业配套

和为外地大、小企业配套）的民营企业合计共占样本总数的68.98%。这表明大约2/5的民营企业能够充分利用中小企业经营机制较为灵活的特点，根据市场需求来进行生产，随着集群式民营企业的发展壮大，越来越多的民营企业（大约70%）在市场竞争中通过专业化分工确立了自己的市场地位，处于较好的竞争态势。

表16

	标准	比重（%）
企业产品生产目的	为本地小企业配套	13.62
	为本地大企业配套	10.71
	为外地小企业配套	19.87
	为外地大企业配套	24.78
	生产最终消费品	39.51

（4）企业是否有注册商标。表17显示，拥有注册商标的民营企业与不具有注册商标的民营企业在数量上相差不多。这表明将近一半的集群式民营企业对产品品牌效应或企业无形资产重视程度不够，拥有自主知识产权或对专利技术进行保护的意识还急需强化。对此，政府有关部门应当加强立法和监督，确保市场秩序的稳定。

表17

	标准	比重（%）
企业是否有注册商标	有注册商标	46.21
	没有注册商标	49.11

（5）企业遇到的主要困难。表18显示，家族民营企业中，认为竞争太激烈、利润太低的民营企业占样本总数的76.34%，认为资金缺乏的民营企业占样本总数的21.88%；另外值得关注的是，认为产权不清的民营企业在样本企业中一家也没有。由此表明，集群式民营企业的产权是相当清晰的，这就为民营企业今后的健康发展奠定了坚实的产权制度基础，同时由于民营企业的大量存在，使得相互之间的过度竞争成为不可避免的事实，再加上各类金融机构对民营企业各种贷款的苛刻条件，更使民营企业

的经营状况步履维艰。因此，各级政府机关应当大力整顿市场竞争秩序，创造良好的市场环境；加强对民营企业的信贷扶持，帮助其渡过资金难关。

表 18

	标准	比重（%）
企业目前遇到的主要困难	竞争太激烈	76.34
	技术差距大	7.14
	管理落后	10.04
	资金缺乏	21.88
	产权不清晰	0
	家族化经营	2.46

（6）制约企业发展的主要因素。表 19 显示，资金短缺的民营企业占样本总数的 37.72%，在此项调查的问题中最为突出；人才短缺、市场波动和土地缺乏的民营企业（占样本总数的比重分别为 20.31%、25.67% 和 22.77%）也较多。这表明集群式民营企业在经营的过程中遇到不少困境，其中资金、人才和土地问题就较为突出。因此，当务之急应是改善民营企业的融资环境，积极引进各类高级人才，解决企业规模扩张的建设用地问题，对此，政府部门要引起高度重视并给予大力扶持。

表 19

	指标	比重(%)	指标	比重(%)	指标	比重(%)
制约企业发展的主要因素	资金短缺	37.72	市场波动	25.67	销售不畅	9.38
	人才短缺	20.31	市场萎缩	9.38	土地缺乏	22.77
	政策限制	4.69	—	—	—	—

综上所述，可以得知，集群式民营企业经营能力极其有限；企业经营的产品变化多端，主导产品不突出；资本在行业之间的流动性大，成为一种"游离部落"；企业所处的市场环境恶劣，过度竞争甚至是恶性竞争相伴而生；企业的"资金瓶颈"制约严重，对其扩大规模、成长发展影响深远。这些都是目前制约集群发展的突出因素。

（五） 集群式民营企业的企业制度

集群式民营企业的企业制度包括企业组织形式、企业总经理来源、企业经营管理层来源以及企业对经营管理层的主要激励方式四个方面。

（1） 企业的组织形式。表 20 显示，独资企业占样本总数的 36.38%，有限责任公司占样本总数的 35.94%，这二者合计共占样本总数的 72.32%，而股份合作制企业最少，只占样本总数的 4.02%。这表明超过 1/3 的民营企业采取了独资企业的组织形式，还有大约 1/3 的民营企业采取了有限责任公司的组织形式。真正初步建立起现代企业制度的民营企业极少，其中主要根源在于企业规模狭小和传统经营管理理念的影响，限制了民营企业的制度创新。

表 20

	标准	比重 （%）
企业 组织 形式	独资企业	36.38
	合伙企业	8.04
	有限责任公司	35.94
	股份有限公司	13.17
	股份合作制企业	4.02

（2） 企业总经理来源。表 21 显示，企业总经理来自企业最大股东的民营企业占样本总数的 70.76%，总经理来自一般股东和社会招聘的民营企业共计只占样本总数的 9.14%，这表明绝大多数民营企业的管理理念陈旧、经营方式传统，家族式经营依然大量存在，这必将严重制约民营企业的活力和进一步发展。

表 21

	标准	比重 （%）
企业 总经 理来 源	企业主要负责人	70.76
	其他控股股东	21.10
	其他一般股东	3.34
	社会招聘	5.80

（3）企业经营管理层来源。表 22 显示，企业经营管理层来自家族成员的民营企业占样本总数的 52.68%，而经营管理层来自社会招聘的民营企业占样本总数的 47.32%。这表明超过半数的民营企业实行的是家族式经营和管理，但是，也有相当一部分民营企业已对家族企业或家族经营进行了"松绑"，以使企业充满生机与活力，促进企业更快发展、壮大。

表 22

	标准	比重（%）
企业经营管理层来源	家族成员	52.68
	社会招聘	47.32

（4）企业对经营管理层的主要激励方式。表 23 显示，对经营管理层实行年薪（月薪）制的民营企业占样本总数的 37.59%，实行年薪（月薪）制加奖金分成的民营企业占样本总数的 30.58%，二者合计共占样本总数的 68.53%，而实行年薪（月薪）制加股份激励的民营企业却只占样本总数的 3.35%。这表明大约 70% 的民营企业实行的仍然是传统的工资制度，在年薪（月薪）制的基础上融入股份分红的民营企业只是极少数，多数实行的还是奖金鼓励办法，这种传统的工资分配方式对企业员工的激励作用非常有限，有时甚至会出现平均主义的倾向。因此，集群式民营企业为了自身的长远发展，应当勇于破除传统的分配方式，按照其他生产要素也参与收入分配的方式来激励企业经营管理人员和职工，达到提高企业生产效率、增加经济绩效的目的。

表 23

	标准	比重（%）
企业对经营管理层的主要激励方式	年薪（月薪）制	37.95
	年薪（月薪）加奖金分成	30.58
	年薪（月薪）加股份激励	3.35
	三种激励方式都有	14.51

综上所述，可以看出，集群式民营企业的制度主体依然是家族制。尽管家族制企业的存在有一定的合理性，但是其管理手段简单，管理理念落

后;"家长制""一长制"作风严重;决策机制、激励机制等方面的制度也不健全,这些都会严重阻碍企业的发展壮大。家族制是目前集群的一大制度特色。

（六）集群式民营企业的市场环境

集群式民营企业所处的市场环境可以从企业对市场竞争秩序的评价、企业对市场准入限制的评价、企业对投资环境的评价和企业对社会信用环境的评价四个方面来看。

（1）企业对市场竞争秩序的评价。表24显示,对市场竞争秩序评价为满意（包括评价很满意和较满意）的民营企业（占样本总数的17.85%）略多于对市场竞争秩序评价为不甚满意（包括评价不满意和很不满意）的民营企业（占样本总数的14.73%）；同时,对市场竞争秩序评价为一般的民营企业占样本总数的65.40%。因此,对市场竞争秩序有着良好评价的民营企业合计共占样本总数的83.25%。这表明,对于目前的市场竞争秩序,相当多的集群式民营企业表示认可,而且还能够适应这一市场环境,并在激烈的市场竞争中逐步发展壮大,将集群式民营企业的优势发挥得淋漓尽致。

表24

	标准	比重（%）
企业对市场竞争秩序的评价	很满意	0.89
	较满意	16.96
	一般	65.40
	不满意	12.50
	很不满意	2.23

（2）企业对市场准入限制的评价。表25显示,认为市场准入限制严重（包括限制很严重和限制较严重）的民营企业占样本总数的12.94%,而认为市场准入限制不严重的民营企业占样本总数的81.03%（其中认为市场准入限制一般的民营企业占样本总数的45.31%）。这表明绝大多数民营企业（大约80%）能够自由地进入市场,市场进入门槛低这一良好

的市场环境为集群式民营企业的创业和发展奠定了坚实的基础。

表 25

	标准	比重（%）
企业对市场准入限制的评价	限制很严重	1.56
	限制较严重	11.38
	限制一般	45.31
	限制很少	15.63
	限制基本不存在	20.09

（3）企业对投资环境的评价。表 26 显示，对投资环境评价为一般的民营企业占样本总数的 52.23%，而对投资环境评价为满意（包括评价很满意和较满意）的民营企业（占样本总数的 39.51%）远远多于对投资环境评价为不甚满意（包括评价不满意和很不满意）的民营企业（占样本总数的 6.03%）。这表明超过 90% 的集群式民营企业对当前的投资环境感到满意，优越的投资环境不仅有利于营造良好的市场竞争氛围，从而在更大程度上和更广范围内引进外资、融通资金，而且对集群式民营企业扩大规模、进行技术改造和自身形象塑造等方面都有着直接的影响。

表 26

	标准	比重（%）
企业对投资环境的评价	很满意	7.59
	较满意	31.92
	一般	52.23
	不满意	5.58
	很不满意	0.45

（4）企业对社会信用环境的评价。表 27 显示，对社会信用环境评价为满意（包括评价很满意和较满意）的民营企业（占样本总数的 33.48%）远远超过对社会信用环境评价为不甚满意（包括评价不满意和很不满意）的民营企业（占样本总数的 9.37%）；同时，对社会信用环境评价为一般的民营企业占样本总数的 53.79%。这表明集群式民营企业普

遍（超过 4/5）对社会信用环境有着较好的评价，在这一点上，良好的市场环境不仅构筑了企业平稳、有序经营的基础，而且还可以创造出人人讲信用、企业树信誉的良好社会风气。

表 27

	标准	比重（%）
企业对社会信用环境的评价	很满意	3.35
	较满意	30.13
	一般	53.79
	不满意	7.81
	很不满意	1.56

综上所述，笔者以为，集群式民营企业所处的市场环境还需进一步加以改善。从企业对市场竞争秩序的评价、对投资环境的评价和对社会信用环境的评价三项指标来看，在被调查的民营企业中，超过半数的企业对市场环境的评价不高（认为只是处于一般水平）。因此，完善市场环境、优化市场结构将是集群今后的一项重要任务。

（七）集群式民营企业的政策环境

集群式民营企业所处的政策环境可以从企业对税收负担的评价、企业对税外规费负担的评价、政府对企业的歧视状况、企业对政府保护其正当权益的评价、企业对政府提供服务的评价和政府应如何加强对企业的服务等六个方面来揭示。

（1）企业对税收负担的评价。表 28 显示，认为税收负担重（包括税收负担很重和较重）的民营企业（占样本总数的 54.24%）远远超出认为税收负担轻（包括税收负担较轻和很轻）的民营企业（占样本总数的 2.45%），即使认为税收负担一般的民营企业也占样本总数的 42.19%。这表明税收负担对集群式民营企业来说是一个较为严重的问题，毕竟有超过半数的民营企业认为税收负担过重。对此，政府部门应该着眼于集群式民营企业的长远发展，规范税收征管，加强监督检查，依法征税，坚决杜绝各种"三乱"现象，为集群式民营企业的经营和发展创造良好的外部政策环境。

表 28

	标准	比重（%）
企业 对税 收负 担的 评价	负担很重	10.04
	负担较重	44.20
	负担一般	42.19
	负担较轻	2.23
	负担很轻	0.22

（2）企业对税外规费负担的评价。表 29 显示，认为税外规费负担重（包括税外规费负担很重和较重）的民营企业（占样本总数的 45.31%）远远多于认为税外规费负担轻（包括税外规费负担较轻和很轻）的民营企业（占样本总数的 4.91%），还有认为税外规费负担一般的民营企业也占样本总数的 47.32%。这说明税外规费负担同样是集群式民营企业面临的一个较为严重的问题，它不仅会影响企业生产的积极性和经营的顺利进行，而且还有损政府形象，扰乱市场公平竞争的秩序。为此，政府有关部门必须纠正各种收费上的错误行为，防止其再次反弹，加强立法工作和法规建设，逐步建立起适应社会主义市场经济体制要求的税费征收制度。

表 29

	标准	比重（%）
企业对 税外规 费负担 的评价	负担很重	6.92
	负担较重	38.39
	负担一般	47.32
	负担较轻	3.79
	负担很轻	1.12

（3）政府对企业的歧视状况。表 30 显示，认为歧视严重（包括歧视很严重和较严重）的民营企业（占样本总数的 6.03%）大大低于认为歧视不严重（包括歧视很少和基本不存在）的民营企业（占样本总数的 56.48%），而认为歧视一般的民营企业占样本总数的 33.04%。这表明集群式民营企业在从事市场经济活动时，各种体制性障碍对其造成的制约影

响在很大程度上得到了缓解，政府基本上能够做到公平对待不同所有制的企业。然而，政府对此还须进一步加大力度，以彻底解除集群式民营企业在发展上的"体制瓶颈"制约因素。

表30

	标准	比重（%）
政府对企业的歧视状况	歧视很严重	1.79
	歧视较严重	4.24
	歧视一般	33.04
	歧视很少	21.88
	歧视基本不存在	34.60

（4）企业对政府保护其正当权益的评价。表31显示，对政府保护企业正当权益评价为满意（包括评价很满意和较满意）的民营企业占样本总数的51.79%，大大高于对政府保护企业正当权益评价为不甚满意（包括评价不满意和很不满意）的民营企业（占样本总数的5.14%）；另外，对政府保护企业正当权益评价为一般的民营企业占样本总数的41.29%。这表明，在保护集群式民营企业正当权益方面，政府能够较好地履行其相应职责（毕竟超过半数的民营企业对此感到满意），但同时还须进一步转变其各项职能、提高执法水平（因为约略40%的民营企业对政府保护其正当权益的评价只是一般），以便更好地为集群式民营企业提供优质、高效的服务。

表31

	标准	比重（%）
企业对政府保护其正当权益的评价	很满意	12.50
	较满意	39.29
	一般	41.29
	不满意	3.13
	很不满意	2.01

（5）企业对政府提供服务的评价。表32显示，对政府提供服务评价为满意（包括评价很满意和较满意）的民营企业占样本总数的52.01%，

远远超过对政府提供服务评价为不甚满意（包括评价不满意和很不满意）的民营企业（占样本总数的3.13%），对政府提供服务评价为一般的民营企业占样本总数的43.53%。这表明，对于政府为民营企业提供的服务而言，绝大多数集群式民营企业是感到满意的。因此，政府应该朝着"小政府""服务型政府"的方向迈进，并在"市场失灵"时能够担负起有关职能，为集群式民营企业提供有效服务，促使其更快成长发展。

表32

	标准	比重（%）
企业对政府 提供服务的评价	很满意	12.72
	较满意	39.29
	一般	43.53
	不满意	2.46
	很不满意	0.67

（6）政府应如何加强对企业的服务。表33显示，认为加强行业发展指导的民营企业占样本总数的43.75%，列第一位；认为加强市场秩序整顿的民营企业占样本总数的35.04%，列第二位；认为改善工商、税务部门服务的民营企业占样本总数的25.45%，列第三位。这表明，在规制市场竞争秩序、防止恶性竞争和低水平过度竞争方面，政府还有很多的工作要做。在市场经济条件下，政府这只"看得见的手"所发挥的作用决不可忽视；与此同时，政府还应科学制定产业规划、加强行业发展指导，为集群式民营企业树立长远的发展战略目标提供前瞻性的服务。

表33

	标准	比重（%）
政府应 如何加 强对企 业的服务	加强市场秩序整顿	35.04
	加强行业发展指导	43.75
	改善工商税务部门服务	25.45
	加强社会治安	12.50
	其他	6.47

综上所述，集群式民营企业对政府的政策环境给予了很高的期望。以上数据揭示，减轻企业负担、治理"三乱"现象是当前政府有关部门的迫切任务；平等对待不同所有制企业、切实保护企业的合法权益是政府转变职能的当务之急；加强行业发展指导、整顿和规范市场秩序是对政府有关部门提出的客观要求，这些都是集群进一步成长发展所必需的。因此，加强政策环境建设是集群目前的迫切要求。

三　影响集群式民营企业成长发展的相关因素

（一）技术创新是集群成长发展的根本动力

根据问卷调查，笔者认为，在集群成长发展的过程中，技术创新不仅是民营企业生存的源泉，而且也是集群成长发展的根本动力，这主要体现在以下三个方面。

（1）技术创新能力与企业规模。表34是根据问卷调查对技术创新能力与企业规模进行相关分析得出的统计结果。如果把技术创新能力粗略地划分为初级阶段（对市场产品的简单模仿）、中级阶段（在模仿的基础上创新和自己独立研究开发）和高级阶段（与科研机构合作开发和委托科研机构开发），那么我们就可以看到，当技术创新能力处于初级阶段时，企业规模档次较低（表34表明，总资产在50万元以下的企业规模所占的比重高达48.08%）；当技术创新能力处于中级阶段时，企业规模档次有所提高；当技术创新能力处于高级阶段时，企业规模档次明显得到提升（表34表明，总资产在500万元以上的企业规模所占的比重分别为67.57%和54.55%）。由此可见，技术创新能力越强，企业规模就越大；企业规模越大，其进行技术创新的动力就越强，从而两者就形成了一种良性的正反馈机制。随着信息技术的发展和知识创新体系的建立，集群企业的技术创新能力必将得到进一步提高，必将促进集群的快速成长和发展。因此，技术创新能力与企业规模有着高度的正向关系。

表 34

	选择分布	企业规模（总资产）（万元）			
		0—50	50—100	100—500	500 以上
技术创新能力	对市场产品的简单模仿	25	13	9	5
	在模仿的基础上创新	44	38	34	80
	自己独立研究开发	28	23	25	92
	与科研机构合作开发	4	2	6	25
	委托科研机构开发	2	1	2	6
	购买现成的技术成果	1	1	2	11

（2）技术创新能力与企业持续发展能力。表 35 是根据问卷调查对技术创新能力与企业持续发展能力进行相关分析得出的统计结果。可以看到，当技术创新能力处于初级阶段时，企业持续发展能力较弱；当技术创新能力处于中级阶段时，企业持续发展能力大大增强（表 35 表明，民营企业扩大规模：不扩大规模的比值由 3.2∶1 增加到 7.2∶1）；当技术创新能力处于高级阶段时，企业持续发展能力突飞猛进（表 35 反映出此时不扩大规模的民营企业竟然为 0！）。这就表明，技术创新能力与企业持续发展能力也有着正向关系。

表 35

	选择分布	企业持续发展能力		
		扩大规模	不扩大规模	转向其他行业
技术创新能力	对市场产品的简单模仿	38	12	3
	在模仿的基础上创新	120	54	25
	自己独立研究开发	137	19	17
	与科研机构合作开发	31	6	2
	委托科研机构开发	10	0	2
	购买现成的技术成果	15	2	1

（3）技术创新能力与企业竞争力。表 36 是根据问卷调查对技术创新

能力与企业竞争力进行相关分析得出的统计结果。从中可以看出，当技术创新能力处于初级阶段时，企业竞争力处于一般水平（表36表明，企业竞争力一般所占的比重为68.52%）；当技术创新能力处于中级阶段时，企业竞争力有所增强；当技术创新能力处于高级阶段时，企业竞争力有更进一步的提高（表36表明，企业竞争力很强与较强二者合并所占的比重分别为86.84%和55.56%）。由此可见，技术创新能力直接影响着企业竞争力的强弱，决定了民营企业在市场经济中的竞争优劣态势。因此，技术创新能力与企业持续发展能力之间也有一定的正向关系。

表36

选择分布	企业竞争力				
	竞争力很强	竞争力较强	竞争力一般	竞争力较弱	竞争力很弱
技术创新能力 对市场产品的简单模仿	3	8	37	6	0
在模仿的基础上创新	20	93	80	7	1
自己独立研究开发	28	82	62	1	1
与科研机构合作开发	8	25	5	0	0
委托科研机构开发	1	4	4	0	0
购买现成的技术成果	3	10	5	0	0

综上所述，可以得出下列结论：技术创新不仅是企业扩张、规模扩大的支撑力量，而且是企业增强经营能力、获得持续发展的主导力量，同时还是企业提高市场竞争力、确保竞争优势的源泉力量。相应地，企业规模扩大、持续发展能力增强和竞争力提高会进一步激发企业进行技术创新的冲动，引导企业走上技术创新的良性循环的发展轨道，从而在整体上促进集群的长远发展。因此，技术创新是集群成长发展的根本动力。

（二）制度创新是集群提升的基础

从问卷调查来看，我们知道，在集群成长发展的过程中，制度创新不仅是企业自身经济绩效的重要保证，而且也是集群成长发展的重要基础，这可以从以下四个方面得到反映。

（1）企业制度与企业规模。表 37 是根据问卷调查对企业制度与企业规模进行相关分析得出的统计结果。如果可以把制度创新简单地理解为企业组织形式的演化：从原始企业制度（独资企业）到近代企业制度（合伙制企业）再到现代企业制度（公司制企业和股份制企业），那么可以看出，在原始企业制度时期，企业规模明显偏小（表 37 表明，总资产在 50 万元以下的企业规模所占的比重为 51.30%）；在近代企业制度时期，企业规模有所增大（表 37 表明，总资产在 50 万—500 万元的企业规模所占的比重为 58.62%）；在现代企业制度时期，企业规模显著性地偏大。这就表明，转变企业组织形式（或者从一定意义上来说就是对民营企业进行制度创新），可以使企业经营机制更为灵活，经济绩效更加明显，规模扩张更加显著，企业成长发展更快。因此，制度创新与企业规模有着较强的正向关系。

表 37

	选择分布	企业规模（总资产）（万元）			
		0—50	50—100	100—500	500 以上
企业制度	独资企业	79	38	14	23
	合伙企业	7	7	10	5
	有限责任公司	4	20	37	95
	股份有限公司	4	1	10	39
	股份合作制	1	0	1	15

（2）企业制度与企业持续发展能力。表 38 是根据问卷调查对企业制度与企业持续发展能力进行相关分析得出的统计结果。可以发现，在原始企业制度时期，企业持续发展能力较强（表 38 表明，有扩大规模动机的民营企业所占的比重为 55.77%）；在现代企业制度时期，企业持续发展能力明显增强（表 38 表明，绝大多数民营企业扩大规模的意愿更为强烈）。这就说明，企业组织形式的转变（或者从一定意义上来说就是对民营企业进行制度创新）是集群式民营企业进一步发展壮大的坚强基石，也预示着集群的健康成长和永续发展。因此，制度创新与企业持续发展能力之间有着很强的正向相关性。然而，值得关注的是，在近代企业制度时期，企业持续发展能力最弱（表 38 表明，集群式民营企业扩大规模与不

扩大规模基本持平），对此笔者认为比较有解释力的是：一种"宁为鸡头，不为凤尾"的传统企业文化在一些人的思想意识中根深蒂固（在此次问卷调查中，许多企业负责人或者说企业家也都谈到了这一点），认为与他人合伙经营风险太大，总是陷入"囚徒困境"之中，最终招致合伙失败或者企业破产。

表 38

	选择分布	企业持续发展能力		
		扩大规模	不打算扩大规模	打算转向其他行业
企业制度	独资企业	87	47	22
	合伙企业	15	13	5
	有限责任公司	120	22	11
	股份有限公司	38	8	3
	股份合作制	15	1	2

（3）企业制度与企业竞争力。表 39 是根据问卷调查对企业制度与企业竞争力进行相关分析得出的统计结果。从中我们可以知道，在原始企业制度时期，企业竞争力处于一般水平（表 39 表明，企业竞争力一般所占的比重为 60%）；在近代企业制度时期，企业竞争力有一定程度的提升；在现代企业制度时期，企业竞争力显著增强（表 39 表明，企业竞争力很强和较强二者合并所占的比重分别为 73.08% 和 74.58%）。可见，随着企业组织形式的转换（或者从一定意义上来说就是对民营企业进行制度创新），集群式民营企业的竞争力提升较为突出地表现出来，对整个集群的竞争力态势和成长发展有着深刻的影响。因此，制度创新与企业竞争力也有很强的正向相关性。

表 39

	选择分布	企业竞争力				
		竞争力很强	竞争力较强	竞争力一般	竞争力较弱	竞争力很弱
企业制度	独资企业	8	48	96	7	1
	合伙企业	1	11	18	5	0
	有限责任公司	22	92	41	1	0

续表

		企业竞争力				
选择分布		竞争力很强	竞争力较强	竞争力一般	竞争力较弱	竞争力很弱
企业制度	股份有限公司	14	30	13	1	1
	股份合作制	3	11	4	0	0

（4）企业制度与企业经营能力。表40是根据问卷调查对企业制度与企业经营能力进行相关分析得出的统计结果。从表中可以发现，在原始企业制度时期，企业经营能力受到了很大的限制，大多数企业要么生产最终消费品（表40表明，所占的比重为35.76%），要么为外地小企业配套（表40表明，所占的比重为30.30%）；在现代企业制度时期，企业经营能力有明显的提高（表40表明，绝大部分的民营企业为外地大企业配套生产或企业自己生产最终消费品）。由此看来，企业组织形式的变更（或者从一定意义上来说就是对民营企业进行制度创新），不仅为企业提供了灵活的经营方式，而且还会获得技术转移和知识外溢的好处，进一步提高了企业的经营能力，使集群的成长发展从整体上得到提升。因此，制度创新与企业经营能力之间的正相关性也很强。

表40

		企业经营能力				
选择分布		为本地小企业配套	为本地大企业配套	为外地小企业配套	为外地大企业配套	生产最终消费品
企业制度	独资企业	31	12	50	13	59
	合伙企业	5	3	10	3	13
	有限责任公司	16	21	19	62	65
	股份有限公司	4	9	4	20	25
	股份合作制	4	2	3	10	6

综上所述，可以看出：制度创新不仅促进了企业规模扩大、市场竞争力提高，而且还增强了企业持续发展能力和经营能力，从而最终使集群从整体上获得了提升。然而，企业规模扩大、市场竞争力提高、持续发展能

力和经营能力增强对企业制度安排提出了更高的要求，迫切要求企业进行创新制度这一生产关系的变革，以适应企业市场竞争力提高、持续发展能力和经营能力增强这一生产力发展的需要。因此，制度创新是集群提升的基础。

（三）自组织能力是集群竞争力的重要构成要素

由问卷调查来看，我们以为，在集群成长发展的过程中，自组织能力不仅对集群式民营企业的发展有着重要影响，而且也是集群竞争力提高的重要构成要素，这可以从以下六个方面表现出来。

（1）组织化程度与企业技术创新能力。表 41 是根据问卷调查对组织化程度与企业技术创新能力进行相关分析得出的统计结果。行业协会作为一种中间性经济组织，其作用的大小可以近似地反映出企业集群自组织能力的强弱。因此，我们姑且认为，行业协会作用大，企业集群的自组织能力就强；行业协会作用小，企业集群的自组织能力就弱。对比表中的样本分布可知，当技术创新能力处于初级阶段和中级阶段时，突出地显现出来行业协会的作用不大；当技术创新能力处于高级阶段时，行业协会就比较明显地表现出很大的作用。这反过来实质就说明，企业集群的自组织能力愈强，集群式民营企业的技术创新能力就愈强，集群整体的技术创新就会迈上一个新的台阶。因此，自组织能力与企业技术创新能力之间是一种正的相关性。

表 41

选择分布		企业技术创新能力					
		对产品市场的简单模仿	在模仿的基础上创新	自己独立研究开发	与科研机构合作开发	委托科研机构开发	购买现成的技术成果
组织化程度	行业协会的作用大	7	46	42	15	5	7
	行业协会的作用不大	22	70	61	8	3	6
	行业协会的作用说不清楚	21	78	66	13	4	5

（2）组织化程度与企业持续发展能力。表 42 是根据问卷调查对组织化程度与企业持续发展能力进行相关分析得出的统计结果。从表中反映出来，当行业协会的作用很大时，企业持续发展能力比较强（此时民营企业中打算扩大规模与不打算扩大规模的企业数量之比为 4：1）；当行业协会的作用不大时，企业持续发展能力相对较弱（此时民营企业中打算扩大规模与不打算扩大规模的企业数量之比为 3：1）。这就表明，随着行业协会作用的增强（或者说随着集群组织化程度的提高），集群式民营企业扩大规模的冲动更为强烈，其持续发展能力也随之提高；同时，集群作为一个有机体，其成长发展也获得了强大的企业基础。因此，自组织能力与企业持续发展能力二者之间也存在一定的正向相关性。

表 42

	选择分布	企业持续发展能力		
		打算扩大规模	不打算扩大规模	打算转向其他行业
组织化程度	行业协会的作用大	74	18	11
	行业协会的作用不大	110	34	8
	行业协会的作用说不清楚	102	41	23

（3）组织化程度与企业竞争力。表 43 是根据问卷调查对组织化程度与企业竞争力进行相关分析得出的统计结果。对比表中的样本分布情况可知，当行业协会的作用很大时，企业竞争力比较突出（表 43 表明，如果把竞争力很强与较强二者合并称之为企业竞争力强，那么，竞争力强与竞争力一般的企业数量之比为 7：3）；当行业协会的作用不大时，企业竞争力相对比较弱（表 43 表明，竞争力强与竞争力一般的企业数量之比为 4：3）。由此说明，行业协会作用的大小，或者说集群的组织化程度，对集群式民营企业竞争力的正常发挥有着较强的影响。因此，增强行业协会这一中介性经济组织的协调功能，不仅可以提高集群式民营企业的竞争力，而且集群作为一个有机体，其竞争力同时也就获得了提升。所以，自组织能力是集群竞争力的一个重要构成要素。

表 43

	选择分布	企业竞争力				
		竞争力很强	竞争力较强	竞争力一般	竞争力较弱	竞争力很弱
组织化程度	行业协会的作用大	15	56	29	6	0
	行业协会的作用不大	14	67	60	12	0
	行业协会的作用说不清楚	11	55	86	17	1

（4）组织化程度与企业产品销售状况。表 44 是根据问卷调查对组织化程度与企业产品销售状况进行相关分析得出的统计结果。可以发现，当行业协会的作用很大时，企业产品的销售状况就比较好（表 44 表明，销售渠道稳定的民营企业所占的比重为 90.48%）；当行业协会的作用不大时，企业产品的销售状况相比较而言不甚理想（表 44 表明，销售渠道稳定的民营企业所占的比重下降为 60.39%）。这就表明，在企业产品销售的过程中，行业协会这一中介所起到的组织与协调作用不可忽视，它不仅可以为集群式民营企业提供及时、有效的商品流通信息，降低企业搜寻市场信息的成本，使集群中的知识流、信息流和商品流快捷传输、畅通无阻，从而提高了集群的整体经济效率，同时还可以通过组织各种商品博览会、新产品推介会等经济活动，为集群式民营企业的产品销售打通渠道，减少市场营销风险，树立企业产品品牌，增强集群的整体竞争力。因此，自组织能力对集群的成长发展有着不可替代的重要作用。

表 44

	选择分布	企业产品销售状况		
		销售渠道比较稳定	销售渠道不太稳定	销售渠道不稳定
组织化程度	行业协会的作用大	95	7	3
	行业协会的作用不大	93	45	16
	行业协会的作用说不清楚	98	50	20

（5）组织化程度与同类企业大量存在的不利影响。表 45 是根据问卷调查对组织化程度与同类企业大量存在的不利影响进行相关分析得出的统计结果。从表中反映的样本分布情况来看，对比行业协会的作用大小就可以发现，行业协会的作用不大时，同类企业大量存在所带来的不利影响明显更加严重。由此可见，行业协会在引导集群式民营企业开展有序竞争、防止过度竞争和促进其健康发展方面起到了不可或缺的重要作用。因此，自组织能力的强弱在整体上影响着集群的竞争力提升和成长发展。

表 45

	选择分布	同类企业大量存在的不利影响						
		原材料市场上的恶性竞争	产品市场上的恶性竞争	技术市场上的恶性竞争	人才市场上的恶性竞争	劳动力市场上的恶性竞争	五种恶性竞争都存在	五种恶性竞争都不存在
组织化程度	行业协会的作用大	15	52	6	7	3	27	16
	行业协会的作用不大	18	71	24	10	8	29	14
	行业协会的作用说不清楚	9	85	27	5	11	33	14

（6）组织化程度与同类企业大量存在的有利影响。表 46 是根据问卷调查对组织化程度与同类企业大量存在的有利影响进行相关分析得出的统计结果，表 47 是在表 46 的基础上进行比重计算得到的结果。对比表 47 反映的样本分布可知，当行业协会起到的作用大时，同类企业大量存在所产生的有利影响占有优势（表 47 表明，带来产品的集中、带来人才的集中、带来劳动力的集中等有利影响，都超过行业协会起到的作用不大时的情形）。由此表明，行业协会在为集群式民营企业带来有利影响方面还是比较明显的，如在为企业之间的分工与协作、信息交流与技术学习等方面就起到了重要的桥梁和纽带作用。因此，组织化程度

的提高（或者说自组织能力的增强）对集群竞争力的提升有着非常重要的影响。

表 46

选择分布		同类企业大量存在的有利影响							
		带来原材料的集中	带来产品的集中	方便技术模仿与学习	带来人才的集中	带来劳动力的集中	形成专业化分工网络	六种有利影响都存在	六种有利影响都不存在
组织化程度	行业协会的作用大	23	31	8	9	15	9	28	12
	行业协会的作用不大	52	40	25	6	14	10	37	14
	行业协会的作用说不清楚	40	49	16	7	16	14	48	9

表 47

选择分布		同类企业大量存在的有利影响							
		带来原材料的集中	带来产品的集中	方便技术模仿与学习	带来人才的集中	带来劳动力的集中	形成专业化分工网络	六种有利影响都存在	六种有利影响都不存在
组织化程度	行业协会的作用大（％）	17.04	22.96	5.93	6.67	11.11	6.67	20.74	8.89
	行业协会的作用不大（％）	26.26	20.20	12.63	3.03	7.07	5.05	18.69	7.07
	行业协会的作用说不清楚（％）	20.10	24.62	8.04	3.52	8.04	7.04	24.12	4.52

综上所述，可以明确指出：在集群内，企业的技术外溢现象普遍、技术创新行为层出不穷、知识溢出效应和扩散效应明显；企业之间呈现出分

工精细化、协作网络化和交易低成本化，及时、有效的真实信息得到广泛而迅速的传播；社会资源极其丰富、关系网络高度发达，这些均为集群竞争力的突出表现，而它们能够有效地发挥作用都有赖于集群自组织能力的进一步发展和提高。因此，自组织能力是集群竞争力的重要构成要素。

（四） 市场竞争秩序对集群成长发展有着重要的影响

依据问卷调查，可以看出，市场竞争秩序不仅是决定集群式民营企业生存与壮大的重要外部因素，而且对集群成长发展也有着重要的影响，这可以从下列四个方面显现出来。

（1）市场竞争秩序与企业规模。表48是根据问卷调查对市场竞争秩序与企业规模进行相关分析得出的统计结果。如果可以把市场竞争秩序分成三个等级：较好（对市场竞争秩序评价为很满意和较满意）、一般（对市场竞争秩序评价为一般）和较差（对市场竞争秩序评价为不满意和很不满意），那么从表中我们就可以知道，市场竞争秩序处于一般状态时，企业规模较小（表48表明，总资产在100万元以下的企业规模所占的比重为44.80%）；市场竞争秩序处于较好状态时，企业规模明显偏大（表48表明，总资产在100万元以上的企业规模所占的比重为72.50%）。这就表明，随着市场竞争秩序的改善，集群式民营企业有了更好的经营环境，其企业规模也在逐步壮大，从而集群整体的成长发展也就获得了提升。因此，市场竞争秩序不仅对集群式民营企业规模的扩大有着重要的影响，而且对集群的成长发展也有着重要的影响。

表48

选择分布		企业规模（总资产）（万元）			
		0—50	50—100	100—500	500 以上
企业对市场竞争秩序的评价	很满意	1	1	1	1
	较满意	9	11	20	36
	一般	73	52	42	112
	不满意	11	7	7	28
	很不满意	3	3	1	3

（2）市场竞争秩序与企业持续发展能力。表49是根据问卷调查对市场竞争秩序与企业持续发展能力进行相关分析得出的统计结果。由表可知，当市场竞争秩序较差时，集群式民营企业中打算扩大规模与不打算扩大规模的企业数量之比为5∶1；当市场竞争秩序处于一般状态时，二者之比为2.5∶1；当市场竞争秩序较好时，二者之比为6∶1。这就说明，市场竞争秩序处于良好发展态势时，集群式民营企业就有着较为优越的市场经营环境，企业打算扩大规模的冲动也更为强烈，从而表征企业持续发展能力会有所提高，整个集群成长发展的势头必将更加迅猛。

表49

选择分布		企业持续发展能力		
		打算扩大规模	不打算扩大规模	打算转向其他行业
企业对市场竞争秩序的评价	很满意	3	0	1
	较满意	56	10	7
	一般	184	75	25
	不满意	39	9	7
	很不满意	7	0	3

（3）市场竞争秩序与企业竞争力。表50是根据问卷调查对市场竞争秩序与企业竞争力进行相关分析得出的统计结果。从表中可以发现，市场竞争秩序较好时，企业竞争力明显较强（表50表明，如果我们把竞争力很强与较强二者合并称为企业竞争力强，企业竞争力强的民营企业所占的比重为77.50%）；市场竞争秩序一般时，企业竞争力显著下降（表50表明，企业竞争力强的民营企业所占的比重为61.23%）；市场竞争秩序较差时，企业竞争力也不甚理想（表50表明，企业竞争力强的民营企业所占的比重为61.54%）。由此表明，市场竞争秩序的好坏不仅直接影响了企业竞争力的强弱，而且也是影响集群整体竞争力的一个关键因素，对其成长发展有着重要的影响。

表 50

		企业竞争力				
	选择分布	竞争力很强	竞争力较强	竞争力一般	竞争力较弱	竞争力很弱
企业对市场竞争秩序的评价	很满意	1	3	0	0	0
	较满意	9	49	16	2	0
	一般	30	109	81	7	0
	不满意	9	26	14	5	1
	很不满意	1	4	4	0	1

（4）市场竞争秩序与企业经营能力。表 51 是根据问卷调查对市场竞争秩序与企业经营能力进行相关分析得出的统计结果。从表中可以发现，市场竞争秩序较好时，企业经营能力较强（表 51 表明，生产最终消费品的民营企业所占的比重为 38.64%，其中为外地大企业配套与生产最终消费品的民营企业数量之比 1 : 2.4）；市场竞争秩序一般时，企业经营能力有所减弱（表 51 表明，生产最终消费品的民营企业所占的比重为 36.36%，其中为外地大企业配套与生产最终消费品的民营企业数量之比 1 : 1.6）；市场竞争秩序较差时，企业经营能力也较差（表 51 表明，生产最终消费品的民营企业所占的比重为 32.93%，其中为外地大企业配套与生产最终消费品的民营企业数量之比 1 : 1）。由此看来，市场竞争秩序与企业经营能力之间是正相关性；市场竞争秩序越好，集群式民营企业的经营能力就越强，集群整体的竞争优势也更加明显，这对保证集群成长发展有着重要的影响。

表 51

		企业经营能力				
	选择分布	为本地小企业配套	为本地大企业配套	为外地小企业配套	为外地大企业配套	生产最终消费品
企业对市场竞争秩序的评价	很满意	1	2	1	1	0
	较满意	12	11	13	13	34
	一般	37	23	65	71	112
	不满意	7	10	8	24	21
	很不满意	2	1	1	2	6

综上所述，可以归纳如下：市场竞争秩序规范与否不仅直接影响企业的经营状况和经营能力，而且也影响企业竞争力和持续发展能力的提高，同时还影响企业规模的扩大，从而最终会影响到整个集群有机体的成长和发展；反过来，企业规模扩大、持续发展能力和经营能力增强、竞争力提升都对市场竞争秩序的规范程度提出了更高的需求，迫切要求集群的市场竞争秩序得到完善和优化。因此，市场竞争秩序对集群成长发展有着重要的影响。

（五）政府扶持是集群成长发展的重要保证

分析问卷调查，可以看出，政府职能转变不仅可以为集群式民营企业创造良好的政策外部环境，而且对集群的成长发展也起到了重要的保障作用，这可以从以下三个方面得到体现。

（1）政府扶持力度与行业协会作用。表 52 是根据问卷调查对政府扶持力度与行业协会作用进行相关分析得出的统计结果。如果可以把政府扶持力度的大小归纳为扶持力度大（对政府扶持力度评价为很满意和较满意）、扶持力度一般（对政府扶持力度评价为一般）和扶持力度小（对政府扶持力度评价为不满意和很不满意）等三个层次，那么我们就可以知道，当政府扶持力度大时，行业协会作用比较突出（表 52 表明，行业协会作用大所占的比重为 36.73%）；当政府扶持力度一般时，行业协会的作用急剧下降（表 52 表明，行业协会作用大所占的比重为 10.99%）；当政府扶持力度小时，行业协会的作用非常有限（表 52 表明，行业协会作用大所占的比重为 7.69%）。这就表明，政府扶持力度越大，行业协会起到的作用也随之增强，这不仅对集群式民营企业的发展带来莫大的好处，而且也在一定程度上提高了集群的组织化程度。因此，转变政府职能是对集群成长发展的重要保证。

表 52

选择分布		行业协会作用		
		作用大	作用不大	作用说不清楚
企业对政府扶持力度的评价	很满意	20	16	19
	较满意	63	56	52

续表

选择分布		行业协会作用		
		作用大	作用不大	作用说不清楚
企业对政府扶持力度的评价	一般	21	74	96
	不满意	1	7	2
	很不满意	0	2	1

（2）政府扶持力度与企业持续发展能力。表53是根据问卷调查对政府扶持力度与企业扩大再生产进行相关分析得出的统计结果。从表中可以发现，政府扶持力度大时，企业扩大再生产较为明显（表53表明，打算扩大规模的民营企业所占的比重为73.80%）；政府扶持力度一般时，企业扩大再生产的能力有所减弱（表53表明，打算扩大规模的民营企业所占的比重为61.50%）；政府扶持力度小时，企业扩大再生产的能力也不够强（表53表明，打算扩大规模的民营企业所占的比重为78.57%）。由此说明，政府扶持力度的大小不仅会影响集群式民营企业扩大再生产，同时对保证集群的成长发展也有一定的影响。

表53

选择分布		企业持续发展能力		
		打算扩大规模	不打算扩大规模	打算转向其他行业
企业对政府扶持力度的评价	很满意	39	10	8
	较满意	130	31	11
	一般	115	51	21
	不满意	8	1	2
	很不满意	3	0	0

（3）政府扶持力度与企业竞争力。表54是根据问卷调查对政府扶持力度与企业竞争力进行相关分析得出的统计结果。由表可知，政府扶持力度大时，企业竞争力显著增强（表54表明，如果把竞争力很强与较强二者合并称为企业竞争力强，企业竞争力强所占的比重为72.92%,）；政府扶持力度一般时，企业竞争力明显减弱（表54表明，企业竞争力强所占

的比重为 37.50%）；政府扶持力度小时，企业竞争力也不甚理想（表 54
表明，企业竞争力强所占的比重为 42.86%）。由此看来，随着政府扶持
力度的加大，集群式民营企业的竞争力会随之提高，集群整体竞争态势也
将得到提升。因此，转变政府职能对集群的成长发展有着重要的影响。

表 54

选择分布		企业竞争力				
		竞争力 很强	竞争力 较强	竞争力 一般	竞争力 较弱	竞争力 很弱
企业对政府扶持力度的评价	很满意	7	41	17	0	0
	较满意	24	103	42	6	1
	一般	16	56	113	7	0
	不满意	2	3	5	1	0
	很不满意	1	0	1	0	1

综上所述，可以做出如下总结：政府职能转变在行业协会组建的顺利
进行、作用的正确发挥和组织的有效运作等方面起到了重要的指导作用；
在企业持续发展能力提高方面给予了积极的政策支持（如融资政策、产
业政策和税收政策等）；在企业竞争力提升方面确保了公平、有序的市场
环境的形成，这为集群的成长发展提供了极其有力的保障。当然，行业协
会作用增强、企业持续发展能力提高和竞争力提升都急切需要政府职能尽
快转变，以适应集群成长和发展的形势需要。因此，政府职能转变是集群
成长发展的重要保证。